Understanding

HOTEL MARKETING

호텔 마케팅의 이해

김성혁·황수영 공저

Cover Photo_Unsplash의 Zoshua Colah

(주)백산출판사

서문

본서는 호텔마케팅에 관한 입문적 지식과 학문적 틀의 유용성을 시도한 이론서이다. 특히 호텔마케팅 이론을 관리론적 측면에서 고찰하였고 미래 경영자와 매니저의 고객 중심적 마케팅 사고를 강조하고자 하였다. 동시에 대학 전문서적으로 평이하고 기본적인 내용을 중심으로 하였으며 부분적으로 사례를 들어서 알기 쉽게 서술하고자 노력하였다.

본서의 흐름을 압축하면 다음과 같다. 제1장과 제2장은 호텔마케팅을 전반적으로 이해하는 입문 내용이고, 제3장을 호텔 시장세분화를 설명하였다, 특히 호텔 시장세분화의 기준은 호텔시장을 조사하거나 호텔상품을 기획하는데 가장 기본적인 사항이며 활용도가 높다고 생각된다. 제4장 호텔 포지셔닝에서는 기본적인 포지셔닝 원리를 설명하였는데, 특히 팰리스호텔의 포지셔닝 맵 사례를 넣어 실무적인 대응방안을 모색하려고 시도한 것이 특징적이라고 할 수 있겠다.

제5장에서 12장까지 호텔 마케팅 믹스에 대해 설명하였다. 호텔마케팅 믹스에서는 기본적인 4P를 기본으로 해서 확장적인 3P를 추가하였다.

우선 기본적인 4P 가운데 제5장은 호텔상품을 다루었는데 그 특징적인 내용으로는 서비스 플라워 개념과 브랜드 설정 등을 꼽을 수 있다. 제6장 호텔 촉진에서는 전통적 마케팅 채널을 통한 메시지전달을 기본으로 해서 인터넷을 통한 메시지전달, 조직 외부에서 기인한 메시지 등이 특징적인 내용이다. 제7장 호텔 유통채널에서는 직접유통과 간접유통이 숙박공급자와 고객에게 주는 이점 등을 주의 깊게 살피면 도움이 될 것이다. 제8장 호텔 가격에서는 숙박요금과 식당요금의 설정 방법에서 차이를 파악하면 좋을 것이다.

다음으로 제9장부터 12장까지는 확장된 3P를 설명하였다. 제9장 호텔의 물리적 환경에서는 물리적 환경을 바라보는 개념을 훨씬 포괄적 관점에서 주목하였고 서비스 스케이프와 물리적 증거 등이 새롭게 강조되었다. 제10장 호텔 프로세스에서는 대기관리, 서비스 청사진, MOT관리 등이 호텔 프로세스에서 중요하다는 점이 강조되었고 호텔 서비스에서 나타나는 서비스 프로세스 공동생산자에 대해 다시 한번 생각해 보게 하였다. 제7P의 마지막 참가자 믹스는 직원관리와 고객관리로 2개 장으로 나누어지는데, 제11장 호텔의 직원관리에서는 내부마케팅이 중점적으로 전개되고 있다. 제12장 호텔의 고객관리는 고객만족경영이 중점 내용이고 새로운 고객을 찾기보다는 고객유지에 방점을 두고 있다.

본서의 마지막 13장 서비스 실패와 회복은 호텔을 비롯한 모든 서비스기업에서 흔히 발생하는 서비스 실패를 우선 언급하였고 이 서비스 실패를 딛고 일어나는 효과적인 서비스 회복 시스템에 관해 설명하고 있다.

본서가 후학들에게 호텔마케팅 이론과 실제를 습득하기 좋은 지침서가 되기를 바라는 마음 가득하다. 특히 미래의 호텔 경영자가 되는 젊은 학도들이 높은 이상을 갖고 경쟁사회에서 변화와 적응의 주도자가 되기를 기원한다.

끝으로 한국 호텔관광의 학문적 발전을 위해 노력하시며 본서의 출간을 흔쾌히 승낙해 주신 진욱상 회장님과 본서의 편집과 제작에 노고가 많으신 편집부 여러분께 감사의 말씀을 드린다. 마지막으로 함께 고생한 공저자께도 감사의 말씀을 드린다.

2025년 6월 저자 씀

차례

CHAPTER

01

호텔 마케팅의 개요

제1절_ 호텔 마케팅의 필요성

1. 마케팅은 왜 필요한가?

우연히 시장에 참가해 성공하는 기업은 거의 없다. 기업들은 추진해 나가려는 방향과 수행하고자 하는 목표를 사전에 명확히 파악하여야 한다. 그러기 위해서 기업들은 공식적이고 문서화된 마케팅계획을 짜며, 해외시장 진출을 위한 기회를 얻기 위해 마케팅부서와 마케팅 부사장을 두고 있다.

호텔시장은 경쟁이 매우 치열하므로 경쟁에서 이기기 위해서는 체계적인 전략설정이 특히 중요하다. 현재 세계 각지에서 일어난 테러 사건과 전쟁, 각종 전염병, 경기후퇴와 시장축소에 따른 생존경쟁의 격화로 호텔기업의 상품제공 능력이 판매능력을 훨씬 초과하는 상황이 초래되었다. 팔리지 않는 호텔과 리조트의 객실은 이러한 초과수용 능력의 본보기이다. 이러한 상황에서 경쟁에서 생존하고 번영하려면 어떻게 해야 하는가? 여기에 마케팅의 필요성이 존재한다.

2. 마케팅과 판매는 어떻게 다른가?

마케팅과 판매란 용어는 흔히 혼용되고 있다. 그러나 두 용어는 동일한 것이라고 할 수 없다.

마케팅(marketing)이란 '표적을 쏜다(hitting the mark)'는 것을 뜻한다. 마케팅이란 많은 제품과 서비스 가운데서 특정 제품 및 서비스를 구매하도록 구매자를 확신시키기 위해서 판매자 측이 행하는 모든 의사결정과 행동의 총체라고 정의할 수 있다. 마케팅은 고객이 무엇을 원하고 있는가를 알아내고 그들의 욕구에 맞게 상품을 제공하고 팔기 위한 가장 적절한 장소를 선택해야 하며, 상품의 유용성을 잠재고객에게 알려주고 마케팅 전체 과정을 평가하는 것뿐만 아니라 판매를 창조하는 것을 포함한다.

판매(sales)는 상품을 구매하기 위해 고객이 돈을 내거나 상품을 인도하기로 약속하는 것을 말한다. 따라서 판매는 마케팅 과정의 한 국면에 불과하다고 할 수 있다. 즉 광고와 판매는 마케팅 믹스 가운데 촉진의 구성요소이다. 그 밖에 마케팅 믹스 가운데는 제품 · 가격 · 유통 등과 같은 구성요소가 있다.

유명한 경영학자인 드러커(P. F. Drucker)에 의하면 마케팅의 목적은 필요 이상의 판매 행위를 방지하고 고객을 잘 알고 이해함으로써 고객의 욕구에 맞는 제품과 서비스를 개발하여 스스로 판매되도록 하는 것이라 한다.

이것은 물론 판매 활동과 촉진이 시장에서 최대의 효과를 얻을 수 있도록 잘 조화된 마케팅 믹스의 한 부분에 불과하다는 것을 강조하기 위한 것이다.

3. 호텔 마케팅의 기본요소

1) 욕구

욕구(needs)는 마케팅에 내재된 가장 기본적인 개념으로 인간의 욕구란 인간이 무엇인가 결핍을 느끼는 상태를 말한다. 인간의 욕구는 매우 복잡하고 다양한데, 이에는 의(衣) · 식(食) · 주(住), 안전함 · 편안함, 갈증 등과 같은 생리적 욕구, 소속감 · 애정과 같은 사회적 욕구, 자존과 자기표현 등과 같은 개인적 욕구가 있다. 이러한 인간의 욕구는 외부의 자극에서 만들어지는 것이 아니라 인간 내부에서 자연히 발생하는 인간 형성의 기본적 부분이다.

인간은 욕구가 채워지지 못하면 불행을 느낀다. 더 중요하고 열망하는 욕구일수록 불행의 정도는 강하다. 불행을 느끼는 사람은 욕구를 충족할 수 있는 물건을 획득하려고 노력하거나 욕망을 소멸시키는 행위를 선택한다. 욕구의 해소에는 다음 식과 같이 두 가지 방법이 있다.

$$\text{욕구의 해소} = \frac{\text{갈망하는 제품이나 서비스의 획득}}{\text{욕망의 소멸}}$$

흔히 서양인들은 분자인 갈망하는 제품이나 서비스를 획득해서 욕구를 해소하는 경향이 있다. 예를 들면, 더위를 물리치기 위해 서양인은 선풍기나 에어컨을 만들어 시원함이라는 갈망하는 욕구를 해소하려 하고, 동양인은 나무 그늘 밑에서 장기나 두면서 더위가 물러가기를 기다리는 경향이 있었다. 즉 서양인은 만족을 충족시키는 물건을 찾아냄으로써 욕구를 처리하고자 한다. 그러나 동양인은 전통적으로 분모인 욕망을 소멸시킴으로써, 즉 되도록 욕구를 배제하거나 줄이는 행위로써 욕구를 해소하려고 한다.

2) 욕망

욕망(wants)이란 문화(culture)와 개성(personality)에 의해서 형성되는 욕구를 충족시키기 위한 형태이다. 예를 들어 발리섬 사람들은 배가 고프면 망고, 새끼 돼지, 콩 등을 원하지만, 한국 사람이 배가 고프면 밥, 된장국, 김치찌개, 매운탕, 잡채 등을 원하게 된다. 욕망은 욕구를 충족시킬 수 있는 대상과 관련된 개념으로서, 사회가 진보함에 따라 그 구성원들의 욕망은 증가하게 된다. 사람들은 그들의 호기심과 욕망을 자극하는 많은 대상에 노출되므로 마케터는 이러한 인간의 욕망을 충족시킬 수 있는 제품과 서비스를 제공해야 한다.

판매자는 욕구와 욕망을 때때로 혼동한다. 드릴(drill)의 칼 제조업자는 고객은 드릴의 칼이 필요하다고 생각할지 모르나, 고객에게 진정으로 필요한 것은 드릴로 만들어내는 구멍이다.

욕망은 욕구를 충족시킬 수 있는 대상과 관련된 개념으로서, 사회가 진보함에 따라 그 구성원들의 욕망은 증가하게 된다. 사람들은 그들의 호기심과 욕망을 자극하는 수많은 대상에 노출되므로 마케터는 이러한 인간의 욕망을 충족시킬 수 있는 제품과 서비스를 제공하여야 한다.

3) 수요

인간의 욕망은 끝이 없으나 그 욕망을 충족시키기 위해 소용되는 자원(소득, 저축, 시간, 에너지 등)은 한계가 있으므로 인간은 그들이 지불할 수 있는 금액 대비 가장 큰 만족을 주는 제품을 선택하게 된다. 이러한 욕망이 구매력을 수반할 때 수요(demands)가 된다.

특정 사회에서 어느 시점에서의 수요를 집계할 수 있다. 예를 들면 2030년 수도권의 관광객 숙박수요는 2,000만 명이고, 2040년에는 3,000만 명이 된다고 말할 수 있다. 어떤 사회에서는 올해의 수요상태로 내년의 생산을 계획할 수 있다. 그러나 수요는 신뢰성이 없다. 사람들은 현재 소비하고 있는 제품에 싫증을 쉽게 느끼기 때문이다. 따라서 여러 종류의 제품을 찾아내고 가격과 소득의 변화에 따라 새로운 선택을 한다.

4) 상품

상품(products)이란 인간의 욕구나 욕망을 충족시킬 수 있는 것으로서, 주의(注意)의 대상이 되거나 취득, 사용 및 소비를 위해 시장에서 제공되는 것을 말한다. 어떤 사람이 매력적으로 보이길 원한다고 하자. 이때 이러한 욕구를 충족시킬 수 있는 상품군(商品群)을 상품선택 집합(product choice set)이라 부른다면, 이 집합에는 콘서트, 호텔 숙박, 레스토랑에서의 식사, 해변에서의 일광욕, 제주도 여행, 레포츠 및 기타 여러 가지 품목이나 서비스 등이 포함된다. 그러나 이러한 상품들이 모두 경합하고 있고, 모두 균등하게 필요하지는 않다. 욕구를 채워줄 콘서트, 레스토랑에서의 식사 등과 같이 구매하기 쉽고 값이 싼 상품들이 먼저 구매될 가능성이 있다.

상품은 간혹 제품(goods)으로도 불리고 있으나 엄밀히 말하자면 제품이 서비스와 결합하여 상품이 된다. 즉 제품은 상품의 하위개념이고 판매되는 시점에서는 서비스와 제품이 어떤 비율로 결합하므로 상품이 거래의 대상이 되는 것이다.

상품의 개념은 유형적 물건에 한정되는 것은 아니다. 욕구를 충족시킬 수 있는 것이면 무엇이든 상품이라 부를 수 있다. 소비자는 어떤 연예인이 출연하는 텔레비전 프로를 볼 것인가, 어디로 휴가를 갈 것인가, 어떠한 교통기관을 이용할 것인가, 어떠한 숙박상품을 구매하는가를 결정한다. 소비자 측에서는 이 모든 것은 상품이다.

5) 교환

사람들이 교환을 통해서 욕구와 욕망을 충족하고자 할 때 마케팅 활동이 발생한다. 교환(exchange)이란 어떤 사람에게 필요한 것을 주고 그 대가로 자신이 원하는 것을 얻는 행위이다. 사람들이 원하는 대상을 언는 방법에는 네 가지가 있다. 즉 자급자족, 강요, 구걸, 교환 등의 방법이 있다. 따라서 교환이란 사람들이 원하는 것을 얻는 방법 가운데 하나일 뿐이다. 예를 들어 자급자족은 배가 고픈 경우에 자신이 음식을 만들어 먹는 행위이고, 강요는 음식을 빼앗아 먹는 행위이며, 구걸은 음식이나 물건을 남에게 빌어서 얻는 행위이고, 교환은 화폐나 다른 물건 또는 서비스를 제공하여 필요한 음식을 얻는 행위이다. 그런데 여기서 교환이 가장 합리적인 방법이다.

교환은 마케팅 개념의 핵심이다. 교환이 발생하기 위해서는 몇 가지 조건이 충족되어야 한다.

첫째, 최소한 2인 이상의 당사자가 있어야 한다.
둘째, 각자는 상대방에게 가치가 있는 어떤 것을 가지고 있어야 한다.
셋째, 각자는 상대방과 연락 및 수송이 가능해야 한다.
넷째, 각자는 상대방의 제의를 자유로이 거부 또는 승낙할 수 있어야 한다.
다섯째, 각자는 상대방과의 거래에서 타당하고 바람직하다고 생각하고 있어야 한다.

이러한 의미에서 볼 때, 생산이 가치를 창조하는 것과 같이 교환도 가치를 창조하므로 교환은 사람들에게 소비의 가능성을 확대해 준다.

교환에는 화폐가치에 기초한 경제적 교환(economic exchange)이 있고, 그 밖의 선물이나 서비스 등 비화폐적 가치의 교환까지 고려한 사회적 교환(social exchange)이 있는데, 최근에는 후자인 사회적 교환에까지 교환의 개념을 확대하기도 한다.

6) 거래

교환이 마케팅의 핵심개념이라면 거래(transactions)는 마케팅의 측정단위이다. 거래란 두 당사자 간에 가치를 매매하는 것으로 형성된다. 즉 거래에서는 A가 B에게 X를 주고

Y를 받는다고 할 수 있어야 한다. 예를 들면 어떤 사람이 백화점에서 50만 원을 주고 텔레비전을 구매하였을 때, 이를 금전적 화폐거래라고 한다. 그렇지만 모든 거래가 화폐로 이루어지는 것은 아니다. 예컨대 물물교환거래의 경우도 있는데 낡은 냉장고를 이웃의 중고 텔레비전과 맞바꾸는 경우가 이에 해당한다. 또는 변호사가 의사에게 유언장을 작성해 주고 그 대가로 의료서비스를 받는 경우도 이에 해당한다. 거래가 성립되려면 적어도 두 개의 가치 있는 제품이 있어야 하고, 교환조건, 교환 시기 및 교환장소에 대한 당사자 간의 합의가 있어야 한다.

거래는 다음과 같이 몇 가지 측정 가능한 것을 포함한다.

첫째, 적어도 두 개의 가치가 있을 것
둘째, 동의하는 조건
셋째, 계약시간
넷째, 계약장소 등

거래는 이전(transfer)과는 구별되어야 한다. 이전은 교환 당사자 가운데 한쪽이 상대방에게 무엇인가를 제공했다 해도 그 대가로 무엇을 받았는지를 확실하게 알 수 없다. 이전에는 선물, 원조금, 이타적 행위가 포함된다.

마케터는 흔히 자신의 업무를 이전이 아니라 거래에 한정해야 한다고 생각할 가능성이 있다. 그러나 생각해 보면, 이전 활동은 또한 교환개념을 포함하고 있다. 따라서 이전 활동은 감사, 호감, 죄악감의 경감, 또는 타인에게 채무를 지게 했다고 생각하게 하는 것 등 차후에 얻을 수 있는 이익을 기대하여 선물(gift)을 보내는 행위이다.

제2절 _ 호텔 마케팅의 발달

호텔 마케팅 개념은 비교적 늦게 발전하였다. 이전에는 다른 산업과 마찬가지로 호텔 제품과 서비스는 간결하고 전통적인 방법으로 판매되었다. 그때는 특히 목적지, 여행 루트, 호텔 숙박시설 등이 한정되어 있었기 때문에 진보의 흔적을 찾아볼 수 없었다. 20세기에 들어서 비로소 마케팅이론이 싹텄고 차츰 호텔산업에 적용되기에 이르렀다. 21세기 들어서 현재와 같은 마케팅 지향적 개념 및 사회 지향적 개념이 지배적인 경향이 되었다.

1. 생산 지향적 개념

생산 지향적 개념(production oriented concept)은 판매자의 지침이 되는 가장 오래된 개념 가운데 하나이다. 생산 지향적 개념은 소비자가 구매가 가능하고 값이 적절한 제품을 선호할 것이라는 가정에서 출발하므로 경영자는 생산과 유통의 효율을 높이는 데 중점을 두지 않으면 안 된다.

19세기 말까지는 숙박이 필요한 역이나 나루터에 여관이나 여인숙이 생겼고 숙박과 식사, 여행용품 등을 판매하였다. 숙박할 장소가 별로 없었으므로 여행자는 그곳에 묵는 것 이외에 다른 방도가 없었다. 이 생산 지향적 개념의 문제점은 경영자가 생산시스템에 중점을 두고 고객의 기호를 망각하기 쉽다는 데 있다.

2. 제품 지향적 개념

교통, 통신, 산업기계의 발전으로 대량생산의 시대가 도래했으나 고객 지향적이라기보다는 이익 지향적인 활동에만 관심을 두는 기업이 대부분이었다. 제품 지향적 개념(product oriented concept)은 생산 지향적 개념과 유사하게 내부 지향적 발상이다. 즉 소비자가 기본제품과 제품 형태를 선호하므로 관리자의 업무는 이러한 제품의 우수한 개량품을 개발한다는 것이다.

제품 지향적 개념은 가장 좋은 제품을 생산한다면 고객이 반드시 그 제품을 구매한다고 가정한다. 그래서 미국에서는 체인호텔들이 우후죽순처럼 생겨나기 시작하였다. 그들은 숙박과 식사를 하나의 패키지로 판매하기도 하였다.

시간이 흘러 1950년대 후반에는 미국인들이 매우 긴 대기시간, 지나치게 값비싼 제품, 상대적으로 맛이 없는 음식 등 호텔 레스토랑에 대한 불만이 생겨나기 시작하였다. 그러나 많은 고급호텔은 고객의 식사 욕구를 인식하는 데 뒤떨어지고 말았다. 그때 다수의 컨설턴트는 고객의 기호가 변화하는 것을 명확히 파악하기 위해서는 객실 휴지통 안에 버려진 햄버거의 포장지와 피자 상자의 의미를 생각해 보라는 조언을 하기도 하였다.

이처럼 고객의 기호를 망각하고 자신의 제품만을 고수하던 고급호텔 레스토랑 관계자의 사고는 제품 지향적 마케팅의 대표적인 예라고 할 수 있을 것이다. 이것을 마케팅 근시안(marketing myopia)이라 부르기도 한다.

3. 판매 지향적 개념

기업의 생산능력이 점차로 증가하여 제품이 초과 공급되기 시작하자 기업경영자들은 그들이 만든 모든 제품을 사람들이 구매하도록 설득해야 한다는 것을 깨닫게 되었다. 그리하여 그들은 판매직원의 선발 및 훈련, 인센티브, 경영관리를 증진하기 위하여 마케팅 활동을 확대하였다. 이러한 혁신 활동을 밑받침으로 하는 이론을 판매 지향적 개념(selling oriented concept)이라 한다. 판매 지향적 개념은 기업이 충분한 판매와 촉진 노력을 기울이지 않으면 소비자가 기업의 제품을 대량으로 또는 반복해서 구매하지는 않을 것이라 가정한다. 판매 활동의 목표는 가능한 한 최대 판매를 달성하는 데 있으며, 판매

후의 만족 또는 판매에 따른 수익의 기여에 대하여 염려하지 않는 것이다.

비즈니스 여행객을 위해 건설된 시티호텔이 위락여행객이나 컨벤션 및 회의참가자들에게 호텔숙박 서비스를 판매하기 시작함에 따라, 마케팅 노력을 판매를 올리는 데 쏟고 광고 선전에 매진하기 시작하였다. 그때 마침 라디오, 텔레비전의 급속한 발전으로 당시 수백만 명의 사람들에게 한꺼번에 판매 문안(sales messages)이 전달됨에 따라 광고가 점차로 막강한 영향을 미치게 되었다.

판매 지향적 개념은 환대산업의 특징이다. 그 주된 이유 가운데 하나는 만성적인 과잉능력 상태가 계속되고 있다는 점이다. 실제로 숙박이나 외식 부문을 비롯해 이 업계의 모든 주요 부문은 과잉능력으로 고민에 빠져 있다. 현재도 그렇고 앞으로도 그것을 경험하게 될 것이다.

4. 마케팅 지향적 개념

기업들은 고객의 욕구를 충족시키지 못하면 고객은 제품을 구매 또는 재구매하지 않는다는 사실에 주목하였다. 제품이 과잉 공급되면서 시장은 극도로 경쟁적 상황으로 변하였고 그 결과, 마케팅 기술은 좀 더 세련되고 전문적으로 발전하게 되었다. 기업은 고객이 무엇을 요구하고 원하는가를 판단하기 위해 시장조사를 더욱 강조하게 되었다. 마케팅이론은 시장조사와 제품디자인을 포함하는 데까지 확대되기 시작하였다. 이렇게 현대의 마케팅 지향적 개념(marketing oriented concept)은 고객의 관점에서 실시되고 있다.

고객 지향적 마케팅의 본보기는 리조트이다. 초기 리조트에서는 처음에는 휴식, 휴양, 기름진 음식을 제공하다가 고객의 기호가 변함에 따라 운동, 피트니스, 웰빙, 저칼로리 음식 등을 제공하게 되었고, 점차 고객들이 선호하는 어메니티를 늘려가고 있다.

5. 사회 지향적 개념

사회 지향적 개념(societal oriented concept)은 오늘날의 환경오염, 자원 부족, 폭발적 인구 증가, 세계적인 인플레이션 등이 무시되고 있는 사회적 측면을 고려하며, 과연 기업 행위가 제대로 이루어지고 있는가? 하는 의문에서 생겨난 마케팅 개념이다.

사회 지향적 개념은 기업이 개인의 욕구를 파악하여 충족시키는 것은 장기적으로 소비자와 사회를 위해 최선의 길을 실행하는 것으로 본다. 사회 지향적 개념을 주장하는 사람들은 장기간에 걸쳐서 사회에 이익을 가져오는 의사결정을 기업이 실행하도록 관련 이해집단에 요구해 왔다.

지역사회에서 관광 개발로 인해 일어나는 갈등과 문화적 영향에 관하여 호텔기업이 장기적인 관점에서 숙박객과 지역사회를 위해 최선을 다하고 있는가에 의문이 제기되고 있다. 이러한 관심과 갈등을 해결하기 위하여 호텔기업은 지역의 문제 해결에 적극적으로 대응하여 관광객은 물론 지역 주민과도 양호한 관계를 유지하도록 노력하려는 취지에서 사회 지향적 마케팅 개념이 탄생하였다.

호텔 체인은 레스토랑에 금연석과 금연 장소를 설치해 왔다. 미국의 MADD(음주운전 반대 어머니회) 등은 더욱 엄격한 음주운전법, 해피아워(happy hour)[1)]의 장려에 반대하는 법률, 고객에게 과도한 알코올을 제공하는 것에 대해 레스토랑의 책임을 무겁게 지우는 법률을 입법화하였다. 레스토랑과 그 주(州)의 조합은 책임지고 알코올류를 제공하는 방법에 관한 훈련프로그램을 개발하였다. 칵테일 파티는 과거의 낱말이 되었고 오늘날에는 거의 모든 파티에서 여러 종류의 생수, 과일주스, 청량음료, 비알코올 음료 등이 제공되고 있다.

요즈음 지배인과 직원은 고객이 만취하는 것을 방지하거나 취객을 간호하는 방법을 알 필요가 있다. 사회 지향적 개념을 채택하고 있는 패스트푸드 점포에서는 환경에 더욱 유익한 포장을 추구하고 영양가가 더 많은 식품을 생산해야 한다.

사회 지향적 마케팅은 국가 및 지방자치단체 또는 호텔 & 리조트 기업의 마케팅관리자들이 마케팅 정책을 수립하는 데 있어서 세 가지 요소, 즉 호텔기업의 이익, 고객의 욕구, 지역사회의 관심사 등을 균형적으로 고려할 것을 요구하고 있다.

1) 바(Bar)나 레스토랑 등의 음식점이 어느 일정 시간에 파격적 요금 할인이나 가격 차를 나게 하여 제품을 제공하는 시간대.

제3절 _ 호텔 마케팅의 환경요인

호텔기업이 마케팅 과정을 매우 성실하게 계획하고 통제하려 하더라도 어쩔 수 없는 환경요인으로 인하여 업무의 진행에 영향을 받거나 방해를 받기도 한다. 이러한 일이 발생하면 호텔기업은 그 상황에 대처해 나갈 만큼 충분히 유연성을 발휘해야 한다. 호텔기업은 시장조사를 통하여 이러한 상황을 예상하고 그것에 대처할 수 있도록 해야 한다.

마케팅 환경은 내적 환경요인과 외적 환경요인으로 구분되며, 후자는 업무환경과 비업무환경으로 세분된다.

1. 내적 환경요인

기업의 내적 환경요인이란 마케팅 기능 이외의 관리기능 또는 부서로서 생산, 인사, 재무, 회계, 구매, 연구개발 등을 의미한다.

호텔기업의 최고경영층은 회장, 사장, 총지배인(GM), 이사, 이사회 등으로 구성된다. 이러한 상위 경영층은 기업의 사명, 목표, 전사적 전략 및 방침 등을 수립한다. 마케팅 부문 관리자는 반드시 최고경영층이 설정한 계획범위 내에서 의사결정을 해야 할 뿐만 아니라 그들의 마케팅계획을 실행하기 전에 최고경영자의 승인을 받아야 한다.

마케팅관리자는 또한 타 기능 부문과 긴밀하게 협조해야 한다. 호텔기업의 재무 부문 관리자는 마케팅계획 수립을 위한 자금의 조달 가능성과 운영에 관심이 클 것이며, 연구개발 부문 관리자들은 안전하고 매력적인 리조트를 설계하는 문제에 관심을 집중한다. 구매부서에서는 예측한 고객 수만큼의 숙박, 식사나 서비스를 제공하는 데 필요한 원료와 소재를 충분히 확보하는 데 관심이 있으며, 고객서비스 부문은 충분한 고객서비스 능력과 노동력을 확보하고 상품제공 목표를 달성하는 데 책임을 진다. 회계부서는 계속해서 이익 및 비용을 측정하여 기업의 목표가 잘 성취되고 있는가를 마케팅부서가 알 수 있도록 정보를 제공하는 데 책임이 있다. 이렇듯 모든 부서는 마케팅부서의 계획과 활동에 직·간접적으로 영향을 미친다.

2. 외적 업무환경요인

고객, 공급업자, 중개업자(여행사 등), 광고대행사, 노동조합 그리고 주주 등은 외적 환경요인 중에서도 마케팅 활동을 직접 제약하거나 돕는 요인들이다. 시장 지향적 경영에서 특별히 중요한 요인은 두말할 필요 없이 고객이다. 고객에 대해서는 본서 전반에 걸쳐 언급하므로 여기서는 생략하기로 한다.

1) 공급업자

공급업자(suppliers)는 제품과 서비스를 창출하는 데 필요한 자원을 제공하는 기업 또는 개인을 말한다. 공급업자에게 영향을 미치는 동향과 전개는 기업의 마케팅계획에도 큰 영향을 미친다.

호텔은 침실 및 회의실, 리넨류, 고객용 모든 비품, 직원의 사무용 컴퓨터를 포함한 기타 사무용품, 커피숍 및 식당의 모든 비품과 재료 등을 공급업자에게서 구매하지 않으면 안 된다. 따라서 일관된 품질의 서비스상품을 계속해서 제공하기 위해 호텔은 신뢰할 수 있는 공급업자를 선택해야 한다.

2) 중개업자

중개업자(intermediator)는 어느 기업이 최종 판매를 위하여 제품을 홍보하고 판매하여 유통하는 것을 지원하는 기업을 말한다. 즉 고객 개척과 판매를 도와주는 사업체이다. 제조업과 마찬가지로 다양한 중개업자를 보유하고 있어 호텔 및 레스토랑으로 보내는 원자재 수송을 그 수송시스템에 의존하는 곳도 있다. 그러나 기업은 운송회사에 지배력을 거의 행사하지 못하는 경우가 대부분이다. 그래서 기업이 성장함에 따라 제품의 유통·수송시스템을 창설·구축하는 곳도 나타난다.

마케팅 서비스 대리점에는 기업의 적절한 시장을 표적으로 삼아 판매촉진을 지원하는 마케팅 조사회사를 비롯하여 광고대리점, 매체, 마케팅 상담기업 등이 포함된다. 금융중개업자로는 기업의 거래를 위한 자금조달이나, 상품과 서비스의 매매에 관한 위험부담에 대비한 보험 가입 등을 지원하는 은행, 카드회사, 보험회사 등이 포함된다.

3. 외적 비업무환경요인

많은 외부요인이 마케팅에 영향을 미치고 있다. 비업무환경요인은 가장 변두리에 위치하여 마케팅에 간접적으로 영향을 미치긴 하지만, 이들은 업무환경으로서의 고객과 함께 직접 경영에 위협과 기회를 제공하는 장본인이라는 점에서 이들이 갖는 전략적 중요성을 간과해서는 아니 될 것이다. 비업무환경요인으로는 경쟁자, 사회·문화, 정치·법률, 생태, 경제, 기술 등이 있다.

1) 경쟁자

어떤 기업이라도 경쟁력과 함께 최적의 마케팅전략을 갖출 수는 없다. 업계에서 우위에 있는 대기업(체인호텔, 대형 독립호텔)은 중소기업이 적용할 수 없는 전략을 채택할 수 있다. 그러나 중소기업도 자사에 유리한 전략을 선택할 수 있다.

모든 기업은 4가지 차원에서 경쟁자(competitors)와 대면하고 있다.

① 기업은 유사한 제품과 서비스를 유사한 가격으로 제공하는 회사를 경쟁자로 볼 수 있다. 이를테면 조선호텔의 경우 롯데호텔 등 특급호텔이 경쟁자가 될 것이다.

② 기업은 유사한 제품 또는 동일 종류의 제품을 만들어내고 있는 모든 기업을 경쟁자로 볼 수 있다. 이를테면 신라호텔은 라마다호텔, 힐튼호텔, 한옥호텔 등을 포함한 모든 숙박업체를 경쟁자로 볼 수 있다.

③ 기업은 더 넓게 유사한 서비스를 제공하는 모든 기업을 경쟁자로 볼 수 있다. 이를테면 리츠칼튼호텔은 모든 특급호텔, 일반호텔, 장급여관, 민박 등과 경쟁하고 있

는 것이다.

④ 기업은 더 넓은 의미에서 동일 고객의 돈을 경쟁적으로 노리는 모든 기업을 경쟁자로 볼 수 있다. 베스트웨스턴호텔은 모든 숙박시설, 캠핑카, 고객들이 직접 텐트를 치는 야영장 등과 경쟁하고 있다고 생각할 수 있다.

2) 진입장벽과 철수장벽

경쟁에 영향을 미치는 요인으로는 기업의 시장진입 능력과 철수 능력이 있다. 진입장벽(entry barriers)은 기업의 사업 개시를 막고 철수장벽(exit barriers)은 기업이 사업에서 손을 떼는 것을 방해한다.

소규모 호텔이나 레스토랑 업계는 진입장벽이 낮은 것이 특징이다. 비교적 소액자본으로 소형호텔이나 펜션, 레스토랑 사업 등을 시작할 수 있다. 직접적인 경쟁을 하지 않고 개점한 펜션이나 레스토랑 경영자는 얼마 지나지 않아 1년마다 경쟁자가 4~5점포씩 늘어나는 것을 알게 된다. 이러한 사실은 경쟁을 예측하고 누구나 항상 경쟁하고 있다는 것을 전제하여 사업을 추진해야 한다는 뜻이다. 그 바탕에는 항상 고객만족이 중요하다는 것을 가장 염두에 두어야 한다. 고객은 언제든지 다른 곳으로 떠날 수 있기 때문이다.

3) 인구통계적 환경

인구통계학(demography)은 규모 · 인구밀도 · 장소 · 연령 · 성별 · 인종 · 직업 등 통계의 관점에서 본 인간의 인구에 관한 연구 분야를 말한다. 시장은 인간에 의하여 구성되므로 인구통계학적 환경은 마케팅담당자에게는 매우 흥미로운 것이다. 인구통계학적 구분은 어린이(children), 10대(youths), 젊은 층(young adults), 중년 전기(early middle age), 중년 후기(late middle age), 퇴직자(retirees), 노년(olds) 등으로 구분할 수도 있다. 이러한 인구통계적 요인을 활용하면 호텔 · 리조트나 레스토랑에서 수립할 수 있는 대책을 마련하기가 더욱 쉬워진다.

① **공간**: 서양인은 동양인보다 넓은 개인적 공간이 필요한 경우가 많다. 체격이 왜소하든 우람하든 그에 맞는 공간이 필요하다.

② **테이블의 넓이**: 영국에서 실시한 조사에 의하면 호텔 레스토랑에 4인용 테이블밖에

없는 경우 고객은 먼저 온 고객 한 명이 앉아 있는 테이블에 합석하기를 거절하고 나가버린다고 한다. 그곳에서는 혼잡한 환경과 느린 서비스, 그에 따른 스트레스에 대해 고객이 고충을 호소하고 있었다. 이의 대응책은 2인용 테이블을 더 많이 준비하는 것이다. 종종 고객은 혼자 온 고객과의 합석을 싫어했으나 전체적으로 보면 테이블의 회전율은 향상되었다.

③ **소음**: 현대인은 각종 소음에 시달리고 있다. 환경오염 시대에는 우선으로 심한 소음에 따른 개선이 필요하다.

④ **색채와 조명**: 호텔 내부나 레스토랑뿐만 아니라 다른 환대산업에서도 색채와 조명은 중요한 요인이다. 한 조사에 의하면 남성우위의 시장에서 완벽한 것으로 간주하던 검은 목재로 만든 패널장식에 대해 여성고객은 아무런 매력을 느끼지 못하는 것으로 판명되었다. 외식 체인 중에는 고객이 오래 앉아 있지 못하도록 색채를 고르고 회전율을 높인 점포도 있다.

⑤ **서비스 보증**: 햄프턴 인 호텔(Hampton inn hotel)은 숙박객의 스트레스를 해소하기 위한 서비스 보증을 채택하고 있다. 햄프턴 인 호텔의 직원들은 숙박객을 만족시키기 위하여 신속한 행동을 할 수 있는 권한을 갖고 있다. 이것이 서비스 보증이다.

4) 경제적 환경

경제적 환경(economic environment)은 고객의 구매력과 소비행태에 영향을 미치는 요인으로 구성되어 있다. 더불어 수입의 변화, 소비행태, 인플레이션, 환율, 비용 등과 같은 경제적 조건은 고객의 소비액에 커다란 영향을 미칠 것이다.

시장에는 구매력이 필요하다. 총구매력은 현재의 수입·물가·저축 및 가처분 소득의 액수에 의해 좌우되기 때문이다. 따라서 마케팅담당자는 수입에 있어서 주요 경제 동향과 변화하는 소비자의 소비행태에 주의를 기울이지 않으면 안 된다.

5) 자연환경

자연환경(natural environment)은 마케팅담당자가 필요로 하거나 마케팅 활동에서 영향을 받는 자연자원으로 구성되고 있다.

호텔기업은 환경보호를 위한 노력을 적극적으로 펴나갈 필요가 있다. 호텔 측의 노력으로 장기투숙 또는 연속숙박(연박)하는 투숙객의 협조를 얻어 침대 시트 교환을 가능한 줄이는 것은 생태계 보호에도 유익하고 호텔의 용품 및 리넨류의 마모 등을 줄여 호텔자원의 낭비를 막는 데도 도움이 될 수 있다.

매립지 고갈의 주된 원인으로 플라스틱제 빈 용기는 생분해되지 않으므로 매립 공간을 많이 차지하고, 쓰고 버린 플라스틱은 재생시킬 수 없으며, 발포 스티롤은 대기 중의 오존을 파괴한다는 지적을 받고 있다. 이러한 결과로 푸드 서비스산업, 특히 패스트푸드 업체에 대해 부정적인 인상을 주는 것은 잘 알려진 예이다.

6) 기술적 환경

사실상 기술적 환경(technological environment)의 변화는 숙박 그 자체의 본질과 숙박상품이 거래 및 판매되는 모든 방법에 대해 영향을 미치고 있다. 그러므로 실용적인 기술진보를 채택하는 기업은 경쟁우위의 지위를 획득하게 될 것이다.

최근 들어 전자 또는 e커머스(e-commerce) 분야가 거대하게 성장하게 되었다. 호텔 마케터는 정보를 제공하고 예약을 받기 위해 World Wide Web을 많이 이용하게 되었고 의사소통을 위해 자사 홈페이지나 e메일 사용이 일반화되었다. 휴대전화도 고객 연락 및 업무에 많은 도움을 주며 디지털 마케팅 시대에 서비스 정보 획득이나 예약방식에도 큰 변화가 일어났고 Expedia, Travelocity, Yahoo Travel 등과 같이 온라인상에서 여행 및 숙박 서비스 예약이 일반화되어 있다. 앞으로 AI 자동화는 호텔산업의 거래상황은 급격히 바꿀 수도 있다.

7) 정치적 환경

마케팅에 관한 의사결정은 정치적 환경(political environment)으로부터 강한 영향을 받고 있다. 정치적 환경은 법률, 정부기구, 사회의 여러 조직과 개인의 활동에 영향을 미치기도 한다. 외국의 정치적 불안(전쟁, 테러 등)은 그 나라로 여행하고자 사람들의 마음을 가로막을 것이다. 또 법률적 제약은 외국으로 여행하려는 사람들의 의욕을 떨어뜨리기도

하고 그와 반대로 무비자 시행은 여행 의욕을 높이기도 한다.

한편으로 항공승객의 권리와 기타 개혁에 대한 요구를 명확히 주장하고 있는 소비자운동의 신장은 마케팅전략에도 커다란 영향을 미치고 있다.

최근에는 사업에 영향을 미치는 법률과 규제가 증가하고 있고 정부기관의 법 집행이 더욱 강력해지고 있으며, 공익 이해집단이 성장함으로써 기업의 의사결정에 막대한 영향력을 행사하고 있다.

8) 윤리 및 사회적 책임

기업의 사회적 책임에 대한 소비자운동의 신장은 마케팅전략에 커다란 영향을 미치고 있다.

기업의 사회적 책임이 발생하는 근거는 기업이 사회적 존재로서 이윤을 지향하면서도 다른 한편으로는 사회적 역할을 다 하는 제도적 존재이기 때문이다. 기업이 사회에서 얻은 이익의 일부를 사회에 환원하려고 노력할 때 그 기업은 사회적 책임을 이행하고 있다고 할 수 있다. 기업은 사회와 계약을 맺고 있다고 볼 수 있는데, 사회계약이란 여러 가지 사회적 요소 가운데 행동 양식에 관한 일련의 규칙이라 할 수 있다.

기업 및 조직체에 적용되는 사회적 책임의 주요 영역은 환경, 에너지, 공정한 기업 운영, 인적 자원, 지역 활동 참가, 상품, 정부와의 관계, 주주와의 관계, 경제활동 등을 포함한다.

9) 문화적 환경

기업의 문화적 환경(cultural environment)은 특정 사회의 기본적 가치관, 지각, 선호, 행동 등에 영향을 미치는 제도나 영향력을 말한다. 공동체로서의 특정 사회는 구성원들이 공유하고 있는 어떤 기본적 신념과 가치관을 형성한다. 그들은 자기 자신과 다른 사람들과의 관계를 정의하는 세계관을 형성한다. 문화적 가치나 하위문화 등의 문화적 특징은 마케팅에 관한 의사결정에 영향을 미칠 수 있다.

CHAPTER

02

호텔 상품의 특성과 마케팅 믹스

제1절 _ 호텔 상품의 특성

제품이란 개발 · 제조 · 완성해서 만들어진 물건으로 구매자에 의해서 소비 또는 사용된다. 자동차, TV, 컴퓨터 등을 예로 들 수 있다. 반면에 서비스는 누군가에게 혜택을 주는 행위 또는 실행이다. 소득세를 계산하기 위해 회계사를 고용한다거나 가슴이 답답하여 의사에게 진찰을 받는다면 서비스를 구매하는 것이 된다. 대부분 산업은 제품이나 서비스를 생산한다.

환대산업(hospitality industry) 또는 호텔산업(hotel industry)에는 호텔이나 레스토랑뿐만 아니라 리조트, 테마파크, 크루즈, 카지노, 컨벤션, 실버타운, 카페, 식음료업, 콘도미니엄, 스키장, 골프장 등 많은 업종 및 업체가 포함되어 있다. 호텔산업은 보기 드물게 제품과 서비스가 동시에 생산되는 산업이다. 호텔 상품은 호텔 및 숙박에 관련된 제품과 서비스가 결합한 상품을 말한다. 우리가 호텔 상품을 구매한다면 거기에서 우리는 많은 서비스를 구매하고 있는 셈이다.

호텔 상품은 대부분의 여타 산업제품과는 다른 몇 가지의 특성, 즉 무형성, 생산과 소비의 동시성, 소멸성, 계절성, 동질성, 독특성, 보완성 등을 지니고 있다. 이런 각각의 특성은 호텔 상품이 시장에서 어떻게 판매되는가에 영향을 미친다. 다음의 예를 보고 그에 따른 호텔 상품의 특징을 살펴보기로 하자.

1. 무형성

무형성(intangibility)은 호텔의 숙박 및 레스토랑에서 식사, 비행기를 이용한 항공여행, 해안유람선 탑승 및 미술관 관람, 산악에서의 전망, 나이트클럽에서 즐거운 시간 등 많은 것을 포함한다. 이러한 상품은 경험이다. 경험이 생성되면 오로지 추억으로 남게 된다.

호텔 객실의 침대, 레스토랑의 음식, 비행기의 좌석과 같은 유형적인 대상은 경험을 창조하나 이러한 것들은 고객이 돈을 내려는 대상이 아니다. 그 대신에 고객은 경험에 따르는 무형적인 혜택(편익: benefit), 즉 즐거움, 휴식, 편의, 흥미 등을 위해 돈을 내고 있다. 결국에 호텔 상품에서 유형적 부분은 무형적 부분에 덧붙여져 제공되고 있다.

호텔 상품은 무형적 특성 때문에 유형적인 상품보다 판매가 훨씬 어렵다. 그래서 호텔 기업은 자체의 상품을 판매하기 위해 다른 방법에 의지해야 한다. 첫째, 고객과의 관계를 강화해 나가는 것이다. 호텔은 개인적인 서비스나 성과를 통해 고객의 신뢰를 얻기 위해 노력해야 하며, 이때 비로소 고객은 호텔 상품에 대하여 기업이 말하는 것을 신뢰할 수 있게 되는 것이다.

둘째는 숙박상품 구매로부터 획득 가능한 혜택을 강조하는 것이다. 호텔 상품을 예로 들면, 모양새 좋은 브로슈어나 잡지의 컬러풀한 사진과 같이 시각적으로 돋보이게 함으로써 이러한 혜택을 가시화하려고 노력한다.

혜택이라는 면에 초점을 맞출 때 호텔기업은 그 상품이 다른 사람들에게는 다른 의미가 있다는 것을 인지해야 한다. 예를 들면 비즈니스 여행객은 숙식(宿食)을 업무 이행의 일부로 생각할 것이다. 비즈니스 여행객에 대한 마케팅의 초점은 효율성과 신속성에 있어야 한다. 반면에 휴가 및 위락여행객은 숙식을 자기의 일상생활 탈출로 간주할 것이다. 그러므로 위락여행에 대한 촉진은 매혹, 낭만, 휴식의 이미지를 더욱 뚜렷하게 해야 한다.

2. 생산과 소비의 동시성

대부분 호텔 상품은 같은 장소에서 그리고 같은 시간에 생산되고 소비된다. 예를 들면 호텔의 손님은 객실에 들어가 야간 취침을 해야 비로소 객실을 사용한다고 말할 수 있다. 이것이 곧 호텔 상품의 생산과 소비의 동시성(simultaneous production and consumption)이다.

호텔 상품이 동시에 생산되고 소비된다는 사실은 호텔과 고객 간에 상호의존적 관계를 창조하게 한다. 호텔 상품의 생산과 소비는 호텔의 설비나 약속에 따라 발생하고 고객과 호텔은 상호작용을 해야 하므로 호텔 접객직원의 행위와 태도, 친절함이 고객만족에 중요한 역할을 한다. 이렇듯 직원과 투숙객 간의 상호의존관계는 호텔산업에서 서비스가 가장 중요하다는 사실을 말하는 이유 중 하나이다.

3. 소멸성

호텔 상품이 생산되는 즉시 소비된다는 사실과 소멸성(perishability)은 서로 관련이 있다. 호텔은 주말 투숙객을 위해 판매할 수 있는 객실의 수가 정해져 있다. 또 밤이 지나기 전에 특정 호텔 객실을 예약하는 일이 없다면 그때 그 상품을 팔기 위한 기회는 지나가고 상품도 없어지며 영원히 소멸해 버린다. 그것은 그때 그 객실을 호텔기업의 재고자산으로 저장해 둘 수 없기 때문이다.

호텔산업에서는 판매되지 않는 상품을 보호하기 위해 마케팅전략을 개발해 왔다. 그중의 하나가 초과예약인데, 한 예로 체인호텔은 노쇼(No Show)로 나타나지 않는 사람들이 있어 확실한 숙박객의 수를 알아내기가 어렵다고 판단해, 실제로 이용 가능한 객실 수보다 더 많은 예약을 받고 있다. 이와 같은 방법으로 일부 호텔은 객실이 남을 것이라고 예상해서 초과예약(overbooking)을 받아 만실을 만들 수 있다.

또 다른 마케팅전략은 이원적인 유통체계이다. 호텔 상품은 호텔공급자에게 직접 구매하거나 여행사를 통해 구매할 수 있다. 즉 고객은 직접 전화나 인터넷을 통해 호텔이나 여행사에서 객실을 예약할 수 있다. 호텔 상품을 거래하는 유통대리점 및 홈쇼핑이 증가한다면 그 상품을 판매 가능한 기회는 그만큼 증가할 것이다.

4. 계절성

대부분 호텔 상품은 계절의 지배를 받는다. 계절성(seasonality)은 매년 다른 시간대에서 일어나는 수요의 변동을 말한다. 겨울에 북쪽 지방 사람들은 추운 날씨를 피해 남쪽의 온화한 지역으로 떼 지어 이동한다. 호텔이나 리조트의 객실과 같은 숙박상품의 수요는 그러한 지역에서 증가한다. 반면에 북쪽 지역이 따뜻해지는 여름에는 수요가 감소한다. 그러나 우리나라에서는 계절성이 다르게 작용하기도 한다. 여름에는 리조트 지역에 사람들이 몰리고 겨울에는 해외로 여행을 떠나든지 집에 머무르는 경향이 있다.

계절성은 일반적으로 호텔 상품이 기상조건에 의해 영향을 받는 것을 말하지만, 그 주의 요일 또는 그날의 시간대로부터 발생하는 수요의 변동에까지 적용되기도 한다. 일부 사람들, 특히 비즈니스 여행객은 주말을 집에서 보내기를 원하기 때문에 월요일이나 금요일 사이에 비즈니스호텔 객실 수요는 높게 나타난다. 그와 반대로 휴일은 또한 여행상품 수요에 영향을 미친다. 예를 들어 스키리조트 지역은 겨울방학 기간이나 크리스마스 휴가에 더욱 많은 사람으로 붐비는 경향이 있다.

계절성에 영향을 받는 상품의 마케팅 대책은 비수기 동안에 수입을 올려야 한다는 것이다. 호텔업자는 그들 상품의 사용을 평준화하거나, 판매가 부진한 동안에 상품의 수요를 창조해야 한다. 가장 두드러진 방법은 비수기 동안에 가격을 인하하는 것이다. 예를 들어 우리나라 동해안 호텔은 여름보다 겨울에 가격이 저렴하다. 그 반대로 카리브해안 리조트에 머무는 경우 보통 겨울보다 여름에 가격이 저렴하다. 이러한 마케팅 테크닉은 세일상품을 찾거나 군중을 피하려 하는 여행객들에게 소구하려는 것이다.

계절성을 극복하는 또 하나의 방법은 비수기 때 이용할 수 있는 특별한 시설을 만드는 것이다. 추운 날씨를 비관하기보다는 여러 북쪽 도시에서 시행하는 것처럼 겨울축제를 만들어 추운 날씨를 관광 매력물로 바꿀 수 있어야 한다. 일부 호텔기업은 비수기 동안 그들의 초점을 바꾸기도 한다. 스키장에서는 여름 시즌 동안 폐업하기도 하지만 한편으로는 스키장 시설을 컨벤션이나 문화센터 장소로 제공하는 방식이다.

호텔업자는 이익의 주기적인 상승과 하락을 염두에 두면서 그에 따라 생산능력을 조절한다. 예를 들어 직원을 감축하거나 비수기에 일부 호텔의 일부 객실을 사용하지 않는 것이다. 호텔사업자는 비수기에 발생한 손실을 보전하기 위하여 성수기에 가격을 인상한다거나 각 고객의 숙박 일수 단축을 요구하기도 한다.

5. 동질성

일부 호텔 상품은 동질성(parity)을 지닌다. 동질성의 의미는 경쟁기업이 유사한 기초상품을 제공한다는 것이다. 그렇게 많은 상품이 동질적이라는 사실은 동일 업종 간에 경쟁상태를 더욱 심각하게 만들고 있다. 호텔은 동일 업종 간에 타사와 어떻게 차별화하여 소비자들이 자사의 상품을 선택하도록 만들 것인가? 시장에서 성공하기 위해서는 기업이 동질성의 문제를 해결해야만 한다. 이렇게 하는 데 한 가지 방법은 비록 중요한 차이점은 없다고 할지라도 경쟁자의 상품과 자사상품을 다르게 보이도록 만드는 것이다. 실제로는 상품에 영향을 미치지 않는 조그마한 차이점일지라도, 소비자의 마음속에서는 차이점이 생길 것이다.

동질성의 문제를 해결하는 또 하나의 기술은 빈번한 고객프로그램의 설정이다. 기업은 여러 가지 할인요금 및 할증시스템을 고객에게 제공함으로써 그 상품을 계속 사용하도록 유혹할 것이다. 다빈도 이용자 프로그램은 상표 충성도를 구축하기 위해 시도하는 가장 전형적인 예일 것이다. 숙박 때마다 이용한 날짜 수를 총계하여 호텔이 정한 일정한 체재일수를 숙박하면, 고객은 그 시점에서부터 동일요금으로 그 호텔의 객실 등급을 하나 올려 서비스를 받거나 가격을 할인받거나 무료 숙박 서비스를 받게 되는 등 혜택을 받을 수 있다.

6. 독특성

동질성은 호텔 상품이 독특한 경우에는 거의 문제가 되지 않는다. 이러한 특성을 독특성(uniqueness)이라 한다. 예를 들어 제주도, 경주, 하와이, 워싱턴, 만리장성, 옐로스톤 국립공원에 가까운 호텔은 프로모션 활동을 비교적 많이 하지 않지만 서로 유사하지 않아서 많은 고객에게 매력을 느끼게 한다. 결국에 이 독특성은 여행객들을 끌어들일 수 있다.

한편, 많은 사람이 비표준화된 상품의 독특성에 이끌리는 경우도 있다. 시설이 균일한 체인호텔보다 별난 침실과 아침 식사가 제공되는 인(Inn)에서 머무르는 것을 더욱 좋아하는 사람들도 있다.

호텔 상품에 들인 마케팅 노력에 따라서 상품의 독특한 측면이 뚜렷하게 드러난다. 마케팅 노력은 잠재고객에게 그 상품의 특징을 명백하게 소구하고 유사상품으로부터 자사상품을 차별화한다.

7. 보완성

고객은 한 가지 상품만을 구매하지는 않고 이것저것 한꺼번에 구매한다. 이것을 서비스 상품의 보완성(complementarity)이라 부른다. 유람선 패키지를 이용하는 사람들은 육상에서의 레스토랑 식사비와 관광지 입장료를 지급한다. 신속하고 효율적으로 목적지로 이동하는 것에 주로 관심이 있는 비즈니스 여행객조차도 항공수송에 덧붙여 렌터카, 숙박 시설 등을 구매할 것이다.

리조트상품의 구매는 상품구매의 연쇄반응(chain reaction)을 일으킨다. 그 결과로 하나의 상품이 다른 상품에 더욱 좋거나 나쁜 영향을 주게 된다. 만일 리조트로 스키어들을 실어 나르는 항공사가 노선을 변경한다거나 망한다면 스키리조트 사업은 고전할 것이다. 만일 스키리조트에 오는 스키어가 줄어든다면 근처의 레스토랑과 상점에는 손님이 줄어들 것이다. 이런 모든 사업은 비록 별도로 소유되어 있을지라도 서로 밀접하게 연관되어 있다. 이렇게 호텔 상품들의 밀접한 관계를 보완성이라 부를 수 있으며, 이것은 모든 환대상품의 특징 중 하나이다.

호텔업자는 점차 상품의 보완성을 더욱 인식하게 되었고, 그 결과로 많은 기업이 공동 마케팅에 참여하고 있다. 예를 들어 경주에 있는 여러 호텔은 경주라는 모티브를 가지고 공동 프로모션을 추진하기도 한다.

사람들은 환대공급자들이 서로 경쟁하고 있다고 생각하는데 오히려 비환대 상품(non-hospitality product)으로부터의 경쟁이 더욱 위협적이기도 하다. 이를테면 텔레비전, 오페라, 영화, 야구 경기, 등산, 독서 등은 소비자를 놓고 환대산업과 경쟁하는 비환대 상품이라 할 수 있다. 따라서 환대산업을 둘러싼 업종들은 고객에게 가장 바람직한 활동으로 환대상품을 촉진하기 위하여 함께 협력해야 할 것이다.

제2절 _ 호텔 마케팅 믹스

호텔 마케팅을 위한 또 하나의 중요한 요소는 마케팅 믹스다. 마케팅 믹스(marketing mixes)는 마케팅 전략을 계획 · 실시하고 마케팅 목표를 이행하는 데 기업이 통제 가능한 모든 변수를 말한다. 처방전에서의 재료와 같이 마케팅 변수는 성공하기 위해 적정량을 사용해야 한다. 소비재 마케팅에서 전통적인 4개의 변수(4P's)는 상품, 촉진(promotion), 유통(채널), 가격이다.

최근 들어 일부 호텔 마케팅전문가들은 여기에 3개의 마케팅 믹스—물리적 환경, 구매과정, 참가자—를 추가하였다. 그들은 이러한 부가적인 믹스 요소가 호텔 마케팅에 포함되는 과정을 표현하는 데 필요하다는 것을 느끼고 있다. 4P에 이러한 부가적인 변수들 3P를 합쳐서 7P's라고 부른다(〈표 2-1〉 참조). 마케팅 믹스는 액셀러레이터, 브레이크, 변속기어, 핸들 등 자동차의 통제장치에 비유된다. 그것들은 도로의 조건(시장)과 타 운전자(경쟁)의 행동을 고려해서 사용되어야 한다. 자동차의 통제장치와 같이 마케팅 믹스는 목적지나 목표에 도달하기 위해서 끊임없이 조정되어야 한다.

〈표 2-1〉 **호텔 마케팅 믹스(7P's)**

마케팅 믹스	믹스요소의 정의	예
상품	기업이 고객에게 제공하는 것	숙박, 식사, 유흥 등
촉진	상품에 흥미를 자극하는 활동	광고, PR 등
유통채널	호텔 상품이 흐르는 장소나 입지, 유통 채널	여행사, 인터넷 등
가격	판매자가 어떤 요소를 기준으로 상품에 매기는 돈의 양	스탠다드 1박 10만 원, 스위트 1박 30만 원 등
물리적 환경	판매가 발생하는 환경 또는 상품이 생산되고 소비되는 환경	객실, 레스토랑, 로비 등
프로세스	서비스가 제공되는 실행절차, 메커니즘 그리고 활동의 흐름(서비스 제공 및 운영시스템)	상품 및 정보 선택
참가자(사람)	거래 또는 경험하는 모든 사람	직원과 고객

1. 상품

상품(product)은 고객의 욕구를 만족시키기 위해 호텔기업이 판매 · 제공하는 모든 것을 말한다. 상품특성에 대한 의사결정은 유형적 · 무형적 측면의 확인과 잠재고객에의 소구에 기초하여 결정된다. 여기에는 서비스가 제품에 동반될 것이다. 물론 호텔산업이 판매하는 것은 숙박이고 또한 서비스이다. 호텔 상품에 대해서는 제5장에서 자세히 다루기로 한다.

2. 촉진

고객에게 촉진(promotion)은 아마도 마케팅 믹스에서 가장 가시적인 요소일 것이다. 촉진 활동은 제품과 서비스에 사람들의 관심을 자극하고 정보를 제공하며 구매에 대한 인센티브를 제공하여 제품 및 서비스를 구매하도록 소비자를 설득하기도 한다.

기업이 제품 및 자사를 촉진하는 방법은 무수히 많다. 촉진에는 TV, 라디오, 신문, 잡지, 광고판 등이 주로 사용된다. 또 신문에서의 시사, 고객 인터뷰, 독자의 평, 광고를 통한 자유로운 홍보 등도 있다. 판매원이 고객을 관리하는 데 사용하는 테크닉도 판매촉진의 한 유형이다. 즉 특별한 선물과 기념품, 모형 비행기, 브로슈어, 할인쿠폰, 인쇄문구(편지), 사업카드, 회보, 다이렉트 메일, 기타의 판매촉진 상품은 호텔 상품과 서비스를 소비자에게 인식시키는 데 커다란 도움을 준다.

최근에는 인터넷 광고, e메일, 휴대전화, 자사 홈페이지, 홈쇼핑, e커머스 등을 이용해 다양한 촉진 활동을 전개하고 있다.

3. 입지 또는 유통채널

입지(location, place) 또는 유통채널(distribution channel)이나 전달과정(process of delivery)은 고객에게 서비스 또는 제품을 전달하는 과정에 수반되는 모든 활동을 말한다. 여기에는 유통장소와 유통채널 모두가 포함된다. 판매자는 제품이나 서비스를 판매할 방법과 장소를 결정해야 한다.

호텔은 어디에 건설해야 하는가? 그것은 첫째도 입지, 둘째도 입지, 셋째도 입지이다. 그만큼 호텔의 입지는 고객에게 매우 중요하다.

그다음으로 거대한 체인에 속한 리조트는 몇 가지 방법으로 고객에게 접근할 수 있다. 리조트의 마케팅부서가 설립한 유통채널을 통하여 여행객은 여러 방법으로 예약을 할 수 있다. 그 방법으로는 여행사나 투어 오퍼레이터를 이용하는 것, 리조트의 예약 데스크나 콜센터, 그룹 내의 다른 리조트에 전화 예약, 항공예약시스템을 이용하는 것 등이 있다.

판매자는 고객을 유인할 가능성이 가장 큰 곳에 유통지점을 설치하려 한다. 예를 들어 휴가객을 전문적으로 담당하고 있는 도심사무소(예를 들면 리조트의 서울사무소)는 도심의 상업지역보다는 교외의 쇼핑센터에 지점을 위치시키면 좋다는 것을 깨달을 것이다. 물론 호텔기업이 직접 운영 가능한 유통지점의 수는 제한될 수도 있다.

4. 가격

가격(price)은 제품이나 서비스를 받기 위해 고객이 내야 하는 돈의 총액이다. 기업은 가격을 설정할 때 제품이나 서비스의 생산과 유통을 위한 실제적 비용, 기업의 이익률, 제품에 대한 현재의 수요, 경쟁자가 제공하는 유사제품 및 서비스의 가격 등 많은 요인을 고려해야 한다. 그와 동시에 가격전략은 제품 또는 서비스가 의도하고 있는 각각의 세분시장에 소구해야 될 것이다. 이는 여행객이 내야 할 금액에 상당하는 가치를 제공하는 제품이라고 인지해야만 하기 때문이다.

타 산업의 제품처럼 호텔 상품은 통상적으로 표준적인 가격 범위가 있다. 그러나 필요할 때 판매를 자극하기 위해서 할인가격이나 촉진가격(promotional price)을 실시할 수도 있다. 할인가격은 위락여행을 위하여 비수기 계절에 빈번히 제시된다.

5. 물리적 환경

물리적 환경(physical environment)은 호텔산업에서 매우 중요하다. 물리적 환경믹스는 특히 두 가지 측면에서 중요하다. 첫째는 판매가 발생하는 환경으로서 중요하고, 둘째는 제품이 생산 · 소비되는 환경으로서 중요하다.

고객들은 즐겁고 안락한 환경에서 구매할 가능성이 더욱 크기 때문에 마케팅전략은 제품과 서비스를 판매하는 물리적 환경을 고려하는 데 주안점을 두어야 한다. 객실에 비치된 TV나 안락의자 같은 제품은 객실 상품이 어떻게 보이고, 어떻게 느껴지고, 어떻게 작동하는가에 따라 사람들에게 큰 영향을 미친다. 그들의 주의력은 객실 공간 및 그 주위 환경에 더 비중을 두게 된다. 즉 고객의 기대와 감정은 객실의 구조, 가구, 방음 상태, 기온 그리고 심지어는 냄새와 같은 요인에 의해서도 영향을 받는다.

환대산업에서 물리적 환경은 사업의 반복적 안전성을 위해서 특히 중요하다. 예를 들어 매력이 별로 없고 안락하지 않은 디자인과 장식으로 꾸며진 객실에서 지낸 고객은 다시는 예약하지 않을 것이다. 리조트의 너저분한 해안이나 풀장, 어질러진 스키 자국, 호텔 발코니에서 보이는 형편없는 전망은 물리적 환경이 여행을 망치는 또 하나의 예이다. 결론적으로 호텔기업은 가능한 한 모든 방법을 동원하여 제품의 물리적 환경을 좋게 만드는 데 심혈을 기울여야 한다.

6. 프로세스

프로세스(process) 또는 구매과정(purchasing process)은 서비스가 제공되는 실행 절차, 메커니즘 그리고 활동의 흐름 등을 말하는데, 이는 서비스 제공 및 운영시스템을 가리키기도 한다. 구매과정에는 호텔 상품을 구매하려는 사람들의 심리적 동기와 의사결정 방법이 고려되어야 한다.

사람들은 왜 호텔 상품에 그들의 돈을 소비하려 하는가? 또 수백 가지나 되는 호텔 상품 중에서 왜 특정 호텔을 선택하는가? 이를 알기 위해서는 고객의 동기를 파악해야 한다. 사람들은 위신을 높이기 위해서, 모험하기 위해서, 다른 지역의 문화를 배우기 위해서 여행한다. 일부 사람들은 자신의 건강을 증진하기 위해서, 조상의 뿌리를 찾기 위해서, 단순히 가족과 친구와 즐기기 위해 여행을 한다. 고객의 욕구와 욕망, 개인적 특성, 사회적 · 경제적 지위는 그들의 동기를 형성하는 데 영향을 미친다. 그러므로 구매자의 동기를 파악한 기업은 그에 알맞은 호텔 제품과 판매촉진을 조직화할 수 있다.

잠재고객에게 적절한 정보를 제공하는 것은 구매과정에서 결정적으로 중요하다. 고객은 구매하기 전에 호텔 상품에 대한 정보의 근원, 그 정보에 접근하는 방법, 구매를 실행하는 방법 등을 알려고 한다. 호텔 마케터는 구매과정을 촉진하는 방법으로서 이러한 정보를 고객에게 제공하도록 노력해야 한다.

마케터는 고객이 구매를 고려하는 과정에서 각각의 호텔 상품을 유사하게 생각하지 않는다는 것을 점차 인식하게 된다. 렌터카나 모텔과 같은 환대상품은 편의점에서 물건을 구매하는 것처럼 그다지 깊이 생각하지 않고 쉽사리 선택되기도 한다. 그러나 7성급 호텔이나 크루즈 여행과 같은 환대상품을 선택하는 데는 많은 생각이 필요할 것이다. 이 구매과정 요소는 제품을 어떻게 시장에 내놓는가에 영향을 미친다.

7. 참가자

참가자(participants)는 판매거래에 관여하는 모든 사람을 말한다. 참가에는 판매자, 구매자, 기타 고객들이 관여하는데, 이것을 서비스 거래에 관여하는 직원과 고객으로 크게 나눌 수 있다.

판매자와 구매자의 밀접한 상호작용과 구매자의 참가가 숙박 경험을 형성하는 데 도움을 주기 때문에 이 '참가' 요소는 호텔산업에서 매우 중요하다. 숙박 경험의 질(quality)은 체류하는 동안 구매자의 행동과 행위에 따라 달라진다. 판매거래에 대한 구매자의 인식은 때때로 제품과 서비스를 다시 구매할 것인가의 여부를 결정한다. 특히 호텔사업에서는 반복적 구매가 이루어지기 때문에 참가는 마케팅 믹스에 지극히 중요한 부분이라 할 수 있다.

판매거래에서 참가자의 태도와 행동은 고객의 경험을 고양할 수도 있고 파괴할 수도 있다. 직원에게 무례한 대우를 받거나 냉담한 서비스를 받은 고객은 숙박이 즐겁지 못할 것이고, 아마도 그 호텔에 두 번 다시 예약하지 않을 것이다.

비록 참가는 통제하기 어려운 변수이지만 기업은 직원의 행동을 잘 관리하도록 노력해야 한다. 훈련 프로그램을 수료하게 하는 것과 직원에게 제복을 착용하도록 하는 것은 직원을 관리하는 방법이다. '디즈니대학'으로 알려진 월트 디즈니의 훈련 프로그램이나 맥도날드에서 운영하는 '햄버거대학'은 직원들을 공손하고 말쑥하고 행복하게 변화시키는 것으로 유명하다. 많은 기업에서는 직원에게 업무를 잘 수행한 대가로 자유여행이나 상여금 등을 제공한다. 이러한 것은 내부마케팅(internal marketing)의 실제 예시다. 인센티브를 제공하는 목적은 직원이 그 기업에 좋은 감정을 갖고 업무를 더욱 잘 수행하게 하는 데 있다.

환대산업에서 마케팅 및 판매에 종사하는 사람은 특히 고객과 제품 사이의 상호작용을 인식하고 그것을 조화시킬 필요가 있다.

〈표 2-2〉 **확장된 마케팅 믹스 7P**

기본적 마케팅 믹스 4P	상품	가격	채널	촉진			
확장된 마케팅 믹스 7P	상품	가격	채널	촉진	물리적 환경	프로세스	참가자
	• 물리적 특성 • 품질 • 보조서비스 • 상품계열 • 브랜드 • 보증	• 가격수준 • 거래조건 • 비금전적 비용 • 유연성 • 차별화 • 서비스품질 • 할인	• 채널유형 • 중간상 • 입지 • 채널관리	• 광고 • 판촉 • 인적 판매 • 홍보 • DM • 다양한 매체	• 시설 • 장비·설비 • 건물 • 직원복장 • 명함 • 팸플릿 • 계산서 • 표지판 등	• 서비스활동의 흐름 • 서비스 제공 단계 • 고객의 참여 수준 • 전달과정	• 직원의 선발, 교육, 동기부여 • 고객관계 관리 • 타 고객 관리

제3절 _ 관광숙박업

이 절에서는 호텔 마케팅의 주체가 되는 관광숙박업에 대해 알아보기로 한다. 우선 「관광진흥법」에서 지정하는 관광숙박업에는 호텔업과 휴양 콘도미니엄업 등 2종류가 있다.

〈표 2-3〉 관광숙박업

호텔업	관광호텔업, 수상관광호텔업, 한국전통호텔업, 가족호텔업, 호스텔업, 소형호텔업, 의료관광호텔업
휴양 콘도미니엄업	휴양 콘도미니엄업

1. 호텔업

호텔업은 관광객의 숙박에 적합한 시설을 갖추어 이를 관광객에게 제공하거나 숙박에 딸리는 음식 · 운동 · 오락 · 휴양 · 공연 또는 연수에 적합한 시설 등을 함께 갖추어 이를 이용하게 하는 업(業)을 말한다. 〈표 2-3에서 보듯이 호텔업은 운영형태, 이용방법 또는 시설 구조에 따라 관광호텔업, 수상관광호텔업, 한국전통호텔업, 가족호텔업, 호스텔업, 소형호텔업, 의료관광호텔업 등으로 세분하고 있다.

1) 관광호텔업

관광호텔업은 관광객의 숙박에 적합한 시설을 갖추어 관광객에게 이용하게 하고 숙박에 딸린 음식 · 운동 · 오락 · 휴양 · 공연 또는 연수에 적합한 시설 등(이하 "부대시설"이라 한다)을 함께 갖추어 관광객에게 이용하게 하는 업을 말한다.

2) 수상관광호텔업

수상관광호텔업은 수상에 구조물 또는 선박을 고정하거나 매어 놓고 관광객의 숙박에 적합한 시설을 갖추거나 부대시설을 함께 갖추어 관광객에게 이용하게 하는 업으로서, 수려한 해상경관을 볼 수 있도록 해상에 구조물 또는 선박을 개조하여 설치한 숙박시설을 말한다. 만일 노후 선박을 개조하여 숙박에 적합한 시설을 갖추고 있더라도 동력(動力)을 이용하여 선박이 이동하는 경우에는 이는 관광호텔이 아니라 선박으로 인정된다.

우리나라에는 2000년 7월 20일 최초로 부산 해운대구에 객실수 53실의 수상관광호텔이 등록된 바 있으나, 그 후 태풍으로 인해 멸실되어 현재는 존재하지 않는다.

3) 한국전통호텔업

한국전통호텔업은 한국 전통의 건축물에 관광객의 숙박에 적합한 시설을 갖추거나 부대시설을 함께 갖추어 관광객에게 이용하게 하는 업을 말한다.

그동안 우리나라의 관광호텔은 서양식의 구조와 설비를 갖추고 있어 외국인 관광객이 한국 고유의 전통적 숙박시설을 이용할 수 없었던 것이 현실이었다. 그래서 외국인 관광객의 수요에 대처하기 위해 한국 고유의 전통 건축양식에 한국적 분위를 풍길 수 있는 객실과 정원을 갖추고 한국 전통요리를 제공하도록 한 것이 한국전통호텔업이다.

4) 가족호텔업

가족호텔업은 가족 단위 관광객의 숙박에 적합하도록 시설 및 취사도구를 갖추어 관광객에게 이용하게 하거나 숙박에 딸린 음식 · 운동 · 휴양 또는 연수에 적합한 시설을 함께 갖추어 관광객에게 이용하게 하는 업을 말한다.

경제성장으로 국민의 소득수준이 향상되어 다수 국민이 여가활동을 함에 따라 가족 단위 관광이 급격히 늘었다. 이에 정부는 급증한 가족 단위의 관광수요에 부응하여 국민복지 차원에서 저렴한 비용으로 가족 관광을 영위할 수 있도록 하였다. 즉 가족호텔 내에는 취사장, 운동 오락시설 및 위생설비를 겸비토록 하고 있다.

5) 호스텔업

호스텔업은 배낭여행객 등 개별 관광객의 숙박에 적합한 시설로서 샤워장, 취사장 등의 편의시설과 외국인 및 내국인 관광객을 위한 문화 · 정보 교류 시설 등을 함께 갖추어 이용하게 하는 업을 말한다.

6) 소형호텔업

관광객의 숙박에 적합한 시설을 소규모로 갖추고 숙박에 딸린 음식 · 운동 · 오락 · 휴양 또는 연수에 적합한 시설 등을 함께 갖추어 이를 이용하게 하는 업을 말한다. 이는 외국인 관광객의 폭발적 증가에 대응하여 관광숙박 서비스의 다양성을 높이고 부가가치가 높은 고품격의 융복합형 관광산업을 집중적으로 육성하기 위하여 호텔업의 한 종류로 신설된 것으로, 소형호텔업에 대한 투자를 활성화해서 관광숙박 서비스의 다양성을 제고하고 관광 숙박시설을 확충하는 데 기여할 것으로 기대되고 있다.

7) 의료관광호텔업

의료관광객의 숙박에 적합한 시설 및 취사 도구를 갖추거나 숙박에 딸린 음식 · 운동 또는 휴양에 적합한 시설을 함께 갖추어 주로 외국인 관광객에게 이용하게 하는 업을 말한다. 이는 외국인 관광객의 폭발적 증가에 대응하여 관광숙박 서비스의 다양성을 제고하고 부가가치가 높은 고품격의 융복합형 관광산업을 집중적으로 육성하기 위하여 호텔업의 한 종류로 신설된 것으로, 의료관광객의 편의가 증진되어 의료관광 활성화에 기여할 것으로 기대되고 있다.

2. 휴양 콘도미니엄업

휴양 콘도미니엄업이란 관광객의 숙박과 취사에 적합한 시설을 갖추어 그 시설의 회원이나 소유자 등, 그 밖의 관광객에게 제공하거나 숙박에 딸리는 음식 · 운동 · 오락 · 휴양 · 공연 또는 연수에 적합한 시설 등을 함께 갖추어 이를 이용하게 하는 업을 말한다.

본래 콘도미니엄(Condominium)은 1957년 스페인에서 기존 호텔에 개인의 소유개념을 도입하여 개발한 것이 그 시초이며, 1950년대 이탈리아에서 중소기업들이 직원들의 복리후생을 위해 회사가 공동 투자하여 연립주택이나 호텔 형태로 지은 별장식 가옥을 10여 명이 소유하는 공공휴양시설로 개발한 것이 그 효시라고 한다.

우리나라는 1981년 4월 (주)한국콘도에서 경주 보문단지 내에 있는 25평형 103실을 분양한 것이 콘도미니엄의 시초인데 1982년 12월 31일에 휴양 콘도미니엄업을 「관광진흥법」상의 관광숙박업종으로 신설한 후 오늘에 이르고 있다.

3. 기타 숙박업

「관광진흥법」에서 지정하지 않은 관광숙박업은 여럿이 있다. 우리나라에서도 영업하고 있기도 하고 또는 주로 외국에서 이용하는 숙박업들이다. 비교적 창업하기 쉬운 대상이 될 수 있다.

1) 펜션 또는 팡숑

펜션(pension)은 유럽에서 발생한 전형적인 하숙식 여인숙으로 '팡숑'으로 부른다. 저렴한 숙박시설에 장기체재형이며 주변에 레스토랑, 음식점이 있어서 조식은 제공되지만 석식은 제공되지 않는 것이 통례이다. 소규모 객실을 보유하고 손님의 접대도 극히 제한된 서비스만을 제공하지만 비교적 저렴한 숙박비가 매력이다.

2) 민박

민박(bed and breakfast: 줄여서 B & B)은 영국 전역에서 이용 가능하며 우리나라에는 민박, 일본에서는 민숙(民宿)에 해당한다. 문자 그대로 침실과 조식을 제공하는 개인 가정집이 대부분이며, 은퇴한 노부부가 자녀들이 독립해서 떠난 후에 몇 개의 방을 개조해서 숙박시설로 영업하는 경우가 많다. B & B 간판을 달고 도로에 접한 객실 창문에 전광판으로 '빈방 있음'이라고 표시하기도 한다.

3) 파라도르

스페인어로 파라도르(parador)는 정부가 성이나 수도원, 궁 등 역사적 건축물을 호텔로 개조하여 운영하는 숙박시설로, 최근에는 포르투갈에서도 운영하고 있다.

주로 휴가객을 대상으로 적정가격에 풍성한 식사를 제공한다. 더욱 호화스러운 대저택 숙박시설은 프랑스(chateaux) 독일, 오스트리아(schlosse)에서 가능하다. 그 밖에 포사다(posada)도 유용한 숙박시설이다.

이러한 숙박시설은 모두 호텔 마케팅의 대상이 되는 것은 물론이다.

▲ 파라도르의 예

제4절 _ 호텔 마케팅 사이클

마케팅 과정(marketing process)에 있는 각 단계는 [그림 2-1]과 같이 꼬리를 물고 이어져 하나의 원(circle)을 형성한다. 마케팅 과정은 신제품의 개발이나 기존 제품의 개량단계, 시장조사의 실시단계, 마케팅 목적의 수립단계, 마케팅전략의 수행단계, 평가 및 조정계획 단계로 순환되며, 이것은 또한 처음의 단계로 피드백된다. 이러한 순환과정을 마케팅 사이클이라고 한다.

그러나 사업을 처음 시작하는 기업은 자사의 목표에 따라 마케팅 과정을 시장조사부터 시작하기도 한다.

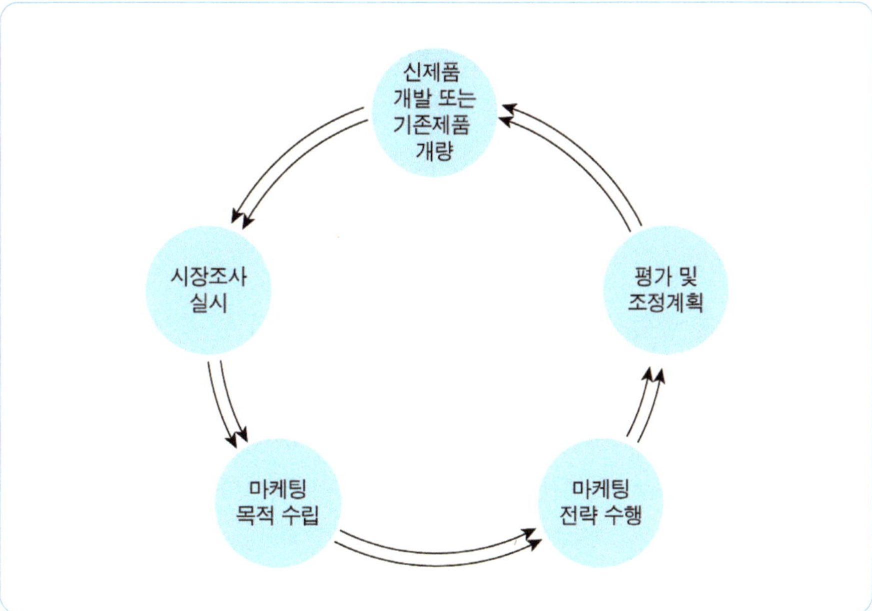

[그림 2-1] 마케팅 과정의 순환

1. 신제품 개발 또는 기존 제품 개량

마케팅 사이클(marketing cycle)은 기업이 제품이나 서비스에 대한 아이디어를 창출해낼 때, 또는 기존 제품을 개량하는 방법을 결정할 때 시작된다. 그다음 시장조사는 객실제품에 대한 수요가 존재하는가, 제품개량이 판매를 증진할 것인가를 알아내기 위해 실시한다. 이런 절차는 순서를 뒤바꾸어 실시할 수도 있다. 우선 시장조사에 따라 기업은 고객의 불만족한 욕구를 확인하고 신제품이나 서비스에 대한 아이디어나 기존 제품의 개량을 위한 전략을 기획할 수 있다.

기업은 경쟁적인 체질 강화와 판매를 증대하기 위해 끊임없이 연구하여 신제품을 개발하고 있다. 신제품은 기업의 성장에 필수적인 요소이다. 예를 들면 성수기에 국내 위락여행객의 수요 급증에 대응하기 위해 리조트호텔은 다양한 주말 휴가패키지를 판매하고 있다.

2. 시장조사의 실시

기업은 시장조사를 통하여 잠재고객이 누구이며 그들이 무엇을 원하는가를 발견한다. 설문지, 개인 면담, 고객기록 등은 정보를 수집하기 위해 사용되는 도구이다. 또 인구통계청의 연구보고서나 경제 · 사회에 관한 최신 논문들은 잠재시장을 파악하는 데 도움이 된다.

일단 정보가 수집되면 그것은 조심스럽게 분석되고 해석된다. 기업은 항상 최근에 시장에서 무슨 일이 일어나고 있는가를 알기 위하여 효율적인 정보 수집체계를 가동한다. 모든 숙박객의 욕구를 충족시키기보다는 일반적으로 시장의 한 세그먼트, 즉 하나의 표적시장에 제품과 서비스를 직접 제공하려고 한다. 표적시장은 동일한 제품과 서비스를 구매하리라고 예상되는 일련의 사람들로서 어느 정도 규모가 있으며 통제가 가능해야 한다. 표적시장(target market)은 여행목적(사업, 휴가, 친구나 친지의 방문), 나이 및 혼인 여부(독신, 노년층, 자녀가 있는 부부), 경제적 상태(부유층, 중간층, 서민층), 흥미(모험, 예술, 음악, 건강) 등과 같은 여러 가지 요인을 기초로 하여 나누어진다. 표적마케팅은 [그림 2-2]에 표시된 것처럼 특정 표적시장에 소구하기 위하여 제품개발 및 촉진전략 등을 실시한다.

[그림 2-2] **호텔시장에서 표적시장 선정**

3. 마케팅 목적 수립

모든 마케팅 계획의 기초가 되는 것이 마케팅 목적이다. 마케팅 목적은 기업이 일정 기간 내에 달성하기를 원하는 목표이다. 마케팅 목적을 수립해 두면 기업의 노력 및 성공을 측정하기가 쉬워진다. 그 목표달성 기간은 장기(5년이나 10년) 또는 중기(1년이나 2년), 단기(3개월이나 6개월)가 될 것이다.

체인 호텔의 장기목적은 예를 들면 다음 연도에 연간 총판매량의 3%에서 10%까지 객실 판매량을 끌어올리는 것 등이 될 것이며, 단기간 목적은 예를 들면 9월 1일과 12월 31일 사이에 트윈룸을 기업 단체운임으로 5,000실 판매한다는 것 등이 될 것이다.

4. 마케팅전략 수행

마케팅에서 중요한 개념의 하나로 상품 포지셔닝이 있다. 상품 포지셔닝(product positioning)의 기초는 상품 포지션(product position)이다. 상품 포지션이란 고객이 일정한 속성을 기준으로 해서 여러 경쟁상품을 비교하는 데 각 상품이 어떠한 위치를 차지하고 있는가를 나타내는 것으로, 제품 포지션이라 부르기도 한다.

상품 포지션은 고객의 이미지나 경험 및 정보를 통해서 형성되며, 이것은 기업 측에 바람직할 수도 있고 그렇지 않을 수도 있는데, 고객의 마음속에 자사의 상품을 원하는 위치로 부각하려는 노력을 상품 포지셔닝이라고 한다.

기업은 호텔 시장에서 성공하기 위해 고객의 마음속에 타 상품보다 유리한 위치를 차지하도록 자사상품을 확실히 전달해야 한다. 예를 들면 몇 개의 휴양지에서는 부유층을 위한 고급호텔로, 또는 가족휴가 리조트로 자사상품을 포지셔닝하려고 할 것이다.

기업은 시장포지션과 표적시장을 선정한 후에 현존시장에서 더욱 많은 점유율을 차지하기 위한 전략을 개발하거나 미개척 시장에 침투하기 위한 전략을 개발해야 한다. 그러한 전략에는 제품디자인, 이미지, 유통, 가격 등에 대한 의사결정이 필요하다. 또 상품을 어떻게 촉진(promotion)할 것인가에 대해서도 의사결정을 내려야 한다. 이러한 의사결정은 기업의 모든 자원을 고려해서 결정되어야 한다.

5. 마케팅 평가와 조정계획

마케팅 과정은 일단 판매가 되었다고 해서 끝나는 것은 아니다. 그 대신에 성공한 기업들은 그들의 마케팅 목적이 어느 정도 효과적으로 작용하였는가를 평가한다. 그들은 이러한 점에서 시장조사를 통해 제품이나 서비스에 대한 소비자의 인식을 조사한다. 예를 들면 호텔은 객실이나 로비에 설문지를 비치하거나, 고객에게 설문지를 빈번하게 내보이고 호텔운영에 대한 고객들의 인상을 기술하도록 부탁한다. 고객과 기업의 평가와 시장의 변화를 기초로 하여 기업은 그들의 제품 및 서비스를 평가 · 조정하는 것으로 마케팅 사이클은 한 바퀴 순환하게 되는 것이다. 그러나 여기서 끝난 것은 아니다.

이제까지의 사이클에서 획득한 정보를 이용하여 신제품 개발 및 기존 제품의 개량작업이 추진되면서 마케팅 사이클은 재차 시작된다.

한편, 마케팅 사이클에서 또 다른 측면은 현존하는 고객과의 양호한 관계를 유지하는 것이다. 기업의 공통적인 잘못은 새로운 고객을 창조하는 데 모든 노력을 바쳐버리고, 판매 후의 마케팅, 즉 이미 확보한 고객을 유지하는 데는 거의 주의를 쏟지 못하는 것이다. 그 결과 많은 기업의 매출이 서서히 줄어들게 된다.

성공한 호텔업체들은 사업을 계속 유지하기 위해서 현존고객에게 가격할인이나 특별클럽의 회원권 등을 제공하고 있다. 많은 기업은 개인의 희망에 맞추어 판매하거나 적절한 제품과 서비스가 쓸 만한 가치가 있을 때 고객에게 알려주기 위해서 단골 고객의 프로필을 만들어 보관하고 있다. 이러한 유형의 마케팅은 때때로 관계마케팅(relationship marketing)으로 불린다.

호텔 마케팅의 이해

CHAPTER

03

호텔 시장세분화

제1절 _ 호텔 시장세분화

1. 호텔시장이란?

시장(market)이라는 용어는 원래 판매자와 구매자가 제품과 서비스를 교환하기 위해 모이는 물리적인 장소를 가리켰다. 숙박시장은 특급호텔, 도심호텔, 터미널호텔, 에어포트호텔, 리조트호텔, 장급호텔 등의 많은 판매자와 숙박 및 휴식패키지를 구매하려는 소비자들로 구성되어 있다.

그러나 마케팅담당자에게 시장이란 특정 상품의 현재적 구매자와 잠재적 구매자로 이루어진 집합이다. 매스마케팅(mass marketing)에서 판매자는 모든 구매자에게 하나의 제품에 대한 대량생산, 대량유통, 대량판매 촉진을 실시한다. 과거 맥도날드는 누구에게나 소구하기 위하여 전 매장에서 햄버거를 단일 사이즈로만 생산하였다. 이 마케팅의 목적은 최저의 비용으로 최대의 잠재시장을 창조하는 데 있었다. 그러나 지금은 고객의 다양한 욕구에 맞추어 다양한 햄버거를 출시하고 있다.

호텔시장은 전체 국민 가운데 숙박 욕구를 가진 사람들의 이동을 전체 시장으로 삼는다. 예를 들어 사업가가 판매 회의에 참석하기 위해 서울에서 부산으로 이동해 숙박하는 것, 신혼부부가 제주도 서귀포호텔에서 허니문을 보내는 것, 온 가족이 휴가차 해외여행을 하는 것 등으로 이루어진다. 남성, 여성, 아이들, 10대, 대학생, 독신, 신혼부부 그리고 장년, 노년 등이 모여서 거대하고 다양한 여행시장을 구성한다. 엄밀히 말하면 각 개인은 독특한 특성과 특별한 욕구를 지닌 개별적 표적시장으로 간주될 수 있다. 그러나 수많은 독특한 개인들을 전부 하나의 시장으로 생각하는 것은 실용적이지도, 경제적이지도 않다. 그러므로 더욱 큰 부분시장에 집중해야 한다.

2. 시장세분화의 정의

호텔시장은 전체 국민을 하나의 시장으로 보면 효율적으로 접근하기에는 규모가 너무 크고 한 가지 방법으로 기업의 판매 의사를 전달하기에는 너무 다양하다. 그래서 마케팅전문가는 그것을 더 작고 관리가 더욱 쉬운 부분시장으로 나눈다. 즉 그들은 이 거대한 시장을 어떤 공통적 특징으로 구분되는 더 작은 그룹으로 세분화한다. 또 그들은 공통적인 요소를 갖는 특정 그룹의 사람들을 위해 호텔 상품을 개발하려고 한다.

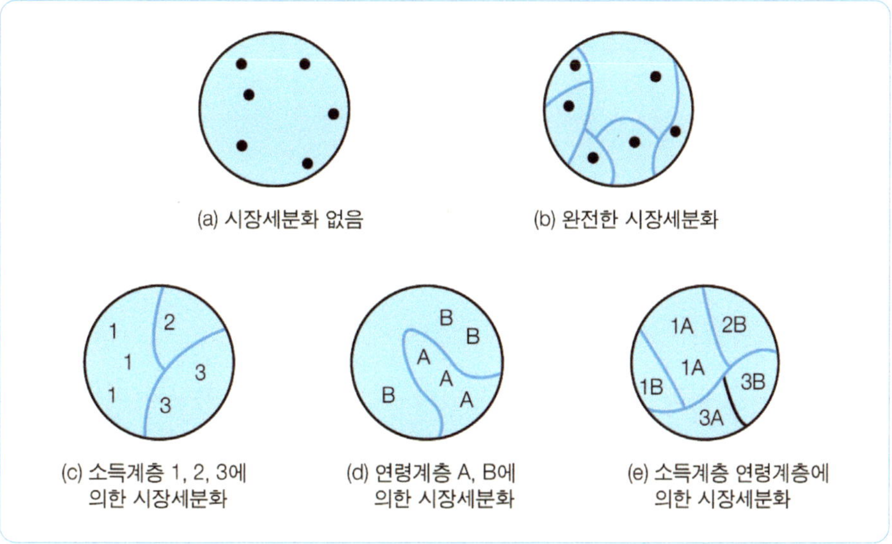

[그림 3-1] **다양한 시장세분화 방법**

전체시장을 공통적 특징을 지닌 잠재고객 그룹으로 나누는 과정을 시장세분화(market segmentation)라 하고, 전체시장의 한 부분을 세분시장(segment) 또는 부분시장이라 부른다. 다양한 시장세분화의 예는 [그림 3-1]과 같다.

마케터는 전체시장을 세분화함으로써 몇 개 유형의 구매자에게 그 노력을 집중할 수 있다. 마케터가 그러한 그룹의 하나 혹은 몇 개에 대해 촉진(promotion) 메시지를 전달하려 할 때 그 과정을 표적마케팅(target marketing)이라 한다. 그리고 그들이 초점을 두고 있는 세분시장을 표적시장(target market)이라 부른다.

시장세분화는 공통된 특성을 공유하고 유사한 욕구와 욕망을 소유하는 사람들을 하나의 집단으로 분류한다. 일단 마케팅전문가가 특정의 부분시장을 표적으로 한다면 그 세분시장의 많은 사람에게 소구할 수 있는 방법으로 제품과 서비스를 개발하고 촉진한다. 표적마케팅의 3가지 주요 단계는 〈표 3-1〉에서 보는 바와 같다.

〈표 3-1〉 **시장세분화, 시장표적 설정, 시장위치 설정의 단계**

시장세분화	시장표적 설정	시장위치 설정
1. 시장세분화의 방법을 명확히 한다. 2. 시장세분화의 윤곽을 개발한다.	3. 세분시장의 매력도를 측정한다. 4. 표적세분시장을 선택한다.	5. 각 표적세분시장의 위치를 설정한다. 6. 각 표적세분시장의 마케팅믹스를 개발한다.

3. 시장세분화의 이점

시장세분화는 다음과 같은 이점을 제공한다.

첫째, 시장기회를 더욱 쉽게 발견할 수 있다. 각 세분시장의 욕구와 이들을 표적으로 하는 기존 상품을 대응시켜 보면 세분시장의 욕구는 존재하지만 적절한 상품이 없는 경우를 발견할 수도 있다. 이것이 바로 시장기회(market opportunity)이다. 이때 그 세분시장의 욕구에 맞는 상품을 개발하면 비교적 손쉽게 시장을 장악할 수 있다.

둘째, 마케팅 믹스를 보다 효과적으로 조합할 수 있다. 예를 들어 세분시장의 욕구에 초점을 두고서 제품과 광고의 내용을 일관성 있게 조화시킬 수 있다. 이로써 고객에게 상품을 분명하게 인식시키고 경쟁자의 상품과 시장을 장악할 수 있다.

셋째, 시장수요의 변화에 더욱 신속하게 대처할 수 있다. 고객의 욕구가 다양하게 섞여 있는 전체시장 대신에 욕구가 비교적 동질적인 부분시장에 주목함으로써 수요의 변화를 쉽게 파악하고 신속하게 대처할 수 있다.

4. 시장세분화를 위한 요건

시장세분화의 목적은 마케팅 믹스를 효과적으로 활용하는 데 있는 만큼, 이 목적을 달성하기 위해서는 가장 적절한 세분화 방법을 적용해야 한다. 시장세분화는 다음의 요건을 갖추어 실시해야 한다.

1) 측정 가능성

측정 가능성(measurability)은 세분시장의 규모와 구매자금을 측정할 수 있는 정도를 말한다. 호텔기업은 우선 세분시장의 인구와 구매력 등의 세분화 변수를 측정할 수 있어야 한다. 또 여러 구매자의 특성에 관하여 2차 자료를 구해서라도 측정해야 한다.

2) 접근성

접근성(accessibility)은 세분시장에 접근할 수 있고 그 시장에서 활동할 수 있는 정도를 말한다. 호텔기업은 세분시장에 접근할 수 있는 적절한 수단이 존재해야 한다. 만일 충분한 규모의 세분시장이 존재한다 해도 그 세분시장을 연결해 줄 매개체가 없으면 시장세분화가 성공할 수 없다. 예를 들어 도시와 도시 사이에 위락시설과 대규모 호텔이 들어서 있고 두 도시 간의 휴가 관광객을 끌어들이려 노력해도 교통시설의 편리성 및 접근의 용이성, 또는 여행사의 적극성 등이 부족하면 이 호텔시장은 충분한 수요를 개발할 수 없게 된다.

3) 실질성

실질성(substantiality)은 세분시장의 규모가 충분히 크고 이익이 발생할 가능성이 큰 정도를 말한다. 하나의 부분시장은 이익을 낼 수 있을 만큼 규모가 있어야 한다. 어떤 세분시장을 표적시장으로 삼아서 이에 알맞은 마케팅 믹스를 제공하는 데에는 상당한 비용이 든다. 따라서 표적시장은 개별적인 마케팅 노력에 따른 비용을 보상하고도 기업에 이윤을 제공할 수 있는 규모를 갖추어야 한다.

4) 실행 가능성

실행 가능성(actionability)은 세분시장에 자사의 마케팅 노력을 실행할 수 있는 여지를 말한다. 세분시장을 활용하든가 시장수요의 변화에 대처하기 위하여 어떤 유효한 계획이 기획되고 있는가? 예를 들면 어느 소규모 지역호텔은 세분시장을 7개로 구분했으나, 직원과 예산이 너무 부족했기 때문에 세분시장별로 개별적인 마케팅 프로그램을 작성할 수가 없었다. 이는 실행 가능성에 문제가 있었기 때문이다.

5. 시장세분화를 위한 검토사항

시장세분화의 요건을 호텔시장에 적용하여 그 특징을 알아보기로 하자. 만약에 세분시장이 너무 작거나 전체시장이 세분화하기에 너무 크다면 의미 있는 시장세분화가 되었다고 생각할 수 있겠는가? 마케터는 시장세분화가 유용한지 알아내기 위해 다음과 같은 4가지 질문을 던진다.

첫째, 세분시장이나 그룹은 마케팅 메시지에 유사하게 반응할 것인가? 또는 그 세분시장은 하나의 작은 시장으로서 충분히 좁게 정의되고 있는가?

어떤 놀이공원을 품은 호텔&리조트가 50km 이내에 사는 30세 이하의 모든 사람을 그들의 세분시장으로 정의할 수 있다. 그러나 13세의 소년과 25세의 청년은 동일한 마케팅 메시지와 동일한 소구방법에 반응하지 않을 가능성이 크다. 그러므로 그 세분화는 의미가 있다고 보기에는 너무 광범위하다.

둘째, 그 세분시장은 다른 부분시장과 현저하게 다르다고 볼 수 있는가? 즉 한 그룹처럼 행동하는 모든 사람은 그 세분시장에 포함하여 정의되었는가?

만약 이 리조트가 10세 아동만을 겨냥하여 메시지를 발신한다면 그 세분화는 너무 작을 것이다. 아마도 6세부터 11세까지의 아이들도 동일한 세분시장에 포함될 것이다. 왜냐면 그들은 그 마케팅 메시지에 유사하게 응답할 것이기 때문이다.

셋째, 세분시장은 대중매체, 즉 TV, 라디오, 신문, 잡지 등과 같은 통신매체로 전달할 수 있는가? 세분시장에서 중요한 측면은 마케팅 메시지를 특정한 성격을 지닌 그룹에 전달하는 것이다. 궁술에서 표적을 맞힐 때 활과 화살 없이는 불가능한 것과 마찬가지로 마케팅 커뮤니케이션을 통하여 그 표적시장에 효율적으로 도달할 수단이 없다면 그 시장은 무의미한 것이다.

넷째, 그 그룹의 시장잠재력은 그 세분시장에 도달하는 데 필요한 재정적 마케팅자원을 투자할 가치가 충분히 있는가? 즉 그것은 재정적 환원이 충분한 상품이 될 것인가?

예를 들어 텐트 야영객들은 식량을 가져오기 때문에 지방자치단체와 호텔&리조트에는 유용한 세분시장이 될 수 없다. 즉 텐트 야영객들은 상업적 야영장에 충분한 이익을 창출할 수 있는 돈을 소비하지 않는다. 시장세분화는 특별한 제품 및 서비스를 구매하는 데 현저한 잠재력을 지닌 그룹에 마케터가 효율적으로 전달할 수 있도록 고안된다. 만약 예상판매와 관련하여 너무 많은 돈이 소요된다면 그 세분시장은 추구할 가치가 그다지 없을 것이다.

▲ 시장세분화

제2절 _ 표적마케팅 전략

전체 환대시장을 세분화함으로써 마케터는 몇 개 유형의 고객들에게 마케팅 노력을 집중할 수 있다. 마케터가 그러한 그룹의 하나 혹은 일부에 대해 기업의 촉진메시지를 전달하려는 과정을 표적마케팅이라고 한다.

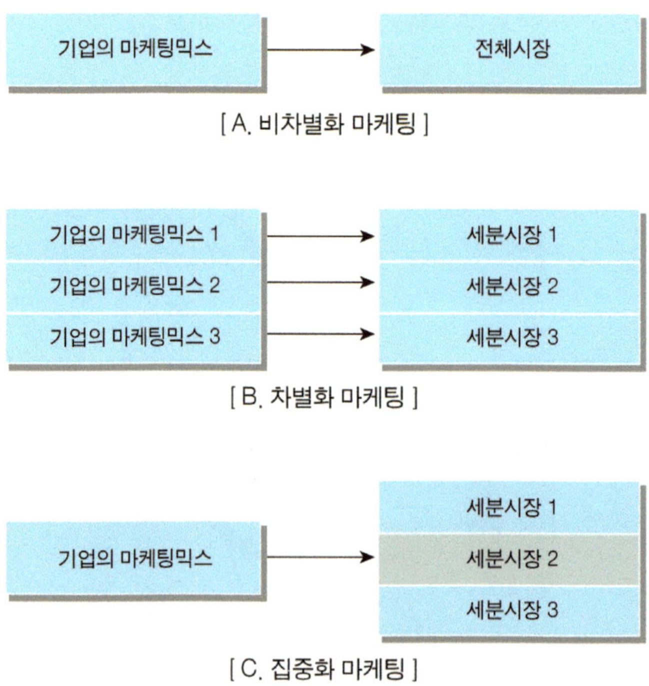

[그림 3-2] **시장범위 전략**

시장세분화는 호텔기업이 직면하고 있는 세분시장에서 사업기회를 발견할 수 있게 한다. 이제 호텔기업이 얼마나 많은 세분시장을 선택할 것이며 가장 바람직한 세분시장을 어떻게 찾아낼 것인가를 결정해야 한다.

표적마케팅 전략에는 비차별화 전략, 차별화 전략, 집중화 전략 등으로 알려진 세 가지 시장의 영업범위 전략 중에서 하나를 채택할 수 있다([그림 3-2] 참조).

1. 비차별화 전략

호텔기업은 세분시장의 특성을 무시하고 한 가지 제품을 가지고 전체시장에서 영업하기를 결정할 수 있는데, 이러한 접근방법을 비차별화 전략(non-differentiation strategy)이라고 한다. 이것은 고객의 욕구에 어떠한 차이점이 있느냐보다는 공통점이 무엇인가에 초점을 맞추려는 것이다. 가능한 한 많은 구매자에게 호소할 수 있는 제품과 마케팅 프로그램을 설계해야 한다.

이 결합자(combiners)는 고객들 사이의 유사성에 초점을 맞추고 상품 선택의 폭을 넓힌다. 또 하나의 마케팅 믹스를 가지고 촉진 프로그램을 기획한다. 이들은 다양한 표적시장의 욕구에 대한 차이를 알고 있으나 표적시장이 공유하는 공통적인 욕구에만 집중한다.

비차별화 전략의 가장 큰 장점은 비용 경제성이 가능하다는 점이다. 즉 마케팅을 표준화·대량화함으로써 규모의 경제성을 획득한다는 것이다. 그럼으로써 시장세분화가 불필요하므로 시장조사 및 계획수립에 따른 비용을 절감할 수 있다. 상품도 하나만 생산하기 때문에 연구개발 및 생산관리비가 절감되고 판촉프로그램도 표준화되어 있으므로 역시 비용이 적게 든다. 오직 룸타입을 1개나 2개 패턴, 또는 스탠더드룸 패턴 하나에 집중하는 호텔체인 또는 주요 패스트푸드 체인들이 대표적이다.

한편, 비차별화 전략의 중요한 단점은 이 방법을 적용할 수 있는 분야가 극히 제한되어 있다는 점이다. 고객의 욕구는 다양하며 또 갈수록 더욱 복잡해지고 있으므로 모든 구매자를 만족시킬 수 있는 하나의 제품을 개발한다는 것은 매우 어려운 일이다. 따라서 이 전략을 사용할 수 있는 경우는 고객의 욕구가 동질적이어서 시장세분화가 필요 없는 분야에 국한된다.

전형적으로 이 마케팅전략을 이용하는 기업들은 어떤 시장 내에서 가장 큰 세분시장을 목표로 하여 제품을 개발한다. 여러 기업이 이 전략을 추구하면 가장 큰 세분시장은 격렬한 경쟁 현상이 나타나게 되어 규모가 작은 기업은 불리해진다. 그 결과 하나의 큰 세분시장은 극렬한 경쟁 때문에 수익성이 낮아지게 될 가능성이 커지므로, 이러한 문제점으로 인해 기업은 시장 내에서 더욱 작은 세분시장으로 관심을 돌리게 된다.

〈표 3-2〉 **표적마케팅 전략의 특성 요약**

시장초점 전략	기업집단	주요 특성	사례
비차별화	결합자	일반적으로 필요한 제품 소유	Major quick service/ Fast-food chains
차별화(종합)	세분자	산업의 리더, 도전자	Accor Choice Hotels International Marriott International
집중화 (단일 표적시장)	틈새자	소규모 기업 특정 시장을 위한 전문화된 서비스 산업 리더와의 경쟁을 피함	Conference center resorts Couples Resorts Spa Resorts
집중화	세분자	지역시장에 서비스하는 기업	Local hotels and restaurants Four Seasons Hotels & Resorts

2. 차별화 전략

호텔기업은 여러 세분시장을 표적시장으로 삼아 이들 각각에 독특한 상품을 제공하고 촉진하기도 하는데, 이러한 접근방법을 차별화 전략(differentiation strategy)이라 한다.

숙박산업에서 브랜드 세분화(brand segmetation)라는 개념은 종합 마케팅전략을 적용한 것인데 Marriott International이 그 대표적인 예이다. 이 선두기업은 Procter & Gamble의 플레이북에 특급호텔인 J. W. Marriott, Ritz Carton Hotel, 염가호텔인 Fairfield Inn 등 전 범위에 걸친 숙박 서비스를 여행객에게 제공하였다. 이것은 Accor, Choice Hotels International 등과 같이 하나의 Marriott가 모든 이들을 만족시키는 것은 불가능하다는 것을 깨닫고 각 특정 세분시장의 매력을 강하게 끌 수 있는 각각의 호텔을 만들기로 결정한 것이다.

이 방법의 장점은 비차별화 전략에 비해 총매출액을 늘릴 수 있다는 것이다. 즉 다양한 고객의 욕구에 맞추어 여러 가지 상품을 다양한 가격으로 제공하고 복수의 유통경로를 사용하며 다양한 촉진책을 실시하므로 차별적 마케팅은 더 많은 소비자를 고객으로 확보하게 된다.

차별적 마케팅의 단점은 이것을 추진하는 데 큰 비용이 수반된다는 점이다. 우선 비차별화 전략에 비해 시장세분화 작업에 따르는 비용이 추가된다. 또 다양한 상품을 개발하고 생산해야 하므로 상품원가가 높아지며, 유통경로 관리와 촉진에 추가적인 노력이 필요하게 된다.

3. 집중화 전략

어떤 호텔기업이 자사 제품을 쉽게 소구할 수 있는 하나의 세분시장을 찾아내는 경우 그리고 그 세분시장의 욕구가 제품과 일치하는 경우, 그 기업은 집중적 시장세분화 전략을 채택할 수 있다.

이러한 집중화 전략(focus strategy)은 큰 시장에서 낮은 점유율을 추구하는 대신에 하나 혹은 몇 개의 세분시장에 집중함으로써 높은 점유율을 확보하려는 방법이다.

이 전략은 여러 세분시장을 추구한다는 점을 제외하고는 단일 표적시장 전략과 유사하다. 대부분 로컬 호텔과 리조트가 이 전략을 이용한다. 전국적인 체인호텔과 맞서 비즈니스 여행객 또는 휴가 여행객을 유인하기 위해 호텔과 리조트 시설을 독특하게 설계하고 개별 서비스 등을 부가적으로 제공한다. 또 다수 숙박 세분시장의 욕구를 충족시키는 단일상품을 제공한다.

4. 표적마케팅 전략의 선정

표적마케팅 전략을 선택한 기업은 다음 몇 가지 요소를 고려할 필요가 있다.

첫째 요소는 기업의 자원이다. 집중화 전략은 기업의 자원이 한정되었을 때 가장 중요한 의미를 지닌다.

둘째 요소는 제품의 동질성 정도이다. 비차별화 전략은 동질적 제품에 더욱 적합하다. 호텔이나 레스토랑과 같이 디자인이 다른 제품은 차별화 전략이나 집중화 전략이 더욱 적합하다. 제품의 라이프사이클도 반드시 고려해야 한다. 기업은 신제품을 도입할 때 단일제품을 도입하는 쪽이 현실적이며, 비차별화 전략과 집중화 전략이 가장 중요한 의미를 지닌다. 예를 들면 초기 맥도날드는 현재의 메뉴와 비교하면 메뉴가 극히 한정되어 있었다. 그러나 제품의 라이프사이클이 성숙단계로 접어들면 차별화 전략이 더욱 중요해진다.

셋째 요소는 시장의 동질성이다. 예를 들어 구매자의 취향이 같고 동일한 양의 제품을 구매했을 때 마케팅 노력에 대하여 동일한 반응을 보인다면 비차별화 전략이 적합하다.

넷째 경쟁자의 전략이 중요하다. 만약 경쟁자가 세분화 전략을 실시하고 있다면 비차별 마케팅은 자멸 행위이다. 반대로 경쟁자가 비차별화 전략을 실행하고 있을 경우에 기업은 차별화 전략 또는 집중화 전략을 채용함으로써 경쟁우위에 설 수 있다.

제3절 _ 호텔 시장세분화의 기준

마케팅 전문가들은 다양한 시장세분화 기준을 가지고 있다. 특정 방법이 옳다거나 그른 것은 아니며 흔히 다양한 기술을 혼합해 사용하고 있다. 일반적으로 시장세분화는 지리적 변수, 인구통계적 변수, 심리분석적 변수, 행동분석적 변수 등 4가지로 크게 나눌 수 있다.

호텔 마케터들은 여행이 제공하는 다양한 혜택과 욕구를 예리하게 관찰한다. 여행객들이 추구하는 것이 무엇인지에 따라 그들이 충족하고자 하는 욕구는 그 행동에 따라 유용한 세분시장으로 나누어진다.

이상과 같이 설명한 일반적인 시장세분화 기준을 요약한 것이 〈표 3-3〉이고 우리나라 시장세분화와 변수 분류의 예를 표현한 것이 〈표 3-4〉이다.

〈표 3-3〉 시장세분화 기준

분류	세분화 기준	변수
1	지리적 변수	지역, 인구밀도, 도시의 규모, 기후
2	인구통계적 변수	나이, 성별, 가족 규모, 가족수명주기, 소득, 직업, 교육수준, 종교
3	심리분석적 변수	개인의 가치, 태도, 관심, 활동, 개성, 생활스타일
4	행동분석적 변수	추구하는 혜택, 구매준비단계, 사용량, 상표충성도, 중시하는 마케팅변수

〈표 3-4〉 우리나라 시장세분화와 변수의 분류

변수	세분화의 대표적인 기준
1. 지리적 변수	
① 행정구역별	– 서울특별시, 부산광역시, 대구광역시, 대전광역시, 광주광역시, 인천광역시, 울산광역시, 세종특별시, 경기도, 강원특별자치도, 경상북도, 경상남도, 충청북도, 충청남도, 전북특별자치도, 전라남도, 제주특별자치도, 울릉도
② 시 · 도 · 군 · 읍 · 면의 인구규모	– A, B, C, D로 구분 (A) 1만~5만 명, (B) 5만~10만 명, (C) 10만~20만 명, (D) 20~50만 명, (E) 50~100만 명, (F) 100만 명 이상
③ 인구규모	– 도시지역, 농촌지역, 어촌지역, 산간지역, 섬지역
④ 기　후	– 기후의 차이는 약간 있으나, 세분항목 분류에는 해당 없음(한국의 지역 특성상)
2. 인구통계적 변수	
① 연령구조	– 6세 미만, 6~11세, 12~17세, 18~34세, 35~49세, 50~64세, 65세 이상 (대상이 몇 세인가 하는 것을 결정)
② 성별구분	– 남자인가, 여자인가(공용 제품, 남자용 제품, 여자용 제품 구분)
③ 가족구성 수	– 1~2인, 3~4인, 5~6인, 7인 이상
④ 가족의 생활형태	– ① 청년, 미혼 ② 청년 부부, 무자녀 ③ 청년 부부, 자녀 6세 미만 ④ 중년 부부(35~49세 정도), 막내 자녀 6세 이상 ⑤ 중년 부부(50~64세 정도), 자녀 동거 ⑥ 중년 부부(50~64세 정도), 18세 이하 자녀 없음 ⑦ 노년 부부(65세 이상) ⑧ 노년 독신
⑤ 소득수준(月평균)	– ① 100만 원 이하 ② 101~200만 원 ③ 201만~300만 원 ④ 301~500만 원 ⑤ 501~1,000만 원 ⑥ 1,001만 원 이상
⑥ 직업분포	– ① 정치인 ② 기업가 ③ 경영자 ④ 간부직 ⑤ 전문직 ⑥ 공무원 ⑦ 회사원 ⑧ 기능공 ⑨ 농부 ⑩ 어부 ⑪ 학생 ⑫ 퇴직 ⑬ 주부 ⑭ 실업자 ⑮ 개인사업자
⑦ 학력 수준	– ① 대학원 졸업 ② 대학 졸업 ③ 고등학교 졸업 ④ 중학교 졸업 ⑤ 초등학교 졸업 ⑥ 중퇴 ⑦ 무학력
⑧ 종교 구분	– 가톨릭교, 개신교, 기독교, 불교, 기타
⑨ 인종과 국적	– 인구 수가 적은 관계로 분류할 필요가 없다.
3. 심리분석적 변수	
① 사회계층	– 하-하, 하-상, 중-하, 중-상, 상-하, 상-상
② 개인 스타일	– 평범한 형, 활동적인 형, 스윙파, 지위추구자, 꼼꼼한 형, 기회주의자, 이기주의자
③ 성격	– 사교적, 강제적, 야심적, 권위주의적
4. 행동분석적 변수	
① 사용 계기	– ① 규칙적 ② 특수적 ③ 불규칙적
② 추구하는 이점	– ① 품질 ② 가격 ③ 서비스 ④ 경품
③ 사용 여부	– ① 최초 사용자 ② 규칙적 사용자 ③ 불규칙적 사용자
④ 사용량	– ① 소량 사용자 ② 보통 사용자 ③ 대량 사용자
⑤ 충성도	– ① 관심 있음 ② 구매의욕 있음 ③ 의식하고 있음 ④ 무의식
⑥ 제품에 대한 태도	– ① 열성적 ② 적극적 ③ 관심적 ④ 부정적 ⑤ 절대적

1. 지리적 변수

지리학(geography)은 시장세분화를 위한 중요한 도구이다. 사람들이 어디에 사는가 하는 것은 그들의 구매형태, 특히 한 장소에서 다른 장소로 이동하는 여행에 커다란 영향을 미친다. 예를 들어 여행객이 산 또는 해변, 뉴욕 또는 옐로스톤 국립공원 등 어디를 여행할지 결정하는 데는 그의 주거지 위치가 중요한 역할을 한다. 따라서 마케팅전문가는 그 나라의 특정 지역, 기후, 환경의 유형(도시인가, 시골인가)에 따라 주거하는 사람들의 집단을 마케팅의 표적으로 삼는다.

마케터는 지리적 변수(geographic variables)를 다양한 방법으로 이용한다. 시골의 리조트는 근처 도시인구를 표적으로 지역적 세분화를 사용할 것이며, 따뜻한 기후의 관광지는 겨울에 몹시 추운 지역에서 따뜻한 지방으로 떠나는 잠재여행객을 표적으로 삼을 것이다. 항공사는 새로운 노선을 개발할 때 그 나라의 특정지역에 초점을 둘 것이다. 애틀랜틱시티, 뉴저지 그리고 라스베이거스, 네바다 등에 있는 유사한 카지노호텔을 예로 들어보자. 그 호텔들은 관광객들에게 도박, 유흥 그리고 오락과 같은 쾌락 행위를 제공하지만, 그 호텔들의 위치가 다른 도시에 비해 이질적이라는 특성으로 인하여 다른 지역의 관광객을 끌어들이는 것이다.

애틀랜틱시티는 대서양 해안에 있고 온화한 기후이며 보스턴에서 워싱턴 사이의 도시 내에 사는 수백만의 사람이 쉽게 여행할 수 있는 거리에 있다.

한편, 라스베이거스는 덥고 태양이 비치는 내륙에 위치하고 네바다사막은 다른 주요 도시지역과 멀리 떨어져 있다. 라스베이거스의 카지노호텔은 주로 도박을 위해 하루나 이틀 정도 체재하는 미국 서부 주요 도시의 잠재관광객이 우선으로 초점을 두는 것에 지리적인 표적시장을 설정할 수 있다. 그리고 라스베이거스의 카지노는 서부지역을 방문하려는 휴가 여정에 라스베이거스를 포함하려는 교외지역 주민들과 같은 전국적인 시장에 초점을 둘 수 있다.

반면에 애틀랜틱시티 카지노는 그러한 전국적 시장을 목표로 하는 대신에 반경 250마일 이내에 있는 주요 도시에 마케팅 노력을 집중적으로 기울일 수 있다. 그러한 근접도시에는 자동차나 버스를 타고 쉽게 애틀랜틱시티로 이동할 수 있는 거대한 잠재고객 시장이 있다. 그 지리적 표적시장 내에 광고를 발신할 때 카지노는 여름의 더위와 습기를 피하기를 원하는 도시주민에게 해변과 해안산책길의 매력을 강조하는 소구행위를 펼쳐야 한다.

이상의 두 가지 경우에서 지리는 카지노리조트가 잠재여행객의 주거지역과 관련하여 목적지의 위치를 바탕으로 해서 표적시장을 결정하는 데 중요한 역할을 한다. 두 도시의 지리적 차이는 두 카지노가 지리적 시장세분화 기술을 이용해 시장을 명확하게 구분하는 데 사용하는 기본적 요인이다.

2. 인구통계적 변수

인구통계학(demography)은 그 지역에 사는 사람들의 통계학적 연구이다. 인구통계적 세분화는 목표 기준이나 측정 가능한 특성에 근거하여 사람들을 분류하는 방법이다. 일반적으로 가장 빈번하게 쓰이는 인구통계적 변수(demographic variables)로는 나이, 소득, 직업, 가족수, 생활주기 그리고 교육을 들 수 있다.

1) 나이

마케팅전문가들은 사람 나이(age)에 따라 안락감, 경제력, 흥분, 안전 등에 대해 각기 다른 욕구를 가진다는 것을 알고 있다. 나이에 따라 관광 선택에 대한 우선순위가 변하며, 구매 행동에 막대한 영향을 미친다. 따라서 마케팅 전문가들은 비슷한 구매행위를 하는 연령집단을 찾아내려고 한다. 예를 들어 젊은이들이 여름에 유럽을 목적지로 배낭여행을 하는 것은 편리함이나 사치보다는 여행경비 등 경제적인 측면에 중점을 두기 때문이다. 반면에 중년층의 유럽여행은 낮은 비용보다는 편안함과 편리함을 추구하는 경향이 있다. 따라서 숙박비도 나이에 따라 달라질 것이다.

나이 범위는 주로 다음과 같이 분류된다.

① 6세 이하(미취학 아동)

② 6~11세(초등학생)

③ 12~19세(10대)

④ 20~34세(청년)

⑤ 35~54세(중년)

⑥ 55~64세(장년)

⑦ 65~75세(노년)

⑧ 76세 이상(만년)

2) 소득

사람들이 여행에서 얼마나 많은 돈을 소비하는가 하는 것은 일반적으로 그들의 소득(income)과 깊은 관련이 있다. 집세나 음식과 같이 필수품에 대한 지출에도 빠듯한 젊은 부부들은 특별한 이유가 없는 한 호화크루즈 여행에 수백만 원을 소비하려 하지 않을 것이다. 대체로 가족 수입이 많을수록 여행에서 더 많은 돈을 소비하는 경향이 있다.

일반적으로 돈을 많이 버는 사람이 여행할 여유가 있으므로 상위소득의 세분시장은 수많은 마케터, 특히 값비싼 상품 판매를 촉진하는 사람들의 표적시장이 된다. 그러나 저소득층의 부분시장 역시 마케터의 표적시장이 된다. 장급호텔이나 펜션들은 저소득층 시장에 특별히 호소하기 위해 고안된 숙박상품의 좋은 예이다. 그들의 촉진적인 메시지는 대개 경제적으로 저렴한 요금을 강조하는데, 그러한 장소에 숙박하기를 원하는 개인이나 가족들에게 그 초점을 두고 있다.

연간 소득을 기준으로 예를 들면 다음과 같은 범위로 분류된다.

① 500만 원 이하

② 501~1,000만 원

③ 1,001~3,000만 원

④ 3,001~5,000만 원

⑤ 5,001~8,000만 원

⑥ 8,001만 원~1억 원

⑦ 1억~3억 원

⑧ 3억~10억 원

⑩ 10억 원 이상

3) 직업

비록 소득과 관련되기는 하지만 직업(occupation)은 별개의 세분화 변수이다. 전형적인 직업적 범주에는 전문가, 경영자, 기업소유주, 사원, 판매자, 학생, 주부, 은퇴자 등이 있다. 때때로 마케팅 목적을 위해서 더 작은 직업적 세분화가 있기도 하다. 예를 들어 의사, 변호사, 대학교수 등은 더 큰 전문가 부분시장의 작은 하위범주가 될 것이다.

직업적 세분화는 마케터에게 소득, 생활스타일, 교육 등에 대한 통찰력을 준다. 그것은 역시 특정한 직업집단을 위한 전문화된 호텔 상품을 맞추는 데 사용된다.

4) 가족수 · 생활주기

가족수 · 생활주기(family size, life cycle)에 따른 시장세분화 방법은 나이 및 결혼 여부와 자녀의 수 및 자녀의 나이를 합쳐서 시장을 세분하는 방법이다. 예를 들어 다음과 같은 세분화를 고려해 보자. 젊은 독신자, 자녀가 없는 젊은 기혼자, 취학 전의 아동이 있는 젊은 기혼자, 10대의 자녀를 둔 중년의 기혼자, 10대의 자녀를 둔 중년의 이혼자 등으로 나눌 수 있다.

가족의 규모와 생활주기에 따라 특정한 욕구를 지닌 수많은 부분시장이 있을 수 있다. 어린아이가 있는 가족이 여행할 때 그들은 호텔 객실에서 어린이 침대나 간이침대(extra bed)가 필요할 것이다. 그들은 어린이들에게 적합한 메뉴가 있는 식당에서 저녁 들기를 원할 것이다. 이러한 욕구는 자녀 없이 여행하는 사람이나 신혼여행을 온 부부의 욕구와는 매우 상이하다.

5) 교육

일반적으로 교육(education)을 더 많이 받은 사람은 여행을 더 많이 할 가능성이 있다. 그들은 많은 것을 학습하고 또한 스스로 알려는 노력을 많이 하기 때문이다. 그러므로 교육은 또한 시장세분화 요인으로서 유용하다.

교육수준 역시 숙박의 형태와 관계가 있다. 예를 들어 중요한 문화적 매력을 지닌 리조트는 비교적 잘 교육된 시장세분화 목표에 따라 선택될 수 있다.

교육의 범주는 일반적으로 최종교육의 가장 높은 수준에 의해 나누어진다.

① 중학교 졸업
② 고등학교 졸업
③ 전문대학 졸업
④ 대학 졸업
⑤ 대학원 졸업
⑥ 박사 등 그 이상의 학력

6) 기타 인구통계적 변수

모든 시장과 마찬가지로 호텔시장은 앞에서 언급한 방법 이외의 인구통계적인 방법으로 세분화할 수 있다. 마케터는 사람들의 집단을 분리하기 위해 인구통계적 요인 중에 성별(sex), 종교, 종족, 인종적 배경, 국적 그리고 사회적 계층(social class) 등을 이용한다. 그 각각은 잠재고객의 그룹을 확인하고 그것을 유용하게 적용하기 위해 사용된다. 예를 들어 여성 비즈니스 여행객의 특별한 욕구가 때로는 마케터의 관심의 초점이 된다. 인종적 배경과 국적은 기업이 출생한 '고국'으로의 여행을 촉진하고 패키지 투어를 만들어 판매할 수 있는 시장세분화의 변수이다. 재일교포의 모국방문이 그 대표적인 예이다.

한편, 시장조사자들은 인구통계적 변수를 어떻게 사용할까? 호텔시장을 인구통계적 집단으로 나눔으로써 마케터는 시장에 접근하는 게 한결 쉬워진다. 예를 들어 비슷한 연령층은 공통적인 측면을 지니고 있다. 직업이나 교육적 배경이 유사하거나 수입이 엇비슷한 사람들도 그러하다. 이러한 집단의 어느 하나에도 거기에는 물론 다양함이 있다. 예를 들어 두 사람이 나이가 같다고 해서 누구도 똑같지는 않다.

그러나 마케팅 관점에서 보아 중요한 것은 이러한 집단의 사람들이 전체 인구의 사람들보다 더욱 공통점을 가졌다는 것이고 결과적으로 그들의 여행 선호도와 구매성향에서 어떤 동질성이 있을 가능성이 있다.

마케터는 흔히 그들의 표적시장을 명확히 구별하고 더욱 선명하게 초점을 맞추기 위하여 하나 이상의 인구통계적 요인을 사용하여 시장을 세분화한다. 예를 들어 크루즈회사는 오직 60세 이상의 세분시장 또는 중류층의 세분시장만을 그 목표로 하는 것이 아니라, 대신에 중류층에서도 60세 이상의 잠재고객에게 초점을 맞추는 것이 더욱 유리하다. 그리고 그 크루즈회사는 계획적으로 이 특정 세분시장에 자사상품을 소구하도록 노력할 것이다. 그것은 두 개의 분리된 인구통계적 변수에 의해 한정되기 때문이다.

이론적으로 표적시장을 정의함으로써 결합할 수 있는 시장세분화 변수의 수가 한정되어 있지는 않다. 그러나 실제로 말하면 만약 하나의 시장세분화를 위해 너무 많은 요인이 사용된다면 그 세분화는 궁극적으로 너무 좁게 정의되어 의미가 없어진다. 세분화의 목적은 충분히 추구할 가치가 있을 만큼 그 규모가 큰 특정 표적시장을 명확히 한정하기 위해서 그에 알맞은 변수를 사용하는 것이다.

그러나 다른 세분화 변수를 동시에 사용하는 경우라도 그 사용변수가 인구통계적인 변수에만 한정되는 것은 아니다. 마케터는 또한 지리적 · 심리분석적 그리고 행동분석적 변수 등 세 가지 다른 중요한 방법과 배합하여 인구통계적 변수를 사용하기도 한다.

3. 심리분석적 변수

심리분석적 변수(psycho-analysis variables)에 근거한 시장세분화는 앞의 변수들보다 비교적 늦게 응용된 마케팅기술이다. 심리분석적 세분화는 개인의 가치, 태도, 라이프스타일(life style), 관심, 활동 그리고 성격 등 인간의 심리적인 변수를 사용해 사람들을 집단화한다. 시장세분화를 위한 계층의 하나는 심리적으로 잠재적인 고객을 그룹화하는 방법으로 라이프스타일을 이용한다.

1) 가치측정으로서의 라이프스타일

라이프스타일의 두 가지 중요한 요소는 사람들이 어떻게 그들의 시간을 소비하는가와 그들이 어떠한 것에 가치(value)와 관심(interest)을 두는가 하는 것이다. 라이프스타일에 관한 논의에서는 '보수적', '자유주의적', '모험적', '가정적' 그리고 '건강 지향적' 등의 용어가 때때로 사용되고 있다.

비록 표준적인 용어라고 단언할 수 없지만 SRI 인터내셔널(formerly Stanford Research Institute)의 조사자들은 다음과 같이 9가지 가치 및 라이프스타일의 범주를 결정하고 분류하였다.

① **생존자**: 늙은, 매우 가난한
② **유지자**: 가난한
③ **소속자**: 조금 나이 든, 전통적인, 안정된
④ **경쟁자**: 젊은, 과시하는, 크게 만들려고 하는
⑤ **성취자**: 중년의, 부유한, 자신만만한, 물질적인
⑥ **자아 주장자**(I-Am-Me) : 젊은, 추진력 있는, 개인적인, 독신인, 과도기인
⑦ **경험자**: 젊은, 예술적인, 내부 지향적인
⑧ **사회의식자**: 성숙한, 성공한, 환경과 관계된
⑨ **통합자**: 심적으로 성숙한, 이해심 있는, 세상을 보는 안목이 있는

이러한 집단 가운데 생존자들과 유지자들은 여행에 관심이 거의 없는데, 왜냐하면 그들은 돈이 없으며 여행할 이유가 없기 때문이다. 성취자와 사회의식자 집단은 수많은 마케터들에 의해 비즈니스 여행과 즐거운 여행을 위한 다빈도 고객 세분시장으로 인식되고 있다.

2) AIO 세분화

라이프스타일은 AIO, 즉 사람들이 시간을 소비하는 방법(activities, 활동)이나, 무엇을 중요하게 여기는지(interest, 관심), 그들 자신과 그들이 살고 있는 세상에 대해 어떻게 느끼는지(opinion, 의견)에 의해 특징지어지는 생활방식이다. 다음 〈표 3-5〉는 많은 사람이 공유하는 활동, 관심 그리고 의견을 나열한 것이다.

〈표 3-5〉 라이프스타일 AIO의 예

활동	관심	의견
일	가족	자신의 의견
취미	가정	사회적 문제
사회적 사건	직업	정치
휴가	지역사회	비즈니스
엔터테인먼트	레크리에이션	경제
회원제 클럽	패션	교육
친목활동	음식	상품
쇼핑	매체	미래
스포츠	공적(업적)	문화

3) 효과적인 심리분석적 세분화

이제 왜 호텔 마케터들이 시장세분화를 위해 심리분석적인 요소를 이용하려 하는지 이해할 수 있을 것이다. 사람의 개성 및 신념은 구매동기와 행위에 커다란 영향을 미친다. 그러나 개성은 나이와 같은 요인보다 다루기가 더욱 어렵다. 그러한 특성을 보는 방법의 수에 제한은 없다.

그러나 심리분석적 세분화는 효과적으로 사용될 수 있다. 그것은 마케터가 호텔 상품을 특정의 성격유형에 소구하는 방법을 이해하고 특정한 심리학적 형태에 합당하게 소구할 수 있도록 메시지를 바꾸도록 하면 된다. 전체 환대시장을 더 작은 심리학적 표적시장으로 쪼개는 것은 상품과 서비스를 잠재고객의 욕구에 잘 맞추도록 하는 데 매우 유용하게 이용할 수 있다.

스키는 특정한 성격유형에 호소할 수 있는 여가활동의 좋은 예이다. 어떤 사람들은 스키는 비싸고 추운 데서 하는 스포츠로 위험하다고 생각하는 반면에 어떤 사람들은 스키는 유쾌하고 모험적이고 보람 있는 스포츠라고 생각한다.

가치 및 라이프스타일(VALS : VAlue + Life Style) 범주를 사용하여 내셔널 데모그래픽사는 스키 타는 사람의 30%가 성취자의 범주에 속한다는 것을 알아내었다. 스키휴양지는 특히 이러한 특정의 심리학적 집단에 소구하는 촉진 메시지를 만들어내는데, 이러한 세분화 방법을 사용하고 있다.

4. 행동분석적 변수

마케팅전문가들은 특정 상품이나 그 유형에 관련하여 전략을 수립하는 데 실제 고객과 잠재고객의 행동을 분석하여 시장세분화를 실시한다. 행동분석적 세분화는 시장을 특정한 구매습관, 선호도, 여행의 목적, 추구하는 혜택 등으로 나누는 것을 말한다. 주말 휴가객, 재구매 고객 그리고 일등석 승객 등은 그들의 행동에 따라 정의된 표적집단의 한 예이다.

구매행위에 의한 세분화는 그들이 누구이며 어디에 살며 그들의 라이프스타일이 어떠한지 등에 관심을 두기보다는 사람들이 어떻게 행동하는가에 초점을 두기 때문에 대단히 강렬한 세분화 방법이다. 한 달에 다섯 차례 이상 호텔에 숙박하는 비즈니스 여행객의 표적집단은 인구통계적으로 정의된 모든 비즈니스 고객을 대상으로 하는 표적집단보다 더 가망성이 큰 시장이라는 것을 암시해 준다.

마케터가 특정한 집단에 초점을 맞추는 데 행동분석적 변수(behaviour-analysis variables)를 이용하는 것은 대단히 의미가 있지만, 그러한 집단에 도달하는 것은 인구통계적 시장이나 지리적 표적시장보다 더욱 어렵다.

예를 들어 매년 여름에 설악산으로 여행하는 사람들의 자택 주소 리스트를 구하는 것은 어려운 일이다. 반면에 남해안의 리조트업자가 고객을 최초로 끌어들이는 메시지를 만들고 재방문을 촉진하기 위한 메커니즘을 개발함으로써 매년 방문객에 초점을 맞추는 경우 주소지를 활용하여 판매를 촉진할 수는 있을 것이다.

호텔시장은 다음과 같이 습관과 선호도, 여행의 목적, 추구하는 혜택 등 몇 가지 행동에 근거하여 세분화할 수 있다. 그 밖에 이용빈도, 이용 상태 및 잠재력, 브랜드 충성도, 이용 상황 등도 활용된다.

1) 습관과 선호도

사람들은 의식하든 안 하든 어떠한 습관(habit/custom)과 선호도(preference)를 갖고 있다. 예를 들어 어떤 가족은 매년 여름휴가에 일주일간을 동일한 리조트에서 보낸다. 반면에 어떤 가족은 한 해는 산으로, 다음 해는 해변으로 가는 등 매년 다른 장소로 여행을 떠난다.

마케터는 시장을 세분화하고 특정의 구매습관 및 선호도를 공유하는 집단을 표적시장으로 삼기 위해 여행 행동의 패턴을 사용하기도 한다. 하나의 집단은 특정 호텔체인을 선호하는 사람들, 국가 공휴일에 습관적으로 여행을 떠나는 사람들, 항상 비행기의 일등석을 이용하는 사람들로 구성된다. 특정의 구매습관과 선호도는 전망이 있을 것 같은 곳에 초점을 맞추기 위하여 하나 이상의 도구를 마케터에게 제공한다.

마케터에게 습관과 선호도는 친구이자 적이 된다. 만약 한 부부가 캘리포니아에서 겨울 휴가를 보낸다면 호텔, 식당, 렌터카 회사, 기타 시설들은 그들 부부의 습관으로부터 이익을 얻을 것이다. 동시에 캘리포니아에서 휴가를 보내는 그들의 습관은 그들의 패턴을 변화시켜 애리조나나 플로리다로 가게 할 가능성은 거의 없다.

이와 유사하게 어떤 특정한 호텔체인에 선호도를 지닌 사람에 대해 다른 호텔은 그 고객을 끌어들이는 데 매우 어려움을 겪게 될 것이다.

마케터는 시장을 세분화하기 위하여 구매습관과 선호도의 수를 관찰한다. 여기에는 관광시즌(성수기, 비수기), 지불방법(현금, 선불, 후불), 호텔등급(5성급, 4성급, 3성급) 그리고 단체여행 또는 개인여행의 여부 등이 있다. 호텔산업에서 많은 기업이 그들 상품의 다빈도 이용자를 주요 표적시장의 하나로 설정한다.

2) 여행의 목적

환대시장의 세분화방법 중 행동분석적 변수로 가장 널리 사용되는 것은 친구나 친족을 방문하기 위한 방문여행, 유람여행, 비즈니스 및 컨벤션, 기타 등이 있다. 가장 중요한 것은 마케터가 비즈니스 여행객과 위락여행객을 구별하는 일이다.

비즈니스 여행객은 위락여행객과는 다른 욕구를 지니고 있다. 예를 들어 비즈니스 여행객은 비용보다 편리함에 더 많은 관심을 두는 경향이 있다. 마케터는 여행의 목적에 따라 그들 시장을 세분화할 때 이러한 차이점을 이용한다. 예를 들어 도심호텔은 비즈니스 여행객을 목표로 할 때 편리함을 강조하여 상품과 서비스를 개발하고 광고를 한다.

호텔, 항공사, 렌터카회사는 비즈니스 여행객이 더욱 편리하도록 특별한 서비스를 제공한다. 공항에 있는 항공회사 회원전용 라운지는 회원들이 서류 사무를 보거나 전화용무, 커피 또는 휴식을 위한 편의 장소로 제공되고 있다. 비즈니스 여행객들이 시간을 중시하기 때문에 렌터카 회사들은 업무처리에 속도를 내기 위하여 빠른 체크인과 체크아웃 제도를 개발하였다. 그리고 비즈니스 여행객을 표적시장으로 하는 일부 호텔들은 사전주문 룸서비스, 팩스 서비스 그리고 즉시 체크아웃 시스템 등을 제공하고 있다.

위락 및 레저여행은 비즈니스 여행과는 달리 목적이 한 가지 이상이다. 예를 들어 휴양과 유람은 레저여행의 두 가지 하위목적으로 특별한 목적을 위해 여행하는 사람의 욕구가 매우 다르다는 것을 말해 준다. 마케터는 휴양관광을 하려는 사람과 유람관광을 하려는 사람은 서로 다른 행동 패턴과 기대를 품고 있다는 것을 알고 있다.

원거리의 지방에 위치한 리조트는 이를테면 휴식을 원하는 고객을 그 표적시장으로 삼을 것이다. 이러한 사람들은 일상적인 생활의 복잡함으로부터 멀리 떠나 잠시 머리를 식히기 위해 머물 장소를 원한다. 이렇게 많은 사람의 행동을 기준으로 한 생산적 · 기초적인 시장세분화의 방법으로는 주로 여행목적이 이용되고 있다.

3) 추구혜택

제품이나 서비스를 구매하는 사람은 돈을 소비함으로써 혜택(benefits)을 추구한다. 편익(便益) 또는 혜택(惠澤)이란 욕구를 만족시키거나 사람을 더욱 행복하게 만드는 정신적인 것이다. 여행함으로써 사람들이 만족하는 욕구와 사람들이 추구하는 혜택을 기준으로 하여 잠재고객을 구분하면 마케터는 여가행동의 다른 형태를 발견할 수 있다. 하나의 예를 들면 펜트하우스 고객은 인격적 서비스이다. 어떤 고객들은 그 인격적 서비스에 신경을 많이 쓰고 요금을 기꺼이 지불한다. 그러나 일부 사람들은 그 비용의 가치를 모르고 서비스에 담긴 중요한 혜택을 인식하지 못하거나 심지어 불편함을 느낀다.

서비스를 중심으로 세분화해 보면 마케터들은 비행기에 여분의 샴페인을 준비하는 것부터 호텔에서는 도어맨 서비스나 리무진 서비스를 제공하기도 한다. 비용(cost)은 이러한 시장에서는 그다지 중요한 요소가 아니다.

인격적 서비스로부터 혜택을 추구하지 않는 세분시장에서 마케터들은 최대한 낮은 가격으로 기본적인 상품과 서비스를 제공하려 한다. 그들은 역시 경쟁에서 우위를 차지하려는 방법으로 다른 표적집단에 개별적 편익을 제공하려 할 것이다.

호텔 마케팅의 이해

CHAPTER

04

호텔 포지셔닝

제1절 상품 포지셔닝의 원칙
제2절 호텔 상품 포지션의 확립단계
제3절 호텔 상품 포지셔닝 전략
제4절 호텔 포지셔닝 맵 연구

제1절_ 상품 포지셔닝의 원칙

1. 상품 포지셔닝의 정의

소비자의 인식은 마케팅 과정에서 중요한 변수이다. 그것은 구매결정, 특히 다수의 유사한 상품에서 하나를 결정하는 데 커다란 영향을 미친다. 그러한 이유로 인하여 마케터들은 그들의 상품이 잠재고객에게 인식되는 방법을 관리하거나 나쁜 영향을 최소화하기 위하여 많은 노력을 기울인다.

소비자 인식의 문제에 관한 과정은 상품 포지셔닝(product positioning) 또는 단순히 포지셔닝이라 부른다. 상품 포지셔닝이란 상품의 포지션에 대한 잠재고객의 인식에 영향을 주기 위해 경쟁상품과 관련된 단일상품의 포지션을 명백히 하려는 시도로 고객의 마음속에서 유리한 위치를 차지하기 위한 활동이다. 상품 포지셔닝은 때때로 제품 포지셔닝이라고도 한다.

일찍이 영국에서 경마가 시작되었을 때 기수들이 출발신호가 떨어지면 '위치를 교묘하게 움직여서' 가능한 한 빨리 자신이 좋아하는 유리한 주행 위치로 움직이려 노력했다고 한다. 자기 말의 특성에 맞는 좋은 위치를 먼저 차지해야만 가장 먼저 골인할 수 있기 때문이다. 이것은 공격적인 포지셔닝의 예로 볼 수 있다([그림 4-1] 참조). 이와 마찬가지로 기업은 시장에서 성공하기 위해 상품에 대한 유리한 위치를 차지하고 그것을 대중에게 확실히 전달해야 한다. 그러기 위해서 일부 휴양지 리조트는 부유층을 위한 고급호텔로서 또 어떤 호텔은 가족휴가 휴양지로서 자사상품을 포지셔닝하고, 또 어떤 호텔은 기업인을 위한 컨벤션센터로서 포지셔닝한다.

[그림 4-1] 공격적인 포지셔닝의 예

한편, 야구 경기는 수비적인 포지셔닝의 예를 말해 주기도 한다([그림 4-2] 참조). 신참 선수(루키)는 기존 투수들의 투구 내용이나 수비지역을 연구하여 1년 차에 좋은 성적을 낸다. 그러나 2년 차에 들어서는 신참들이 대부분 고전하게 된다. 이는 고참 투수나 수비수들이 신참이 등장한 1년 동안 그를 연구하여 수비적이고 방어적인 전략으로 포지셔닝하기 때문이다. 선발업체의 장점(이를테면 가격 및 고객서비스 등)을 꿰뚫고 후발 외식업체들이 선전하는 부분을 재포지셔닝(repositioning)하는 예는 흔히 볼 수 있는 방어적 전략이다.

[그림 4-2] 수비적인 포지셔닝의 예

잘 선택된 표적시장으로 휴가 여행객을 유도하는 것은 그리 쉬운 일이 아니다. 그러므로 상품에 대한 포지션은 시장과 표적시장에서 잠재고객의 인식 내에서 확립되어야 한다.

2. 상품 포지셔닝을 위한 상품 이미지 창조

마케터가 상품의 포지션을 확립하기 위해 사용하는 주요 메커니즘은 상품 이미지의 창조에 있다. 이미지는 상품이 어떻게 인식되는가를 결정하고 영향을 미친다. 마케터들은 자사 상품의 효과적인 이미지 개발과 개선을 위해 많은 시간과 에너지를 쏟아붓는다. 상품 포지셔닝이 효과적으로 사용될 때 이미지는 호텔 상품의 모든 측면에 중심적이고 통합적으로 영향을 준다.

직원의 제복부터 회사의 로고에 이르기까지 모든 것이 이미지와 연관되어야 한다. 그것들은 일관성이 있어야 하고 이상적으로는 어떻게 해서든지 고객의 마음속에 이미지를 전달하고 강화해야 한다.

예를 들어 여러분이 페즌트 할로 인(Pheasant Hollow Inn)의 총지배인이라고 가정해 보자. 이곳은 뉴욕에서 자동차로 2시간 이내의 거리로 펜실베이니아주 내에 한 폭의 그림과 같은 벅스 카운티(Bucks County)에 위치한다. 퀸사이즈 침대가 놓인 8개의 화려한 객실을 갖추었고 객실마다 골동품과 향토예술가들의 작품으로 장식되어 있다. 객실에서 아침식사가 제공되고 그것은 기본적으로 객실료에 포함된다.

시장조사를 거쳐 심사숙고한 후에 중산층으로 자녀가 없고 예술과 고전, 다이어트 음식에 관심이 있는 뉴욕에 사는 전문직업인 부부를 표적시장으로 선택한다. 이들이 이 호텔에 확립하고자 하는 이미지는 규모가 있고 친근감이 들고 도시의 압박과 북적거림을 떨쳐버릴 수 있는 주말 목적지다. 이러한 이미지를 창출하기 위해 각 객실에 신선한 꽃다발을 꽂아두고, 훌륭한 중국 식기로 아침식사를 제공한다. 그리고 고객이 호텔의 예술품과 골동품에 친근감을 느끼도록 유도한다. 호텔의 이름에서 뉴욕의 신문에 게재하는 광고에 이르기까지 모든 것이 그 호텔이 전달하기를 원하는 그 이미지에 공헌하기 때문이다.

3. 표적시장의 욕구에 따른 상품 포지셔닝

제품이나 서비스는 표적시장의 욕구와 관련하여 포지션되어야 한다. 포지션을 확립하기 위해 마케팅전문가들은 기업이 어떻게 고객의 욕구를 충족시키고 있는가를 전달함으로써 상품이 주는 혜택을 보여주려고 노력한다.

앞의 페즌트 할로 인의 예에서 표적시장의 욕구는 그들이 주중에 경험해 온 것과는 매우 다른 환경이다. 주말부부는 여가시간을 보내기 위해 자연친화적이고 편안하고 아름답게 설치된 장소를 원한다. 호텔이 어떻게 그들의 욕구를 충족시키는지를 알림으로써 선택된 표적시장과 관련하여 자사 호텔의 포지션을 확립하는 데 도움이 되는 이미지를 창조하게 된다.

이와 매우 상이한 표적시장을 겨냥하고 있는 유사상품의 이미지를 생각해 보자. 드레이크(Drake) 호텔은 시카고에 있는 큰 호텔이며 미시간호에서 매우 가깝고 도심의 사업 및 쇼핑가의 중심부에 있다. 이 크고 우아하고 편리한 곳에 있는 드레이크 호텔의 표적시장은 의심할 바 없이 비즈니스 여행을 자주 하는 기업 간부이다. 기업 간부들의 욕구는 시골 펜실베이니아주의 작은 호텔에 숙박하는 주말부부와는 전혀 다르다.

기업 간부는 사업미팅을 하기 위해 침실과 분리된 거실이 있는 스위트룸이 필요할 것이다. 룸서비스, 구내 드라이클리닝, 즉시 이용이 가능한 복사기, 노트북, 빔프로젝트 등이 그들이 필요로 하는 서비스이다. 드레이크 호텔은 이미지를 구축하기 위해 기업 간부들에게 제공하는 비즈니스 서비스를 강조한다.

[그림 4-3] 인터컨티넨탈 르 그랜드호텔(파리)

4. 상품 종류에 따른 포지셔닝

신상품에 대한 포지션의 확립과 기존 상품에 대한 현재 포지션의 유지 및 변경 등의 차이를 아는 것은 매우 중요하다. 그것들은 제각기 다른 문제점을 지니고 있다.

1) 신상품에 대한 포지션의 확립

호텔이 신상품(new product)을 도입하였을 때 사람들은 이미지 확립에 근거가 거의 없는 상태에서 그 신상품을 접하게 된다. 사람들은 신상품에 대한 이미지가 전혀 없다. 그것은 다른 사람에게 상품에 대해 말하여 화제로 삼거나 추천하는 데 이전의 고객에게 의지할 수 없음을 뜻한다. 그러나 그것은 방해가 되는 부정적인 이미지를 가지고 있지 않다는 것을 의미한다. 예를 들어 서해안에 알려지지 않은 새로운 호화리조트는 이미지를 처음부터 수립해 두어야 할 것이다. 리조트는 다른 많은 세분시장 가운데 활발한 독신자, 자녀를 둔 가족, 또는 시간과 돈이 많은 노년층 등에게 소구하도록 한정할 수 있다. 그러한 선택에 따라 그 세분시장의 욕구에 맞추어 시설 및 설비를 건설할 수 있다. 만약에 독신자나 노년층에 초점을 맞춘다면 어린이 수영장은 확실히 필요치 않을 것이다.

2) 기존 상품의 포지션 유지와 변경

이미 확립된 상품이 있는 회사는 꾸준히 자사의 이미지를 평가하고 그것을 유지할 것인가, 변경할 것인가를 결정해야 한다. 과거에 사람들이 지니고 있던 좋은 느낌이 앞으로도 계속되리라고는 아무도 예측할 수 없다. 회사는 자사의 이미지에 대하여 계속해서 의식하지 않을 수 없다. 그 제품과 서비스는 공백 속에서 존재하는 것이 아니고 유사한 욕구를 충족시키고 유사한 이미지를 기획하는 제품 및 서비스와의 경쟁 속에서 존재하는 것이다. 경쟁이 공격적으로 변하면 회사는 어떤 방법을 써서라도 그것에 대항할 필요가 있다. 만약 하나의 거대 체인호텔이 비즈니스 여행객들에게 새로운 서비스를 제공함으로써 자사의 포지션을 확립하고자 한다면, 그 시장을 표적으로 하고 있던 다른 호텔들은 그들 자신의 포지션이 적합한가를 재평가할 필요가 있을 것이다. 그들은 현재의 포지션으로도 새로운 경쟁의 움직임에 대항하기에 충분하다는 것을 발견할지도 모른다. 그 경우에 그들은 현재의 포지션을 그대로 유지하게 된다.

그러나 그와 반대로 그들은 경쟁에서의 변화에 효과적으로 대응하기 위해 그들의 상품에 대한 새로운 이미지와 포지션을 개발하여 능동적으로 대처할 필요가 있다고 판단할 수도 있다.

호텔산업에서 예기치 못한 사건들은 이미지를 급격히 변화시킬 수 있다. 예를 들어 대형 체인호텔의 경우라도 노동쟁의가 일어난다면 그 회사는 대중적 신뢰를 재확립하는 데 어려움이 있을 것이다. 그러나 어떤 국가에서 테러가 발생하면 신변위험을 느낀 관광객들은 발걸음을 돌릴 것이다.

상품이 주는 혜택을 소비자들이 어떻게 인식하는가 하는 것은 그들이 그 상품을 선택할 것인지 아닌지를 결정하는 것과 관련이 있다. 상품에 대한 명확하고 굳건한 이미지를 확립함으로써 기업은 표적시장에 알맞은 적절한 포지션을 확립할 수 있다. 그것은 또 소비자 측에서 더욱 유리하다고 생각하게 만들기 위해서 경쟁자들의 상품과는 다른 이미지를 개발해야 한다.

제2절 _ 호텔 상품 포지션의 확립단계

기업에는 많은 사람이 상품 이미지의 개발과 시장에서의 포지션 확립에 종사하고 있는데, 그들은 잠재고객들이 자사상품을 어떻게 인식하는가를 정확히 알 필요가 있다.

상품 포지션을 확립하기 위해 제도적으로 접근하는 것은 상품의 효과적인 이미지를 개발하는 가장 좋은 방법이다. 이미지 생성과정에서 귀중하고 새로운 마케팅 아이디어가 출현하며, 이 과정에서 강렬한 목적을 갖고 호텔 상품을 주시할 수 있다. 상품의 독특성을 전달하는 이미지는 소비자의 마음속에 상품을 인식시키는 데 도움을 준다.

효과적인 포지션의 확립에는 상품의 주요 특징과 혜택에 대한 상품분석, 현재 포지션의 확인, 현재 포지션과 마케팅 목적의 비교 등의 세 가지 단계가 있다. 이러한 단계가 효과를 보이기 위해서는 포지션은 간결하게 전달할 수 있어야 한다. 간결하게 전달되어야 할 내용은 포지셔닝 진술이라 부른다.

1. 상품분석

포지셔닝 진술(positioning statement)을 개발하는 데 중요한 것은 호텔 상품을 분석하는 것이다. 이는 간혹 생략하기 쉬운 단계지만 매우 중요한 과정이다.

상품분석(product analysis) 방법에는 두 가지가 있다. 하나는 유형인가 무형인가 하는 상품의 특징이고, 다른 하나는 잠재고객의 욕구나 관심에 부응하는 방법, 즉 상품혜택이다. 상품특징과 상품혜택은 완전한 상품분석의 한 부분으로서 분석되어야 한다.

1) 상품특징

평소에 잘 알고 있는 어떤 사물을 묘사하는 것은 쉬운 일이 아니다. 그러나 마케터는 포지셔닝 진술을 개발할 때 제품과 서비스를 잘 묘사할 수 있어야 한다. 그 방법 중 하나는 소위 '세탁물 리스트'라 불리는 것으로 상품의 특징적인 사항을 묶어냄으로써 생각을 정리하는 방법이다. 여기에서 목표는 그것을 중요하게 생각하든 안 하든 상품 각각의 특징을 나열하여 상품에 대한 표현을 완전하게 개발하는 것이다. 때때로 어떤 사람이 무의미하다고 생각하는 것들이 다른 사람에게는 커다란 가치로 인식되기도 한다. 따라서 세탁물 리스트는 포괄적이어야 한다.

카리브해의 어느 해안 리조트에서 마케팅을 실시한다고 가정해 보자. 그 리조트에 대하여 어떤 종류의 특징을 나열할 수 있겠는가?

여기에 몇 가지 가능성이 있다.

① 125객실, 바다를 볼 수 있는 70객실

② 모든 객실에 발코니

③ 고상한 분위기(독특하고 품위 있고 예술적인)

④ 기업 소유의 해변(private beach)

⑤ 두 개의 수영장 : 민물, 바닷물

⑥ 두 개의 식당 : 고급식당, 경양식 식당

⑦ 두 개의 바 : 실내, 해변

⑧ 4개의 조명등이 있는 테니스 코트

⑨ 모든 객실에 냉장고

⑩ 렌털 가능한 스노클링, 스쿠버 다이빙 장비

⑪ 렌털 가능한 모터사이클

⑫ 친절하고 유능한 직원

⑬ 손님과 직원의 적정한 비율

이 리조트의 다른 유무형 특징들은 위의 설명에 포함되어 있어야 할 것이다. 유형의 특징들은 나열하거나 기술하기가 쉽지만, 무형의 특징들은 사람들의 인식과 느낌에 크게 관련된다. 그러나 리조트를 방문했을 때 그곳에서 마주친 우연한 이벤트와 같은 무형의 특징은 매우 중요한 요소가 된다.

2) 상품혜택

호텔 상품을 묘사하는 또 다른 방법은 그것이 어떻게 잠재고객의 욕구나 관심을 충족시키느냐 하는 것이다. 상품특징의 나열만으로 고객이 해당 상품에 관하여 어떻게 느끼고 있는가를 설명할 수는 없다. 그러나 상품혜택은 그것을 설명할 수 있고 따라서 상품분석을 완전하게 수행하는 일부분이 된다.

마케터는 상품혜택을 결정하기 위하여 이미 집계된 특징들을 찾아보거나 '나에게 좋은 점이 무엇인가'라고 잠재고객이 질문할 것을 상상해 보기 시작할 것이다.

휴가상품의 혜택을 추구할 때 휴가에서 사람들이 만족하는 욕구를 고려해 보자. 휴식, 오락, 재미, 태양 그리고 좋은 음식 등이 언뜻 머리에 떠오른다. 앞의 카리브해 해안 리조트의 예로 되돌아가서 혜택으로서의 몇 가지 특징을 다시 인용해 보자.

예를 들면 다음과 같다.

① **호화**: 바다를 바라보며 객실 발코니에서 모닝커피를 마시는 즐거움
② **오락**: 불 밝혀진 코트에서 한밤중까지 테니스를 치는 광경
③ **만찬 선택**: 기분에 맞는 식당과 메뉴의 선택, 간단한 식사 또는 디너, 햄버거 또는 왕새우요리 등
④ **문화**: 기묘한 마을 탐험과 모터사이클을 타고 가는 시골 풍경

한편, 비즈니스 지향적인 호텔 상품 및 서비스의 혜택은 아주 다를 것이다. 예를 들어 시티호텔은 사업가들에게 이러한 혜택을 제공할 것이다.

① **편리성**: 공항을 오가는 무료 리무진 서비스
② **유연성**: 소그룹 및 250명 이상 수용 가능한 회의실
③ **특별 서비스**: 중요한 시사회를 위한 비디오 영사기 무료 사용
④ **식사 선택권**: 24시간 룸서비스 가능
⑤ **안락함**: 모든 객실에 킹사이즈 침대

2. 현재 포지션의 확인

효과적인 포지션을 확립하기 위한 다음 단계는 지금 자사상품이 어디에 위치(포지션)하는가를 파악하는 것이다. 현재의 포지션을 확인하는 데 적합한 질문은 다음과 같이 두 가지가 있다. 첫째는 우리 상품 및 서비스의 매력은 무엇일까? 둘째는 우리 상품의 어떤 특징이 현재 포지션의 일부분으로 판매되고 있는가?

1) 소구하는 강점과 약점

마케터는 수많은 목적지가 소비자의 여러 기호에 소구하도록 노력하고 있다는 것을 파악하기 위해 방대하고 다양한 세계의 지리를 고려해야 한다. 수많은 목적지가 소구하는 것에는 낯익은 것에서 이국풍으로, 역사적인 것에서 미래적으로, 가까운 곳에서 먼 곳으로, 냉대에서 열대로 등으로 매우 광범위하다.

어떤 개인이 발견한 소구점을 다른 사람이 발견하지 못할 수도 있다. 소구는 무형적이고 개인적이다. 구매되고 있는 각 제품 및 서비스는 나름대로 사람들에게 무엇인가를 소구하고 있다. 일개 상품의 소구점은 소비자가 파생되리라 예상하는 혜택을 기초로 하여 형성된다.

때때로 상품의 소구는 유럽행의 1등석 크루즈여행과 같이 사치스럽다. 그 반대의 것 또한 사실이 될 수 있는데 그것은 소구점이 저가격인 경우이다.

마케터들은 상품을 포지션하기 위해 현재고객 및 잠재고객에 대한 상품의 소구점을 이해하는 것부터 시작해야 한다. 상품 이미지의 소구를 최대화하는 것은 상품이 인식된 방법, 결론적으로 시장에서의 포지션을 크게 높이는 것이다.

2) 특징에 기초한 강점과 약점

상품의 현재 포지션을 확인하기 위해 마케터들은 현재 이미지의 일부분을 이루고 있는 상품의 특징을 살펴본다. 예를 들어 노년 부부에게 인기 있는 미네소타의 한 작은 호텔을 고려해 보자. 그것의 현재 포지션에 공헌한 한 가지 특징은 모터보트가 없는 조용한 호수 주변에 있다는 점이다. 그리고 같은 객실요금을 받고도 호텔은 하루에 세 번

정성껏 준비한, 신선한 향토음식을 제공한다. 다이어트 식사요법을 진행하고 있는 고객들은 그들의 설명서대로 준비된 식사를 할 수 있으며, 매일 밤 고전영화가 호텔 라운지에서 상영되고 있다. 그 호텔은 디스코텍이나 시끄러운 술집이 없다. 이러한 특징은 호텔이 은퇴한 사람들로 가득 차게 하지만, 젊은 독신자들은 멀어지게 한다.

제품 및 서비스의 모든 특징이 전부 현재의 포지션에 공헌하는 것은 아니다. 전술한 비즈니스호텔의 다른 많은 특징은 노년층의 인기를 끄는 것이 거의 없다. 근처 산으로의 하이킹, 호수에서의 낚시 그리고 호텔의 훌륭한 와인 창고 등은 현재의 고객에게 그다지 중요하지 않은 특징이 될 것이다.

호텔 마케터는 현재 포지션에 공헌하는 상품의 특징뿐만 아니라 현재의 표적시장 이외의 다른 그룹의 욕구를 충족시킬 특징을 밝혀낼 필요가 있다. 나중에 마케터는 다른 표적시장의 주의를 끌기 위하여 상품을 재포지션하는 방법으로 기존의 특징을 빼내고 다른 특징을 강조할 수도 있다.

3. 마케팅 목적과 현재 포지션의 비교

마케팅 목적은 어떠한 조직이 달성하기를 기대하는 마케팅 프로그램에 대한 특별한 진술이다. 여기에는 그 조직의 제품과 서비스에 대한 미래의 목표도 포함된다. 모든 측면의 마케팅 프로그램이 조정되고 협조해야 마케팅 목적 달성이 훨씬 쉬워진다. 그리고 상품 포지션은 마케팅 목적과 완전히 양립해야 한다는 점에서 매우 중요하다. 만약 그렇지 않다면 그것은 변경되어야 한다. 어떤 경우에 목적은 새로운 포지션을 반영하여 변화되며, 또 어떤 경우에는 마케팅 목적을 수행하기 위해 포지션의 변화가 요구된다.

제3절 _ 호텔 상품 포지셔닝 전략

호텔 상품의 포지셔닝에는 많은 방법이 있으며 오직 유일한 방법은 존재하지 않는다. 어떤 회사는 몇 년 동안 한 가지 포지셔닝 진술을 시도할 것이다. 그것이 긍정적인 결과를 가져오기 때문이다.

여기서 포지셔닝 진술은 회사 내에서 사용하기 위해 만들어진다. 포지셔닝 진술(positioning statement)은 모든 마케팅 커뮤니케이션을 통해 짜인 간결한 주제나 진술이다. 즉 기업 내부에서 사용하는 구호와 같은 것이다. 예를 들면 기업이 성장하기 위해서는 '고객만족경영', '품질경영'이 포지셔닝 진술이 될 것이다.

한편, 슬로건은 표적시장의 관심을 끌고 상품의 이미지를 강화하기 위해 고안된 것으로, 포지셔닝 진술로부터 만들어진 하나의 문구이다. 포지셔닝 진술에서 '가장 큰', '가장 작은', '가장 빠른', '가장 저렴한'과 같은 말을 사용하는 것은 잠재고객이 다른 것들로부터 그것을 구별하는 데 유익하므로 그 상품을 기억하도록 상품 차별화를 의도한 것이다.

만약에 어떤 회사가 한 가지 포지셔닝 전략만으로 그들의 목적을 충족시키지 못한다면 다른 전술을 시도해야 할 것이다.

호텔 마케팅에서 상품 포지셔닝의 성공은 궁극적으로 마케팅 목적이 어느 정도 달성되느냐에 의해 측정된다. 가장 잘 작성되고 가장 매력적인 포지셔닝 전술이라도 그 회사를 위하여 판매와 이익을 발생시키지 않는다면 그것은 가치가 없는 것이다.

1. 표적시장에 관련된 포지셔닝

호텔 상품에 대하여 유용한 표적시장은 많다. 잠재적 이익을 최대화하기 위해 기업은 표적시장 및 지역 인구를 확인한다. 그때 기업은 특정 집단의 사람들에게 메시지를 보낸다.

아마도 표적시장과 관련하여 포지션을 성공적으로 확립한 호텔산업의 사례 가운데 가장 뛰어난 것은 클럽 메드(Club Med)일 것이다. 클럽 메드는 올 인클루시브 리조트(All-Inclusive Resorts)로 알려진 리조트산업 분야에서 개척자이다. 이러한 휴양지는 고정가격으로 고객에게 휴양지에서의 숙박, 식사, 오락 그리고 여러 활동 및 스포츠를 제공한다.

클럽 메드는 스페인의 마요르카에 회원 2,500명으로 건립된 휴양촌으로, 원래는 텐트촌이고 슬리핑백에서 잠자고 취사 및 설거지도 텐트 내에서 해결하였다.

클럽 메드가 미국 시장진출을 결정하였을 때 클럽 메드의 마케터들은 구성인구의 인구통계적 변수를 철저히 살펴보고 미국의 인구에서 전례가 없는 고성장을 보인 제2차 세계대전 후 베이비붐에 태어난 사람들(베이비부머)을 표적시장으로 정하였다. 그 연령층에는 인구수가 매우 많아서 마케터들은 상품의 포지션 방법을 결정하였고 그 집단의 욕구를 충족시킨다면 이익이 클 것이라는 사실에 주목하였다.

1970년대 초반에 베이비부머의 욕구는 편안함과 스포츠가 배합된 평일 휴양지였다. 그때 그들의 이상적인 휴양지는 겨울의 춥고 눈이 오는 곳에서부터 따뜻하고 낙원과 같은 섬으로 피할 수 있는 장소로 인식되었다.

만약 낙원이라는 환경 속에 존재한다면 그곳의 모든 사람은 만나는 사람마다 미소를 지을 것이고 즐거워할 것이다. 거기에는 많은 음식과 오락이 있을 것이다. 사람들은 전화나 신문 또는 돈에 관하여 걱정할 필요가 없다. 만약에 원한다면 몇 시간 동안이나 해변에 앉아 있을 수 있고 정열적으로 배구게임도 즐길 수 있다. 그곳에서는 만찬을 위한 정장도 격식도 필요 없을 것이다.

클럽 메드는 이러한 표적시장에 소구하려고 베이비부머인 독신층 대부분의 욕구를 강조하여 고안되었으며, 의도적으로 젊은 독신자에게 소구하기 위해 자사를 포지셔닝하였다. 클럽 메드의 환경은 홀로 여행하는 사람들이 편안하게 휴식하고 단체활동과 놀이를 통해 클럽 메드에서 다른 독신자들을 쉽게 만날 수 있도록 만들어졌다. 어떠한 다른 휴양지도 이러한 표적시장의 욕구를 충족시키기 위해 그처럼 명확하게 위치되지는 않았다.

클럽 메드는 특별 설계된 휴양지로 몰려드는 베이비부머의 이러한 모든 욕구를 발견하였다. 그들이 시작한 이래로 이렇게 전문화된 올 인클루시브 리조트의 수가 급격히 증가하였다. 이제 수많은 회사가 클럽 메드와 유사한 개념에 기초하여 리조트 서비스를 제공하고 있다.

1970년대 후반 이후로 베이비부머에게 몇 가지의 변화가 발생하였다. 그들 중 대부분이 결혼했고 아이가 생겼으며, 그 결과 그들의 휴가패턴이 변화하기 시작하였다. 그러나 베이비부머들이 나이가 들어도 클럽 메드는 그들이 원하는 것 중 어느 한 가지라도 예전에 제공했던 것과 큰 차이를 두지 않았다. 클럽 메드 리조트는 어린이를 손님으로서 환대하는 것에 무척이나 곤혹스러웠다. 어린이는 독신의 이미지와는 양립할 수 없기 때문이다. 또 클럽 메드에는 어린이의 부모가 즐기는 동안 어린이들을 즐겁고 기쁘게 해줄 장비가 준비되어 있지 않았다.

1980년대에 들어서 베이비부머들은 휴양지에 자녀들을 동반하기를 원했다. 그들은 자녀들과 시간 보내기를 원하고 반면에 여전히 개인적인 시간 갖기를 소망했다.

이때 클럽 메드는 미니클럽(Mini Club)을 개발함으로써 이 거대한 표적시장의 욕구를 충족시키기로 했다. 미니클럽은 정규적인 클럽 메드의 일부분으로서 여러 장소에서 아이들을 위한 특별시설과 안전한 활동프로그램을 제공하였다. 부모들은 아침부터 밤까지 아이를 미니클럽의 카운슬러에게 맡길 수 있다. 만약 그들이 하루 동안 해안에서 아이들과 있기를 원한다면 그것 역시 좋다. 미니클럽은 아이들을 위한 여러 가지 활동을 계획하고 감독한다. 그래서 많은 젊은 부모가 그들의 집에서 흔히 얻을 수 없는 기회, 특히 조용하고 낭만적인 만찬을 즐길 수 있다.

표적시장을 선택한 후에 클럽 메드는 한 세대의 휴가 욕구에 소구하기 위하여 자사의 상품을 포지션하였다. 클럽 메드는 세대의 욕구가 변화하고 있다는 사실을 인식하고 미니클럽의 형태로 기존의 상품과 다른 상품을 개발해 성공을 거둔 것이다. 이는 마케터들이 표적시장의 욕구변화에 주의를 기울이고 그들의 변화된 욕구를 더 잘 충족시키기 위하여 상품을 적절하게 제공해야 한다는 것을 시사한다.

그 후 미니클럽 대상의 어린이들이 성장함에 따라 클럽 메드는 1990년대 초 젊은 고객을 대상으로 주니어클럽(Junior Club)[1]을 만들었고, 이어 원래 베이비부머인 노인층을 대상으로 '클럽 르네상스'를 만들어 연령층의 이동에 따른 표적시장 변경에 대처하였다. 1993년부터는 호텔건설에서 벗어나 30여 개국에서 호텔 인수와 위탁계약경영으로 경영전략을 변경하였다.

Club Med는 주말 및 미니여행 추세에 따라 지상교통은 Club Med가, 항공요금은 여행객이 부담하는 여행객 자신만의 패키지상품을 만들고, 크루즈 부문의 괄목할 만한 성장을 보고 크루즈 자체를 비즈니스로 이끌어왔다. Club Med2라는 크루즈 선박은 캐리비안에서 겨울을 보내고 지중해와 노르웨이에서 여름을 보낸다.

Club Med는 21세기가 시작된 후 매년 110개 이상의 빌리지에서 약 157만 명의 GM(Gentle Member는 Club Med에서 휴가를 즐기는 고객을 부르는 이름)을 유치하고 있으며 40여 개국에서 연간 15억 달러에 달하는 판매성과를 올리고 있다.

[그림 4-4] **클럽 메드**

1) 클럽 메드는 만 4개월의 소아부터 만 17세까지를 아우르는 다양한 연령대별 키즈클럽 프로그램을 운영하고 있다. 베이비 클럽(Baby Club)은 만 4개월에서 23개월까지 영아를 위한 클럽, 프티클럽(Petit Club)은 만 2세부터 3세 유아들을 대상으로 하며, 미니클럽(Mini Club)은 만 4세부터 10세 아이들을 대상으로 제공되며, 주니어클럽(Junior Club)/ 패스월드(Pass World)는 동일한 프로그램으로 리조트마다 명칭이 다른데, 만 11세부터 17세까지의 청소년을 대상으로 하는 특별한 프로그램이다.

2. 가격과 품질에 의한 포지셔닝

기업이 가격과 품질로 그들의 제품 및 서비스를 포지션하는 것은 포지셔닝 전략 가운데 훨씬 명확한 방법 중 하나이다. 많은 호텔 상품은 가격과 품질의 스펙트럼에서 양극단 사이에 위치한다.

다양한 가격과 품질의 수준을 제공하는 상품의 예로 호텔을 생각해 보자. 최고급 호텔은 고객에게 매우 정성스러운 서비스를 제공한다. 멋진 제복을 입은 벨보이나 값비싼 양탄자가 깔린 호화스러운 로비에서부터 샹들리에, 커다란 생화 진열 및 고급가구에 이른다. 호텔의 객실은 잘 장식되어 있고 넓고 청결하다. 이러한 호텔은 일반적으로 여러 유형의 레스토랑을 다수 소유하고 있으며 미용실, 마사지 서비스, 실내수영장 그리고 피트니스센터 등을 제공할 것이다. 그중에 메리어트, 하얏트, 인터컨티넨탈, 레디슨, 힐튼, 쉐라톤과 같은 대형 체인호텔들은 화려한 서비스와 특징적인 상품을 제공한다.

그와 반대 측면에서 보면 경제적으로 저렴한 호텔과 모텔이 있다. 이코노롯지(Econolodge) 또는 버짓모텔(Budget Motel : 염가모텔)과 같이 그 기업의 사명(社名) 속에 '버짓(염가의)' 또는 '이코노미(절약형의, 저렴한)' 등의 단어를 가지고 있는 기업도 있다. 그 밖에 경제적인 대형 체인으로는 레드 루프 인(Red Roof Inn), 슈퍼 에이트(Super 8) 그리고 모텔 식스(Motel 6)가 있다. 이러한 염가호텔이나 모텔들은 TV, 수건, 욕실, 침대 및 객실 용품 등 기본적인 숙박만을 제공하며, 계획단계에서부터 낮은 수준의 서비스를 제공하도록 만든다. 이곳에서는 대리주차라든가 고객의 가방을 운반해 줄 벨보이를 찾을 수가 없다. 이러한 호텔의 로비는 좁고 공간을 유용하게 사용하도록 만들어져 있으며, 또한 룸서비스는 거의 없다. 그러나 적은 경비로 여행하는 사람들에게 이러한 호텔 및 모텔은 그들의 현실적인 욕구에 충분히 대응하고 있다.

한편, 중간단계의 품질과 가격을 갖춘 호텔 상품도 많이 있다. 예를 들면 베스트 웨스턴 체인이다. 이것을 찾는 고객들도 많다. 그러나 가격과 품질을 기준으로 생각한다면 대체로 그 범주의 양극단, 즉 고가의 호화스러운 상품과 저가의 경제적인 상품에서 가장 효과적인 포지셔닝이 수립되고 있다.

〈표 4-1〉 유명한 다국적 호텔기업

지역	체인호텔명
미국	힐튼, 인터컨티넨탈, 쉐라톤, 하얏트, 홀리데이인, 초이스(저 · 중 · 고), 메리어트 등
유럽	아코르, 클럽 메드, 메르디앙, 포르티 등
아시아	뉴오타니, 닛코, 만다린 오리엔탈(홍콩), 페닌슐라 등

3. 제품계층에 입각한 포지셔닝

상품 포지션을 확립할 수 있는 세 번째 방법으로는 그 회사의 제품계층에 관련하여 포지션을 설정하는 것이다. 이 방법은 자사의 제품을 제품계층 내의 타 상품에 비유하거나 타 상품과 다르게 하여 제품을 포지셔닝하는 것이다.

1) 호텔의 포지셔닝

많은 수의 호텔이 상품계층과 관련하여 자사의 포지션을 설정하려 할 때 자사가 타사와 어떻게 다른가를 강조하려고 한다. 뉴욕의 어느 대형 호텔은 세부사항에도 많은 관심을 기울인다는 것을 알리는 광고를 많이 내보내고 있다. 예를 들어 여러 장의 두꺼운 타월, 무료 비누와 샴푸, 여분의 베개와 담요 등을 제공하고 특히 정중한 직원을 자랑하고 있다.

2) 스키리조트의 포지셔닝

한 개의 상품계층에 수많은 제품과 서비스가 섞여 있을 때 호텔기업은 종종 타 기업과 차별화하는 방법을 실시하여 그들의 상품 판매를 촉진한다.

유타주의 파크 시티(Park City)에 위치한 디어 밸리 스키리조트(Deer Valley Ski-Resort)의 예를 보기로 하자. 모든 스키리조트는 스키를 위해 잘 손질된 산, 다양한 종류의 리프트, 렌털스키 그리고 여러 기본적인 서비스를 제공한다. 그러나 디어 밸리는 그곳을 근교의 스키장과 다르게 보이기 위해 더욱 세련된 스키인들에게 소구할 몇 가지 특별한 서비스를 추가하였다.

첫째, 스키인들의 커다란 불만 가운데 하나는 리프트 라인이 너무 길어서 실제 스키를 타는 것보다 대기하는 데 많은 시간을 소비한다는 것이었다. 이 대기시간에 대한 대책으로 디어 밸리는 티켓판매를 한정하기로 정했다. 즉 한정 티켓 발매다. 이 리조트의 경영자는 새로운 리프트 라인을 만들지 않고 얼마나 많은 사람을 수용할 수 있는지를 생각하여 그 제한된 사람 수에 대해 티켓을 매일 한정해 판매하기로 했다. 이렇게 함으로써 스키인들이 기다리는 시간을 줄이고 실제로 스키 타는 데 더 많은 시간을 사용할 수 있도록 하였다. 결국에 디어 밸리의 스키인들은 평균보다 다소 높은 요금을 내는 데 반대하지 않았고 불평도 감소하였다.

둘째, 일반적으로 스키리조트에서 취약한 것은 음식 서비스다. 스키리조트는 대부분 저품질의 카페테리아 음식을 비싸게 판다. 이러한 점에서 디어 밸리는 양질의 맛있는 음식을 제공하는 스키장으로서 그 자체를 포지션하기로 결정하였다.

셋째, 디어 밸리가 예전부터 계속해서 제공하는 서비스로는 대리주차가 있다. 다루기 힘든 스키장비를 어깨에 메고 얼음이 언 주차장을 투덜거리며 걸어본 사람이라면 누구나 현관에서 짐을 내려주고 대리주차해 주는 서비스에 감사할 것이다. 이것이 대단한 호평을 얻게 되었다.

이상과 같이 디어 밸리 스키장의 특징적인 부가적 서비스는 상품계층에서 타사와 차별화하고 그에 대한 금전을 내도록 자사상품을 재정의(再定義)하였다. 궁극적으로 경쟁자와 비교하여 향상된 상품 포지션을 구축하기 위해서는 경제적으로 투자할 가치가 있는 것이다.

4. 경쟁자 대응 포지셔닝

1) 직간접적 경쟁자 대응 포지셔닝

거의 모든 호텔 상품은 소비자의 주목을 이끌고 금전을 소비하도록 경쟁한다. 경쟁은 때때로 직접적이거나 간접적이다.

직접적 경쟁(direct competition)은 두 개 이상의 호텔, 리조트, 항공사, 스키장, 테마파크 혹은 유사한 상품 사이에서 발생한다. 이에 대한 포지셔닝은 이미 여러 앞에서 다루었다.

간접적 경쟁(indirect competition)은 유사성은 그다지 없지만 다소 비슷한 욕구를 충족시키는 상품 사이에서 일어난다. 부산에서 제주도로의 여행에서 항공사와 여객선은 다른 포지셔닝을 강조한다. 빠르고 편안한 하늘여행 대비(對比) 다도해를 보며 낭만적인 낙조 감상을 곁들인 바다여행을 강조하는 포지셔닝이 가능하다. 또는 여가시간을 놓고 휴양지 리조트호텔에서는 빡빡한 도시 생활의 스트레스로부터의 해방이라는 포지셔닝을 강조할 수도 있다.

2) 고객에 대한 경쟁자 대응 포지셔닝

렌터카사업 역시 고객 경쟁이 치열하다. 허츠(Hertz)사는 여러 해 동안 렌터카사업에서 판매포지션 1위를 유지해 왔다. 에이비스(Avis Rent A Car)사는 2위를 차지하고 있고 그다음으로 버짓(Budget Rent A Car)사와 내셔널(National Car Rental)사가 차지하고 있다.

그러나 에이비스사가 6위였던 것은 오래전의 일이 아니다. 에이비스사는 비슷한 회사들과 경쟁하면서도 선두기업인 허츠사와 직접 대항하기 위해 자사상품의 포지션을 구축하여 격렬한 경쟁을 전개하였다. 그러나 선두기업과의 경쟁이 쉬운 것은 아니었다.

그때 경영진에서 누군가가 멋진 아이디어를 떠올렸다. 그래서 에이비스는 허츠에 대항하여 자사의 포지션을 구축하려는 생각을 포기하고 렌터카사업 내에서 자사의 종속적인 위치를 인정하기로 하였다. 그 결과 "우리는 2등입니다. 그러므로 더 열심히 노력하겠습니다(We're No.2, and we work harder)"라는 광고캠페인이 생겨났다. 자사의 규모가 더 크다고 말하는 대신에 에이비스는 의미심장한 방법으로 명확하게 자사는 작으므로 더욱 열심히 일하겠다고 고객들에게 소구하였다. 에이비스의 예약직원은 "우리는 더 열심히 노력하겠습니다"라는 슬로건이 적혀 있는 이름표를 달았고, 에이비스사의 각종 광고는 자사는 1위가 아니므로 고객들을 즐겁게 하는 데 더욱 열심히 노력해 왔다는 사실을 여러 가지 방법을 동원하여 소구하였다. 에이비스 캠페인은 고객들에게 자사가 패배자라고

하는 소위 감정적 호소로 명확한 이미지를 창출하였다. 자사는 틀림없이 고객들에게 더욱 잘 서비스하고 있다는 것을 암시함으로써 더 큰 렌터카회사들과의 차별화를 시도하였다. 오늘날 에이비스는 드디어 2위를 차지하는 기업이 되었고 이제는 허츠에 도전하고 있다.

▲ 렌터카

제4절 _ 호텔 포지셔닝 맵 연구

포지셔닝 맵(positioning map)은 경쟁 위치를 시각화하거나 시간의 경과에 따른 발전을 도식화하는 것이며, 잠재적인 경쟁자의 반응에 대한 시나리오를 만드는 데 아주 훌륭한 도구이다. 포지셔닝 맵은 종종 지각도라고 불린다. 지각도를 만드는 것은 시장에 존재하는 경쟁제품에 대한 소비자의 지각을 도식적으로 표현하는 데 유용한 방법이다. 여기서는 호텔산업의 사례를 보기로 한다. 호텔산업은 객실의 공급이 수요에 비교해 더 많은 계절에는 더욱 경쟁적인 경향을 보인다.

1. 팰리스(Palace)호텔의 포지셔닝 맵

벨빌(Belleville)이라는 대도시에서 이미 시장 포지션을 구축한 4성급의 팰리스호텔에 위협이 될 요소들을 파악하기 위해, 팰리스호텔 경영진이 포지셔닝 맵을 개발하는 과정을 살펴보기로 한다.

1) 현재 상황

금융가의 끝에 자리한 Palace호텔은 몇 년 전에 상당히 많은 부분을 리노베이션해서 현대화한 우아하고 유서 깊은 호텔이다. Palace호텔의 경쟁자는 4성급 호텔 8개와 이 도시에서 가장 오래된 5성급 Grand호텔이다. Palace호텔은 현재 수익성이 좋으며, 평균 이상의 객실 점유율을 달성하고 있다. 일 년에 여러 달은 주말 예약률 100%를 달성한다. 이것은 Palace호텔이 높은 객실료를 기꺼이 지불하고자 하는 비즈니스맨에게 가장 인기 있음을 방증한다.

그러나 최근 호텔사업에 위기가 찾아왔다. 이 도시에 4개의 신규호텔 건설이 허가되었고, Grand호텔은 리노베이션과 호텔 공간을 확장하는 신규 건물 공사를 동시에 시작하기 때문이다. 따라서 향후 이들 호텔이 신규 오픈할 경우, Palace호텔은 시설 및 인지도에서 상대적으로 뒤떨어질 위험에 처해 있다.

2) 경영진의 포지셔닝 맵 작성

Palace호텔의 경영분석팀은 포지셔닝 맵을 개발하기 위해 4개의 주요 속성을 선정하였는데, 그것은 객실료, 인적 서비스 수준, 물리적 시설의 호화로움, 입지 등이다. 경쟁상황을 묘사하기 위해 두 개의 포지셔닝 맵이 작성되었다.

기존 경쟁구조의 첫 번째 포지셔닝 맵은 가격과 서비스 수준 차원에서 10개 호텔의 경쟁적 포지션을 보여준다. [그림 4-5]를 보면 높은 수준의 서비스를 제공하는 호텔들이 상대적으로 객실료가 더 비싸다는 것을 보여준다. 좌상에서 우하로 이어지는 막대 모양은 이러한 관계를 의미한다.

포지셔닝 맵을 통해 얻게 된 시사점은 Palace호텔이 고객들에게 제공하는 서비스 수준에 비교해 객실료를 상당히 비싸게 책정하고 있다는 것이다. Palace호텔은 투숙률이 높으므로 고가의 객실료가 가능한 것으로 보인다. 또 최상위 그룹에는 4성급 Regency호텔이 5성급 Grand호텔과 함께 있다. 중간 그룹에는 Palace호텔이 다른 4개의 호텔과 같이 있고, 나머지 3개 호텔은 별도의 그룹을 형성한다.

기존 경쟁구조의 두 번째 포지셔닝은 호텔의 입지와 물리적 시설의 호화스러움 차원에서 [그림 4-6]에서 보는 바와 같이 10개 호텔의 포지션을 보여주고 있다. 여기서 지리적 위치와 호화로움이라는 차원에서 팰리스호텔의 위치를 파악할 수 있다. 쇼핑가와 컨벤션 주변에는 2개의 호텔그룹이 형성되어 있는데, 한 그룹은 Grand호텔을 선두로 Shangri-La, Sheraton 등 3개의 고급호텔이고, 다른 그룹에는 중간 정도의 시설을 갖춘 2개 호텔(Alexander호텔과 Atlantic호텔)이 있다.

이 포지셔닝 맵의 주요한 시사점은 팰리스호텔이 포지셔닝 지도에서 비교적 비어있는 공간에 있다는 것이다. 팰리스호텔은 금융가에 자리한 유일한 호텔인데, 이 사실이 서비스 수준에 비교해 상대적으로 높은 요금을 책정할 수 있는 능력을 설명해 준다.

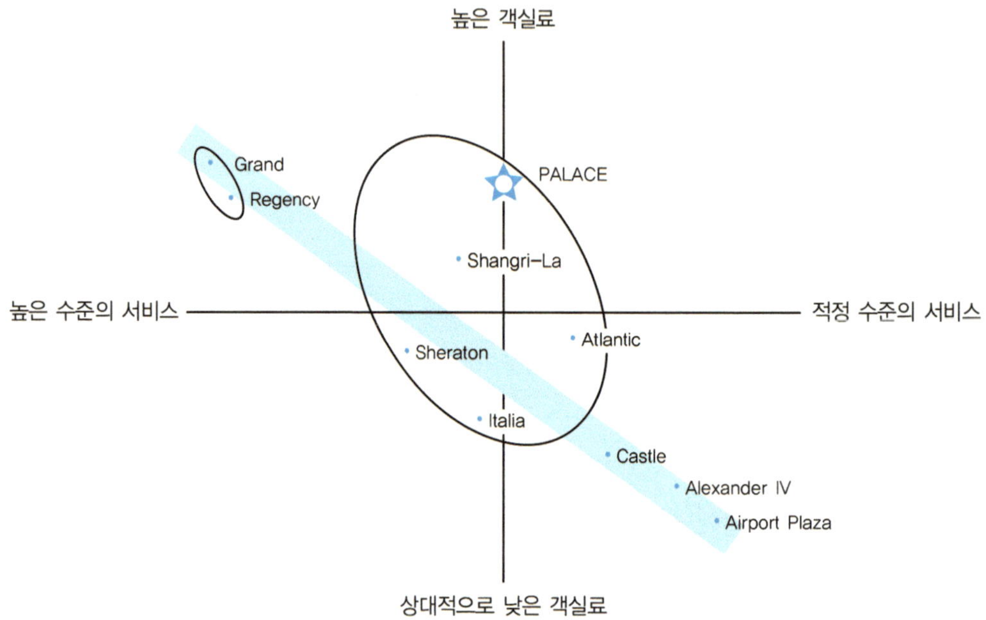

[그림 4-5] **기존 경쟁구조의 포지셔닝 맵1(가격 수준 vs 서비스 수준)**

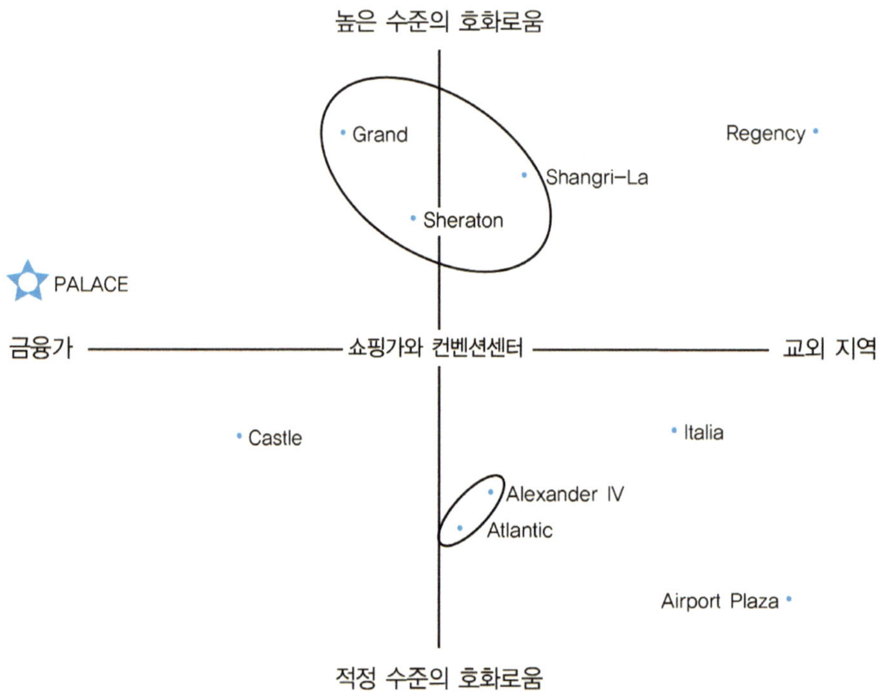

[그림 4-6] **기존 경쟁구조의 포지셔닝 맵2(입지 vs 호화로움)**

2. 잠재적 경영자 반응을 확인해 주는 미래 시나리오 맵

Palace호텔 경영진은 Grand호텔의 재포지셔닝 이후, 그리고 이 도시에서 건설되고 있는 4개의 신규호텔(Mandarin, Heritage, Marriott, Continental)이 오픈한 후 미래의 시나리오 맵을 작성해 보기로 하였다.

① 호텔의 입지를 보면 신규 2개의 호텔은 금융가에 세워지고 다른 2개 호텔은 컨벤션센터 근처에 위치한다.

② 리노베이션 이후의 New Grand호텔은 규모가 커지고 더욱 호화로워지며 새로운 서비스가 추가될 것이다.

③ 신규의 4개 호텔 중 3개 호텔은 국제적 체인호텔이다.

④ 신규 호텔 중 2곳은 5성급 호텔이다.

⑤ 신규 호텔들은 Grand호텔이나 Regency호텔보다 고가격이다.

⑥ 고가격 전략에 따라 서비스는 높은 수준에서 제공될 것이다.

가격 수준과 서비스 수준에서 미래의 포지셔닝 맵을 나타낸 것이 [그림 4-7]이다. 그리고 입지와 호화로움 수준에서 미래의 포지셔닝 맵을 나타낸 것이 [그림 4-8]이다.

Palace호텔이 현재의 위치에서 그냥 안주한다면, 즉 변화를 위한 노력이 없는 경우, 신규호텔들과 New Grand호텔은 팰리스호텔에 상당히 위협적이며, 팰리스호텔은 현재의 독특한 지리적 입지의 장점을 잃고 더 이상 높은 객실료를 받기는 어려울 것이다. 신규호텔들은 높은 객실료를 받으려 할 것이고 그에 맞는 서비스 수준을 높일 것이다.

팰리스호텔의 기존 고객 중에 많은 사람이 새로운 Continental호텔과 Mandarin호텔에 관심을 가질 것이고 더 나은 서비스를 받기 위해서 높은 객실료를 기꺼이 지불할 것이다. 다른 2개의 신규호텔 Heritage호텔과 Marriott호텔은 Shangi-La, Sheraton, 그리고 New Grand호텔에 더욱 위협이 될 것으로 보인다. 결국에 신규호텔 4곳과 New Grand호텔은 고급호텔시장에서 고가격 · 고서비스 그룹을 만들 것이고 Regency호텔은 외딴 공간에 떨어져 남을 것으로 예측된다.

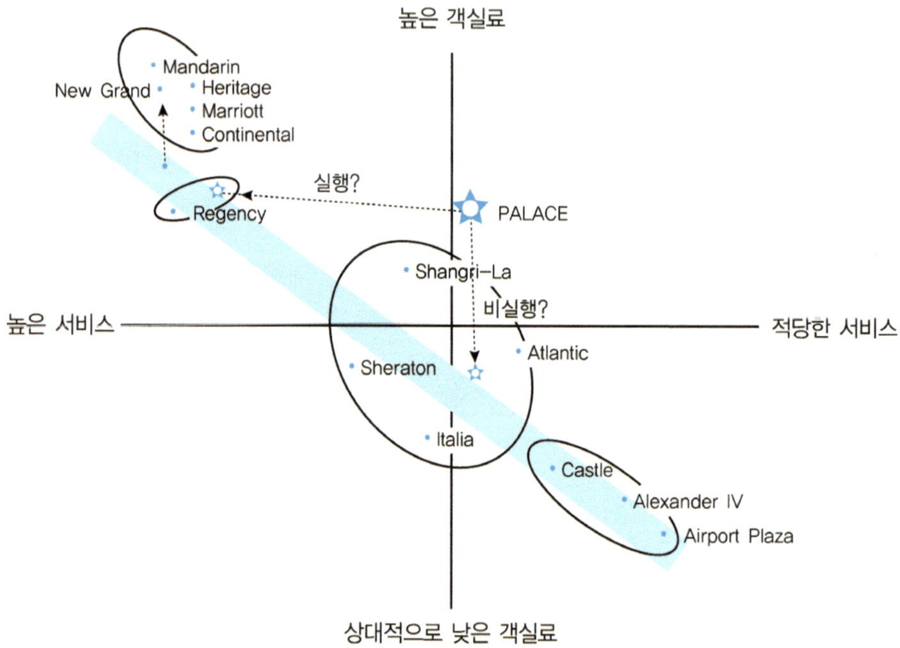

[그림 4-7] **미래의 포지셔닝 맵1(가격 수준 vs 서비스 수준)**

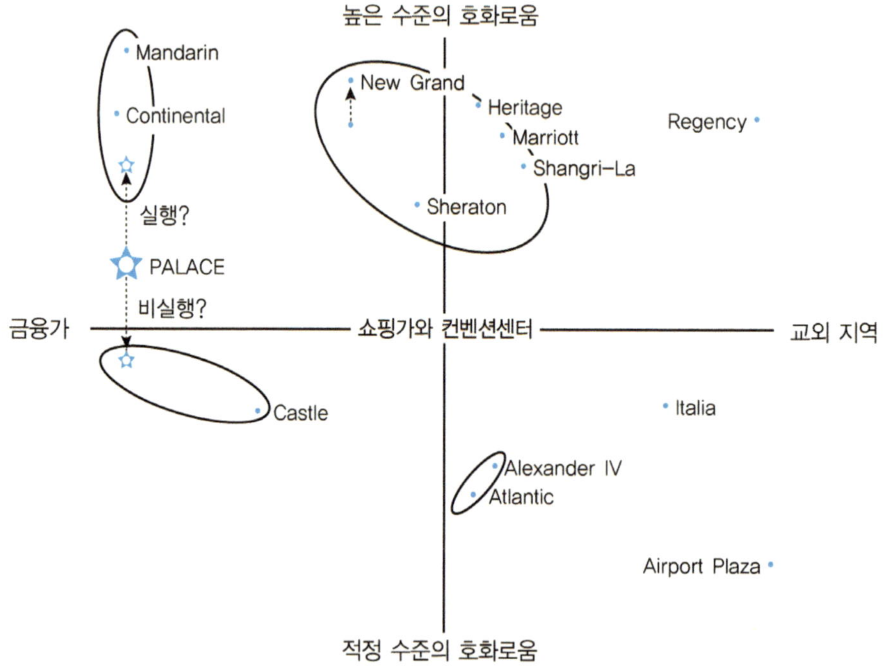

[그림 4-8] **미래의 포지셔닝 맵2(입지 vs 호화로움)**

[그림 4-7]에서 여러분은 Palace호텔의 장래 행동(action)에 대해서 어떻게 생각하는가? Palace호텔의 경영자라면 좌측으로 액션(action)을 취하겠는가 아니면 아무런 행동도 취하지 않고 가격을 내리는 비실행(no action)으로 가야 하는가? 누구와 어떻게 경쟁해야 하는가?

[그림 4-8]에서 여러분이 Palace호텔의 경영자라면 위쪽으로 액션을 취하겠는가, 아니면 아래쪽으로 비실행을 취하겠는가? 높은 수준의 호화로움을 추구할 것인가 또는 호화로움을 조금 낮추는 전략을 행할 것인가? 어느 쪽으로 누구와 경쟁해야 하는가?

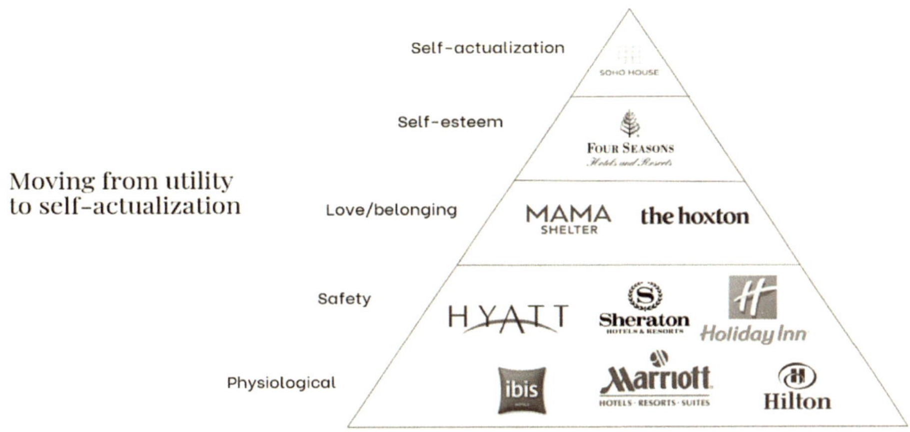

▲ 호텔 포지셔닝맵

호텔 마케팅의 이해

CHAPTER

05

호텔 상품

제1절 호텔 상품의 정의와 차원

제2절 호텔 상품의 서비스 측면

제3절 서비스 플라워

제4절 브랜드 설정

제5절 신제품 개발

제6절 상품 수명주기

제1절 _ 호텔 상품의 정의와 차원

1. 호텔 상품의 정의

상품은 기본적 욕구나 욕망을 충족시켜 줄 수 있는 것으로 시장에 출하되어 주의나 획득, 사용 또는 소비의 대상이 될 수 있는 것이다. 상품에는 물리적 대상물, 서비스, 사람, 장소, 조직, 아이디어 등이 포함된다.

호텔 상품은 호텔에 관련된 제품과 서비스가 결합한 상품을 말한다. 소비자가 호텔 상품을 구매할 때 많은 서비스도 함께 사고 있다. 카지노 시설을 갖춘 전형적인 호텔의 여러 가지 상품에 대해 예를 들어보자.

1) 호텔 상품(hotel products)

- 객실 : 싱글, 더블, 트윈, 스위트, 풀사이드(poolside), 방갈로 모양의 객실
- 식음료 : 미니바, 풀사이드 라운지, 실내서비스(inroom service), 자동판매기, 레스토랑, 칵테일 라운지
- 특별서비스 : 비즈니스센터, 안내데스크, 피트니스센터
- 기타 : 메뉴(개별 일품요리 품목), 개별 디너, 뷔페, 단체 디너, 디저트 품목, 비알코올 음료, 알코올류

2) 카지노 제품(casino products)

- 슬롯머신 : 5센트, 10센트, 1달러, 5달러 등
- 비디오 포커 : 종류별 구비

- **게임 테이블** : 바카라, 블랙잭, 포커, 룰렛, 크랩스, 슈먼드 펠(바카라의 일종)
- **기타** : 여러 가지 숫자도박, 빙고, 오프트랙 베팅(off-track betting)

그러면 신상품을 만들어낼 때, 카지노 · 호텔제품을 조립하는 무한한 가능성을 나타내보자.

- **패키지1**(3박 패키지) : 객실, 조식, 카지노에서 사용하는 칩 25달러 상당, 무료 칵테일 5잔, 육상 운송서비스
- **패키지2**(신혼여행 패키지) : 스위트룸, 샴페인 1병, 모든 식사(실내서비스), 칩 25달러 상당, 육상 운송서비스, 실내 꽃, 풀사이드에서의 신혼부부 사진

2. 호텔 상품의 차원

상품기획담당자는 상품개발 시 호텔 상품과 일반상품을 막론하고 핵심 상품, 실제 상품, 확장 상품 등의 세 가지 차원으로 나누어 생각할 필요가 있다. 이러한 차원을 나타낸 것이 [그림 5-1]이다.

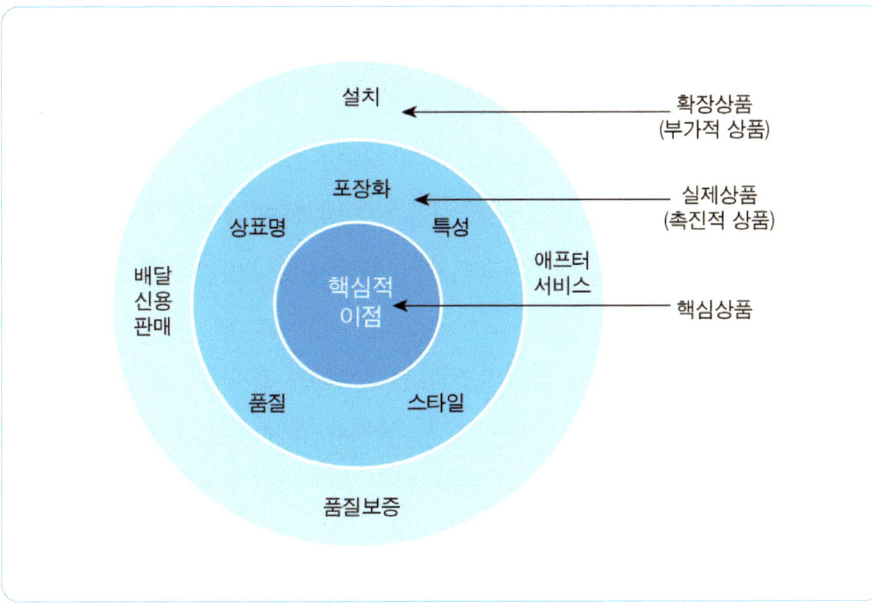

[그림 5-1] **상품의 세 가지 차원**

1) 핵심 상품(core product)

상품 개발 시 가장 기본적인 근원적 차원은 핵심 상품(중추적 상품)이다. 이는 구매자가 실제로 구매하는 것이 무엇인가에 관한 차원이다. 이 핵심 상품은 소비자들이 상품을 구매할 때 그들이 획득하고자 하는 핵심적인 이점이나 문제를 해결해 주는 서비스로 구성된다. 숙박업의 경우 숙면이고 교통기관의 경우 이동이 된다.

2) 실제 상품(facilitating products)

상품 개발 시에는 이와 같은 핵심 상품을 실제 상품으로 형상화해야 한다. 실제 상품(촉진적 상품)은 품질 수준, 스타일, 특성, 상표명 및 포장 등의 5가지 특징을 포함한다. 이와 같은 속성들은 모두 핵심적인 이점을 소비자에게 전달할 수 있도록 결합해야 한다. 예를 들어 5성급 호텔이라면 체크인 · 체크아웃 서비스, 전화, 레스토랑, 직원의 서비스가 빠져서는 안 된다. 한정 서비스를 제공하는 이코노미 호텔에서의 실제 상품은 체크인 · 체크아웃 서비스와 호텔 내 전화 정도일지 모른다. 제품디자인에는 표적시장과 그곳에서 필요로 하는 실제적 서비스를 이해해 두는 것이 필요하다.

3) 확장 상품(supporting products)

상품개발 시 핵심 상품과 실제 상품을 추가적 서비스와 이점으로 결합하여 확장 상품(부가적 상품)을 만들어야 한다. 사실상 호텔 상품과 같이 거의 유형적 특성을 보이지 않는 상품은 상품이 주는 이점 및 혜택을 더욱더 가시화해야 할 것이다. 호텔의 경우에는 외관, 디자인, 엘리베이터 등이다.

호텔에 설치된 비즈니스센터와 풀서비스의 건강온천은 부가적 제품으로서 고객을 그 호텔에 유치하는 데 크게 작용할 것이다. 실제 상품과 확장 상품의 구별이 항상 명확하지는 않다. 1개 세분시장을 위한 실제 상품은 다른 세분시장을 위한 부가적 상품일지도 모른다. 예를 들면 호텔 체재 중 가족고객은 레스토랑과 직원서비스가 필요하지 않을지도 모르나, 비즈니스 고객에게는 필요하다. 하얏트 호텔은 욕실의 비품으로 샴푸나 스킨로션, 몇 종류의 비누를 선택할 수 있게 한 최초의 체인 가운데 하나였다. 하얏트는 이러한 쾌적성(amenities)을 도입하였을 때, 그것은 객실이라는 핵심 상품을 뒷받침하는 부가적 상품이었다.

오늘날 하얏트와 같은 특급호텔에서 쾌적성은 실제 상품이 되었다. 다른 호텔은 하얏트의 쾌적성 패키지에 대항하기 시작했고, 그러한 가운데 고객들은 특급호텔에서는 당연한 서비스로 기대하게 되었다. 힐튼호텔은 매년 평균 22만 5천 달러가 드는 어메니티 패키지를 개발하는 데 앞서서 소비자 취향 분석에 보통 2년이라는 세월을 쏟는다.

리젠트 인터내셔널 호텔의 창업자 밥 번즈(Bob Burns)는 체인의 호화스러운 이미지를 강화하여, 차별화를 낳는다고 생각하는 제품을 직접 선택하였다. 이렇게 하여 홍콩 리젠트 호텔의 욕실에 풀사이즈 용기의 고급샴푸가 비치되었다. 오렌지 주스는 전 세계의 호텔과 레스토랑에서 공통으로 볼 수 있는 메뉴품목 가운데 하나인데, 밥 번즈는 호화스러운 서비스라는 자기들의 개념과 조화시키기 위하여 막 짜낸 신선한 오렌지 주스를 제공하도록 엄하게 지시하였다고 한다.

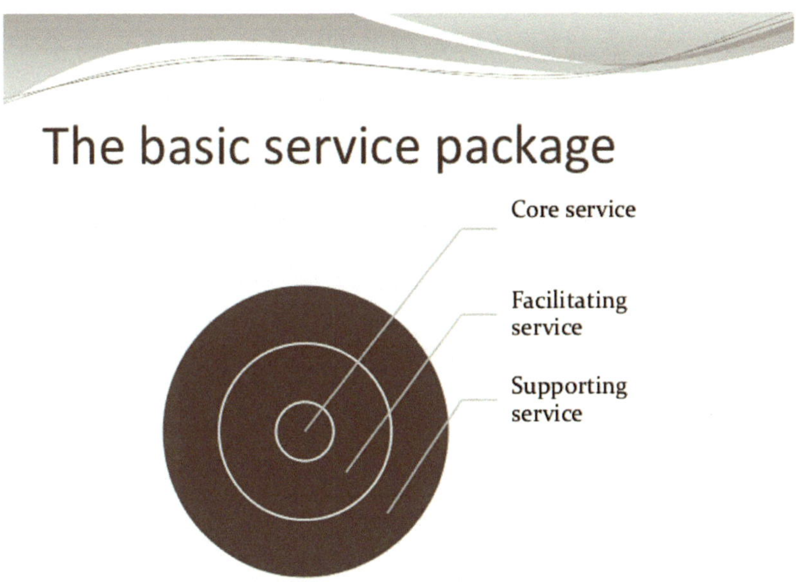

제2절 _ 호텔 상품의 서비스 측면

1. 호텔 제품과 서비스의 제공자

무형적 제품인 서비스는 제품에 추가되는 존재가 아니다. 실제로 무형적 제품을 생산해 내는 호텔산업에서는 고객에게 제공할 수 있는 자체 서비스를 가지고 있어야 한다. 그렇지 않으면 거기에는 제품이 존재하지 않을 것이다.

서비스는 타인의 편익을 위해 수행되는 행위이다. 서비스는 인간이나 기계에 의해 행해진다. 예를 들면 고객이 자동항공권 발매기에서 항공권을 구매할 수 있는 것처럼 기계로부터 다소의 서비스를 직접 받는 것이 가능하지만, 호텔산업에서 거의 모든 서비스는 인간에 의해 수행된다. 우리가 여행을 떠나는 경우 처음부터 끝까지 서비스를 받고 있다. 예약담당자, 웨이터, 하우스 키퍼, 여행가이드 등 관계자 모든 사람이 즐거운 휴가를 즐기는 데 필요한 서비스를 제공한다.

예를 들어 알래스카 크루즈여행이라고 한다면 파티 댄서들은 러시안 댄스축제에서 여행객을 즐겁게 해주고 점원들은 상점에서 관광객에게 판매서비스를 제공한다. 물론 주요한 서비스공급자는 유람선을 고장 없이 안전하게 유지하고 교육적인 기회가 되도록 노력하는 선장, 스태프, 선상의 자연연구가 등이다.

호텔에서의 숙박은 지배인, 데스크 클락, 포터, 하우스키핑 등 직원들의 활동에 의존하고 있다. 호텔산업은 제품을 생산하는 동안에도 서비스를 제공하고 있는 것이다.

2. 판매에 따른 서비스 제공

고객에게 구매를 권유하고 미래의 판매를 유도하기 위해 호텔 마케팅 전문가와 중개기업(유통기업)은 특별한 서비스를 제공해야 한다. 판매에 따른 질 높은 서비스를 제공하는 데는 호텔 상품 구매의 편리성, 고객상담, 고객의 특별한 욕구에 대한 예측, 부가적 서비스 제공 등이 있다.

3. 상품에 따른 서비스 제공

호텔 상품에 따라 예외적인 서비스를 제공하는 것은 고객이 그 상품을 재구매할 것인가 아닌가를 결정하는 주요한 요인이다.

모든 호텔 상품에는 기본적인 서비스가 포함되어 있다. 예를 들면 모든 호텔의 객실은 편안한 침대, 깨끗한 리넨, 옷걸이 등을 갖추고 있다. 그러나 호텔기업은 고객의 즐거움을 배가하고 특별한 느낌을 받도록 서비스와 어메니티를 부각해야 한다. 이러한 부가적인 노력의 종류나 가짓수는 시장에서 자사의 상품을 어떤 위치에 두기를 원하느냐에 따라 달라진다. 예를 들면 고객은 버짓호텔과 특급호텔에서 동일한 서비스를 기대하지 않는다. 그러므로 버짓체인호텔에서 제공되는 부가적인 서비스는 미약한 서비스가 제공된 다른 체인호텔에 비해 경쟁적인 우위를 차지하게 된다. 이는 영속적으로 사업을 유지하고픈 모든 종류의 호텔기업에 핵심원리가 된다.

4. 호텔 상품과 서비스의 패키징

호텔 마케팅에서 패키징(packaging) 변수는 각각의 제품을 다발로 묶어 '여행패키지'의 형태로 사용되고 있다. 호텔에서는 여름 휴가철에 숙박, 식사, 수영장, 오락 등을 묶어서 '여름 숙박패키지'를 만들기도 한다.

패키징은 고객의 욕구를 직접 부응하도록 보완적 상품을 한데 묶음으로써 그들의 공통적 욕구에 대처할 수 있는 하나의 메커니즘을 기업에 제공한다. 이 과정에서 개별 호텔 상품의 장점이 더욱 잘 소구되기도 한다. 또 패키징이 보완적인 상품을 단일상품으로 묶음으로써 각 호텔 상품의 소구점을 높이도록 조정되어 온 방법이기도 하다.

유명한 호텔리조트의 전통적인 서비스에는 룸서비스, 세탁, 공항에서 호텔까지의 리무진 제공, 쇼핑 · 편의시설 그리고 식당이 포함된다. 건강관련 사업에 관한 관심이 증가함에 따라 많은 호텔과 리조트에서는 레크리에이션 지도자와 함께 피트니스 시설을 제공하고 있다.

특급호텔은 고객의 특별한 욕구를 만족시키기 위하여 컨시어지(concierge)를 고용한다. 컨시어지는 극장 티켓을 예매해 주거나 베이비시터의 준비, 유명한 치과의사 소개 등 다양하고 수많은 개인적 욕구를 만족시키기 위한 직무를 담당한다.

비즈니스 목적으로 여행하는 고객을 위해서는 특별히 비즈니스센터를 운영하여 이곳에서 PC, 팩시밀리 및 기타 필요한 기구를 제공한다. 비서 서비스, 접수계원, 통역 · 번역 서비스, 공증인 서비스 등도 이용할 수 있다. 최근에는 테크놀로지 서비스맨을 고용하여 비즈니스 고객들의 노트북 및 소프트웨어의 고장을 즉시 수리해 주는 서비스까지 제공하는 호텔이 등장하였다.

대부분의 호텔 · 모텔 · 리조트는 그들이 제공하는 추가적 서비스의 종류와 수를 확장하고 있다. 추가 서비스는 몇 년 전만 해도 비누나 컬러TV로 한정되었는데, 현재는 화장실의 전화, 헤어드라이기, 화장용품, 목욕용 가운 등과 VTR, 리모컨 조정용 TV 등이 제공되고 있다. 더욱이 여성 비즈니스 고객을 위해서는 스커트를 걸 수 있는 옷걸이, 전신거울, 여성잡지 등을 제공하고 있다. 모든 고객의 안전을 위해 대부분 호텔에서는 주차장에서 객실까지, 객실에서 주차장까지 동행해 주는 에스코트 업무를 제공하기도 한다.

고정 고객에게는 미래의 재구매를 유도하기 위하여 부가적인 서비스를 제공한다. 여기에는 예약 시 우선순위 부여, 간단한 체크인, 레이트 체크아웃, 신문 · 칵테일과 아침식사 제공 등의 특혜가 주어진다.

제3절 _ 서비스 플라워

1. 서비스 플라워 개념과 핵심 상품

서비스 제공물의 개발은 핵심 상품(core product)과 보조 서비스(supplementary service)의 조합, 즉 서비스 콘셉트(service concept)를 개발하는 것이다. 이것은 서비스 플라워(service flower) 개념이다. 서비스 플라워는 이렇게 두 가지로 구성되는데 핵심 상품은 고객에게 제공하는 핵심적인 편익과 솔루션에 기초한다. 핵심 상품은 서비스기업이 시장에 존재하는 이유를 말한다. 병원은 진료 서비스를 제공하고 호텔은 숙박 서비스를 제공하는 것이며 항공사는 운송 서비스를 제공한다. 서비스기업은 복수의 핵심 서비스를 제공할 수 있다. 이를테면 항공사는 장거리 운송과 근거리 운송 서비스를 제공할 수 있다. 체인호텔은 다수 브랜드로 다양한 욕구를 가진 고객들을 만족시킬 수 있다.

고객들은 핵심 상품(핵심 서비스)뿐만 아니라 다양한 보조적 서비스들도 추가로 받는데 핵심 상품 주변에는 보조 서비스라는 다양한 형태의 서비스 관련 프로그램이 둘러싸고 있다. 예를 들어 마케터는 핵심 서비스(호텔의 숙박)의 이용을 원활하게 만드는 요소(호텔의 리셉션 데스크)인 촉진 보조 서비스(facilitating supplementary service)와 핵심 서비스의 가치를 강화해 주는(호텔과 공항을 오가는 셔틀버스) 가치증대 보조 서비스(enhancing supplementary service)로 구분해 관리할 필요가 있다.

[그림 5-2]는 서비스 플라워를 꽃의 중심부에 위치한 핵심 서비스를 에워싸고 있는 8개의 꽃잎으로 묘사했다. 꽃 모양의 서비스 제공물(flower of service)은 고객이 서비스를 접하는 순서에 따라 시계 방향으로 정리되어 있다. 그러나 이와 같은 서비스 순서가 항상 일정한 것은 아니다.

잘 설계되고 관리되는 호텔기업의 경우, 꽃의 중심과 꽃잎이 싱싱하고 보기 좋게 형성되어 있다. 그러나 잘못 설계되거나 품질이 열악한 서비스의 경우에는 꽃잎이 빠지거나 꽃이 시들거나 색깔이 변한 것처럼 보인다. 심지어 핵심 상품이 완벽하다고 할지라도 꽃이 매력적이지 않게 보일 수도 있다.

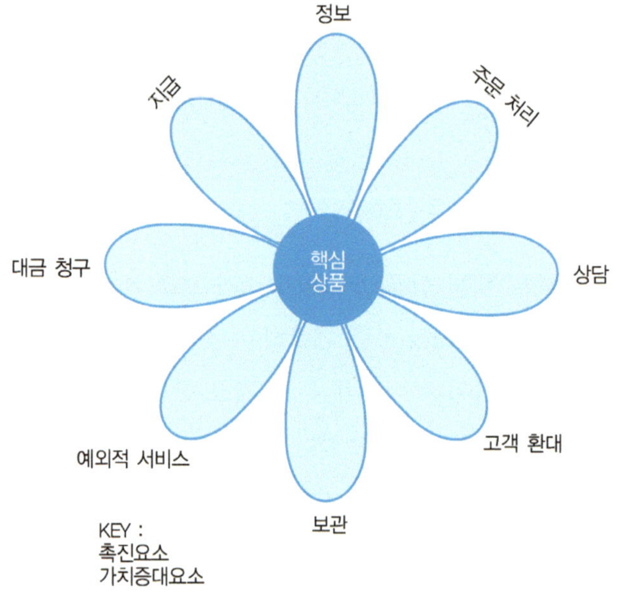

[그림 5-2] 서비스 플라워: 보조 서비스에 둘러싸여 있는 핵심 상품

〈표 5-1〉 촉진 보조서비스와 가치증대 보조서비스

촉진 보조서비스	가치증대 보조서비스
• 정보(information) • 주문 처리(order-taking) • 대금 청구(billing) • 지급(payment)	• 상담(consultation) • 고객 환대(hospitality) • 보관(safekeeping) • 예외적 서비스(exception)

2. 촉진 보조 서비스

매니저는 고객들이 핵심 서비스를 원활하게 이용할 수 있도록 종종 추가적인 서비스를 제공해야 할 필요가 있다. 호텔에서는 리셉션 서비스를 제공하고 항공사는 체크인

서비스를 제공하는 것이 그 예이다. 이들은 고객들이 핵심 서비스를 원활하게 이용하는 데 도움을 주는 보조 서비스, 즉 촉진 보조 서비스를 말한다. 이 촉진 보조 서비스 요소들이 적절히 제공되지 못하면 고객은 핵심 서비스를 소비할 수 없다.

촉진 보조 서비스는 정보, 주문 처리, 대금 청구, 지급 등 4개의 차원으로 재분류될 수 있다.

1) 정보

어떤 상품이나 서비스로부터 완전한 가치를 얻으려는 소비자는 관련 정보가 필요하다. 그 정보는 다음을 포함한다.

- 서비스 장소에 대한 안내
- 일정/서비스 시간
- 가격
- 주의사항
- 경고사항
- 판매/서비스 조건
- 변경 안내
- 예약 확인
- 월간 거래내역서
- 영수증과 티켓

2) 주문 처리

고객이 구매할 준비가 되면, 주문 처리 과정을 거쳐야 한다. 주문 처리는 다음과 같은 것을 포함한다.

신청	• 클럽이나 프로그램의 회원가입 • 편의시설 이용 계약 • 금융거래, 대학 입학 등의 자격 취득
주문 접수	• 현장 주문 • 우편, 전화, 이메일, 온라인 주문
예약과 체크인	• 좌석, 테이블, 룸 • 장비 임대 • 전문가 이용(사회자, 예능인 등)

3) 대금 청구

부정확하고, 법에 저촉되며, 완전하지 못한 대금 청구는 그동안의 서비스 경험에 상당히 만족했던 고객을 실망시킬 수 있다. 만약 서비스 경험에 이미 불만족한 고객의 경우에 대금 청구 서비스의 실패는 고객의 분노를 증폭시킬 수 있다. 대금 청구는 적시에 이루어져야 신속한 대금 지급을 유도할 수 있다.

대금 청구	• 정기적 계좌상태 확인 • 개인 거래 청구서 • 지급액 구두 전달 • 정산가에 지급액 표시

4) 지급

고객들은 대금 청구서에 따라 대금을 지급한다. 은행의 거래 내역서는 그 예외인데, 이는 고객의 계좌에서 이미 차감된 대금의 내역을 보여준다. 고객이 지급하는 방법에는 여러 가지가 있지만 모든 고객은 지급 과정이 더 쉽고 편리해지길 기대한다. 지급에는 다음과 같은 것이 포함된다.

셀프서비스	• 기계에 카드, 현금, 토큰 주입 • 전자금융 거래 • 전신환 거래 • 온라인으로 신용카드 번호 입력
수취인 또는 중개인에게 직접 지급	• 현금 결제 • 수표 결제 • 신용카드/직불카드 결제 • 쿠폰, 선불 티켓
결제계좌에서 자동이체	• 자동화 시스템(예, 하이패스) • 후불 시스템(계좌에서 사용량만큼 자동으로 차감)

3. 가치증대 보조 서비스

매니저는 가치증대 보조 서비스 요소도 개발해야 하는데, 이것은 핵심 서비스의 가치를 증대시키거나 경쟁사의 서비스로부터 자사의 서비스를 차별화하기 위해 제공되는 보조적 서비스를 말한다. 호텔이 숙박 서비스를 제공하는 것 이외에 레스토랑, 라운지 이용, 비즈니스 서비스, 컨시어지 등을 제공하는 것은 가치증대 서비스의 예이다. 항공사라면 항공운송 서비스 이외에 호텔, 레스토랑, 공항 라운지, 기내서비스 등을 제공하는 것도 가치증대 서비스의 예이다.

가치증대 보조 서비스는 상담, 고객 환대, 보관, 예외적 서비스 등의 4차원으로 재분류될 수 있다.

1) 상담

가장 기초적인 수준의 상담은 고객이 욕구에 대한 해결책을 물어볼 때 서비스 제공자가 제시하는 즉각적인 조언이다. 상담은 앞에서 언급한 촉진 보조 서비스의 정보제공과 비교되는데, 정보제공은 고객의 질문에 단순히 응답하는 것(혹은 예상되는 고객 욕구에 맞추어 제공되는 인쇄된 정보)인 반면에, 상담(consultation)은 대화를 통해 고객이 요구하는 것을 파악하고 이에 맞는 해결책을 제안하는 것이다.

상담	• 맞춤형 조언 • 개인적인 카운슬링 • 제품 이용에 대한 실습교육 • 경영 · 기술 컨설팅

2) 고객 환대

고객 환대서비스는 신규 고객을 만나는 과정(encounter)에서, 그리고 재방문한 고객을 맞이하는 과정에서 즐거움을 제공하는 것이다. 잘 관리된 호텔기업은 어떤 경우에도 직원들이 고객들을 초대손님처럼 대우하도록 한다. 예의 바름과 고객 욕구의 배려는 대면 접점과 통화상의 상호작용에 적용되지만, 이러한 고객 환대(hospitality)는 대면 접점에서 가장 극명하게 표현된다. 일류호텔에서는 모든 고객에게 “안녕하세요.”, “어서 오세요.”와 “안녕히 가세요.”로 인사한다.

고객 환대	• 인사 • 음식과 음료 • 화장실과 세면실 • 대기실과 편의시설 - 라운지, 대기실, 의자 - 날씨 관련 장비 - 잡지, 오락, 신문 • 교통

3) 보관

기업이 서비스를 제공하는 동안, 고객은 소지품이 안전하게 보관되기를 원한다. 실제로 안전하고 편리한 주차 서비스와 같은 보관 서비스를 제공하지 않는 업체는 방문하지 않는 고객도 있다. 서비스 장소에서 제공되는 보관 서비스는 다음과 같은 품목을 대상으로 한다.

보관	• 유아, 애완동물의 보호 • 주차장 제공, 주차 대행 • 외투 보관 • 여행가방 운반 • 여행가방 보관 • 안전금고 • 보안요원

4) 예외적 서비스

예외적 서비스는 정상적인 서비스 전달의 범위를 벗어난 보조 서비스를 말한다. 좋은 호텔기업은 예외적인 상황을 예상하고 긴급계획과 지침을 사전에 개발한다. 그래서 고객의 특별한 지원요청에 직원들이 당황하지 않도록 한다. 예외적 서비스에는 다음과 같은 것들이 포함된다.

서비스 제공 사전 특별요청	• 어린이 보호 • 식이요법 관련 요청 • 의료적 도움 • 종교적 의무사항 준수
특별한 커뮤니케이션 처리	• 불평 • 칭찬 • 제안
문제 해결	• 보증 • 상품 사용에 따른 어려움 해결 • 사고나 잘못된 서비스 전달에 따른 어려움 해결 • 사고나 응급치료가 필요한 고객 구호 • 지체
보상	• 하자상품의 무료 수선 • 법적 처리 • 환불 • 무료 서비스의 제공

4. 서비스 플라워의 관리적 시사점

서비스 플라워를 구성하는 8가지 보조 서비스는 핵심 상품의 품질을 향상할 수 있는 다수의 좋은 대안을 제공한다. 어떤 보조 서비스(정보와 예약)는 고객이 핵심 상품을 잘 사용할 수 있도록 촉진하고 어떤 보조 서비스는 핵심 상품의 가치를 증대시키거나 비금전적 비용을 감소하는 역할(예를 들어 식사, 잡지, 오락 등은 시간 보내기에 도움이 되는 환대 요소)을 한다. 서비스 제공자에 의해 부과되는 대금 청구나 지급과 같은 보조 서비스는 소비자가 원하는 것은 아니지만, 그래도 서비스 경험의 일부분을 형성한다. 처리가 잘못된 보조 서비스는 고객의 서비스품질 지각에 부정적인 영향을 미칠 것이다.

한편, 정보통신 기술의 급격한 발달로 서비스를 전달하는 새로운 방법들이 등장하고 있다. Swissôtel Hotel & Resorts는 주요한 사업 출장 고객을 대상으로 온라인 예약을 장려하는 프로모션을 진행했는데, 그 후 개선된 웹사이트를 통해 7개월 동안 예약 건수가 종전의 두 배에 이르렀다.

서비스 플라워의 꽃잎 8개 중에서 5개의 보조 서비스는 정보 기반이다. 정보, 주문 처리, 상담, 대금 청구, 지급(신용카드 이용) 등의 보조 서비스는 인터넷으로 제공할 수 있다. 사실상 기업 대부분이 고객을 인터넷 채널로 인도하고 있다.

호텔, 항공사, 렌터카 같은 글로벌 서비스산업의 정보, 상담, 주문(혹은 예약이나 예매) 서비스는 매우 정교한 수준에 이르렀다. 예를 들어 St. Regis, W Hotel, Western, Le Méridian, Sheraton을 포함해 호텔 1,000여 개를 운영하는 Starwood Hotel & Resort Worldwide는 전 세계에 기업 출장 전문 여행사, 도매상, 미팅 플래너, 그리고 주요 여행사 등의 고객에게 원스톱 솔루션을 제공하는 고객관계관리 업무를 담당하는 해외 영업소(GSO : global sales office)를 30개 이상 두고 있다. Starwood는 또한 모든 시간대와 주요 언어를 커버하도록 전략적으로 배치된 12개의 고객서비스센터(CSCs : customer servicing centers)를 통해 전 세계 호텔예약, 스타우드 멤버십 프로그램관리, 일반적인 고객서비스 등의 원스톱 고객서비스를 제공하고 있다. 고객은 스타우드의 어떤 호텔이라도 단지 전화나 인터넷으로 예약하면 된다.

제4절 _ 브랜드 설정

1. 브랜드의 의미

브랜드는 이름, 용어, 안내판, 심벌, 디자인 또는 이러한 요소를 결합한 것이다. 이에 따라 판매 측의 제품 및 서비스를 식별하게 하고 경쟁상대로부터 차별화하는 것을 의도한다. 브랜드명(brand name)은 브랜드 가운데서 발음할 수 있는 부분이다. 예를 들면 디즈니랜드, 힐튼, 클럽 메드, 시즐러 등이 있다. 브랜드 마크(brand mark)는 심벌과 디자인 또는 특유의 채색 및 문구와 같이 인식할 수는 있지만, 언어로써는 표현할 수 없는 브랜드 부분이다. 예를 들면 맥도날드의 골든 아치와 힐튼의 'H' 상표는 법률상으로 보호받고 있는 브랜드이다. 그러므로 판매 측에 의한 브랜드명 또는 브랜드 마크의 독점적 사용권이 보장된다.

2. 브랜드 설정의 조건

1) 식별의 용이성

제품은 브랜드나 트레이드 마크에 의해 식별이 용이해야 한다. 사람들은 적색과 백색으로 된 차광막과 특유의 색채를 사용한 T.G.I. 프라이데이스, 홀리데이인의 녹색 안내판을 잘 알고 있다. 고속도로 연변의 많은 간판은 브랜드를 알고 있다는 것을 전제로 한 방향 지시적 안내판이다. 그것은 단지 브랜드명과 브랜드 마크 또는 이 양쪽을 사용하여 점포까지 가는 길 안내를 보여준다.

1990년 퀄리티 인터내셔널(Quality International)은 이름을 초이스 호텔 인터내셔널(Choice Hotels International)로 변경하였다. 초이스라는 이름은 짧고 기억하기 쉬우며 이점을 잘 전달해 준다. 그것은 또한 회사의 시장세분화 전략을 지원한다.

Choice Hotels은 슬립(sleep), 컴포트(comfort), 퀄리티(quality) 및 클래리온(clarion)의 4가지 주요 브랜드를 제공한다([그림 5-3] 참조). 그 위에 초이스는 프렌드십(Friendship), 이코노롯지(Econo lodges), 로드웨이 인(Roadway Inn)을 매입하였다. Choice Hotels International이라는 풀네임은 전 세계 7,500여 개의 호텔에 63만 개 이상의 객실을 소유하고 있는 이 회사의 국제적인 지위를 잘 나타내고 있다.

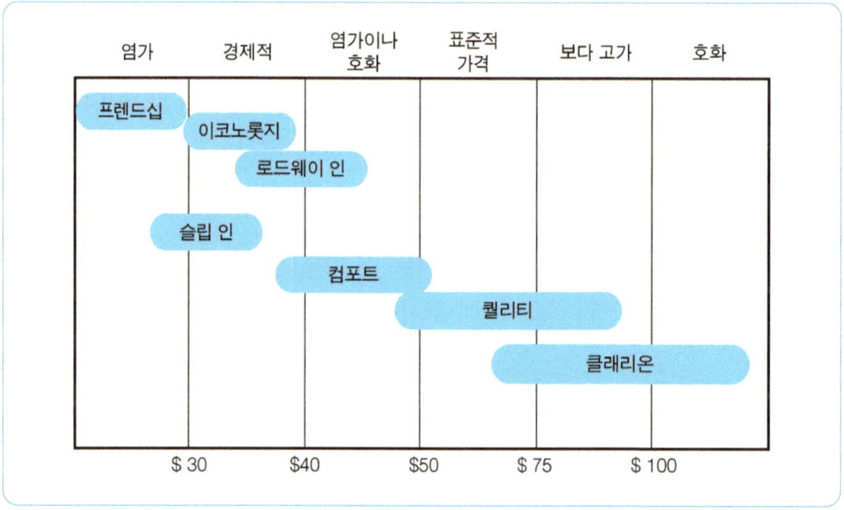

[그림 5-3] **브랜드 포지셔닝 전략**

때로는 회사가 원래 명칭과 어울리지 않을 만큼 커지는 경우가 있다. 예를 들면 웨스틴 인터내셔널이 Westin으로, 힐튼호텔이 Hilton Hotels and Resorts 등이 주요 체인에 의해 명칭이 변경되었다.

일단 이름이 결정되면, 그것을 반드시 보호해야 한다. 퀄리티 인터내셔널(현재의 Choice Hotels International)은 과거의 저가격 라인 호텔명에 맥슬립(Mcsleep)이라는 이름을 선정하였는데, 퀄리티는 맥도날드가 제기한 소송결과, 이름을 Sleep Inns로 변경해야 했다. 이렇듯 많은 회사는 자기 회사의 브랜드명을 보호하지 않으면 안 되는데, 그렇게 하지 않으면 그것을 독점적으로 사용할 수 없게 된다는 것을 깨닫게 된 것이다.

2) 최고의 가치

제품은 가격에 비교해 최고의 가치를 지녀야 한다. 제품은 소비자의 지각으로부터 그 가치를 끌어낸다. 브랜드는 좋은 품질과 가치에 대한 지각을 낳게 함으로써 소비자를 유인한다. 결국에 마케터는 고객들이 그 브랜드를 최고의 가치를 지녔다고 지각하게 만들어야 한다. 엠버시 스위트(Embassy Suites)는 전관 특실호텔을 찾는 사람들에 대해 최고의 가치인 이미지를 창출하였다. 메리어트는 페어필드 인(Fairfield Inns)이 최량의 가치를 제공한다는 것을 고객에게 지각시키기 위해 대규모 조사를 한 바 있다.

브랜드명이라는 아이디어는 관광지에까지 확산하고 있다. 베일(Vail), 아스펜(Aspen), 아카풀코(Acapulco), 팜스프링스(Palm Springs)와 프랑스의 리비에라(Riviera) 등은 높은 평가, 소비자 지각, 소비자의 기대를 실현해 왔다.

3) 품질과 표준의 유지

제품은 품질과 표준의 유지가 용이해야 한다. 브랜드가 품질의 이미지를 개발하는 데 성공한다면 동일 브랜드명을 사용하는 모든 매장에서 동일한 품질을 기대할 것이다. 표준과 정책이 불일치하면 브랜드의 가치가 손상되므로 표준 및 정책의 일치는 중요한 요소가 된다.

파리의 맥도날드는 프랑스인, 독일인, 미국인 등 맥도날드 이름에 친숙한 전 세계 사람들을 끌어들였다. 금빛 아치는 세계에서 가장 강력한 브랜드 마크 중 하나가 되었다. 맥도날드는 제품에 대한 수요를 창출하였고 그 수요에 대처하여 14,000개의 점포를 개발하였다. 그러나 모든 브랜드가 맥도날드와 같이 성공하는 것은 아니다.

4) 시장규모의 개발

제품은 시장규모를 개발할 수 있어야 한다. 원래 환대상품이라는 것은 특정 지역에 한정되어 있던 것이다. 그러나 지역의 기호가 경계를 넘어서 확대됨에 따라 지난날 지리적으로 한정된 것으로 보이던 기업이 전국적 · 세계적으로 확대되고 있다. 텍사스주 산안토니오(San Antonio)의 라퀸타 인스(La Quinta Inns)는 몬트리올과 같은 대도시를 피하여 레온(Leon)과 아과스칼리엔테스(Aguascalientes)와 같은 소도시에 집중한다는 전략으로 멕시코에 진출하였다. 이 회사는 라퀸타가 멕시코와의 국경 근처에 있고 스페인어를 할 줄 아는 많은 직원을 확보할 수 있으므로 멕시코에서 영업을 개시하는 것은 합리적인 결정이라 믿었다.

유스호스텔(youth hostel)은 세계 여러 지역에서 중요한 숙박사업으로 자리를 굳히고 있는데, 미국에서의 수용은 매우 늦은 편이다. 원래는 여행하는 학생들에게 저비용 숙박시설을 제공하기 위해서 발전해 온 것인데 숙박객에게 침실과 욕실을 공유하는 스파르타식 숙박시설(spartan accommodations)을 제공한다. 호주에서는 이러한 시설을 백패커스 호텔(backpacker's hotels)로 부르고 있고 저렴한 숙소를 원하는 폭넓은 연령층 여행자에게 식사까지 제공하고 있다. 이러한 형태의 숙박시설에 대한 수요가 증가한다면 지역적 또는 전국적 유스호스텔 체인 전개의 경제적 기회가 생겨날지도 모른다.

5) 규모의 경제성

제품은 규모의 경제성이 있어야 한다. 브랜드 설정에는 비용이 든다. 브랜드명을 촉진하려는 기업은 표준, 시스템, 품질보증 프로그램을 개발하지 않으면 안 된다. 또 브랜드명은 확산시키지 않으면 안 된다. 그 밖에 경영관리와 광고를 위한 지출을 정당화하기 위해서는 규모의 경제성을 지녀야 한다. 전형적인 규모의 경제성하에서는 촉진비용이 절감된다. 특정 지역에서 광고 영향권 안에 있는 모든 브랜드는 광고촉진활동으로 인해 이익을 얻게 되기 때문이다.

그리고 경영정보시스템, 예약시스템, 전국단위의 구입계약, 공통의 건축디자인 등의 방법으로 브랜드에 따른 규모의 경제성이 가능해진다. 레드 루프 인(Red Roof Inns)과 퀸시스 스테이크 하우스(Quincy's Steak House)는 1개 지역에서 단기간에 여러 개의 체인점포를 전개하는 전략을 추진하고 있다. 지역 내의 많은 점포는 사람들이 일시에 몇 가지 점포를 방문할 수 있으므로 그만큼 촉진 전술로서 유용하다.

3. 브랜드명의 특징

브랜드명의 개발은 브랜드 정체성을 만들어내는 데 열쇠가 되는 요소이다.

① 브랜드명은 제품의 혜택과 품질에 관해 무엇인가를 시사하고 있어야 한다. 예를 들면 컴포트 인(Comfort Inns), 데이리 퀸(Dairy Queen), 피자헛, 버거킹, 아메리칸항공 등이다.

② 발음 및 식별이 쉽고 기억하기 쉬워야 한다. 그래서 짧은 명칭이 좋다. 예를 들면 힐튼, 셔틀(Shuttle), 웬디스 등이다.

③ 다른 브랜드와 구별할 수 있어야 한다. 예를 들면 에이비스, 베니건스, 엘 토리토(El Torito) 등이다.

④ 외국시장으로의 확대를 고려해서 외국어 번역이 가능해야 한다.

⑤ 법률상의 보호를 받을 수 있어야 한다.

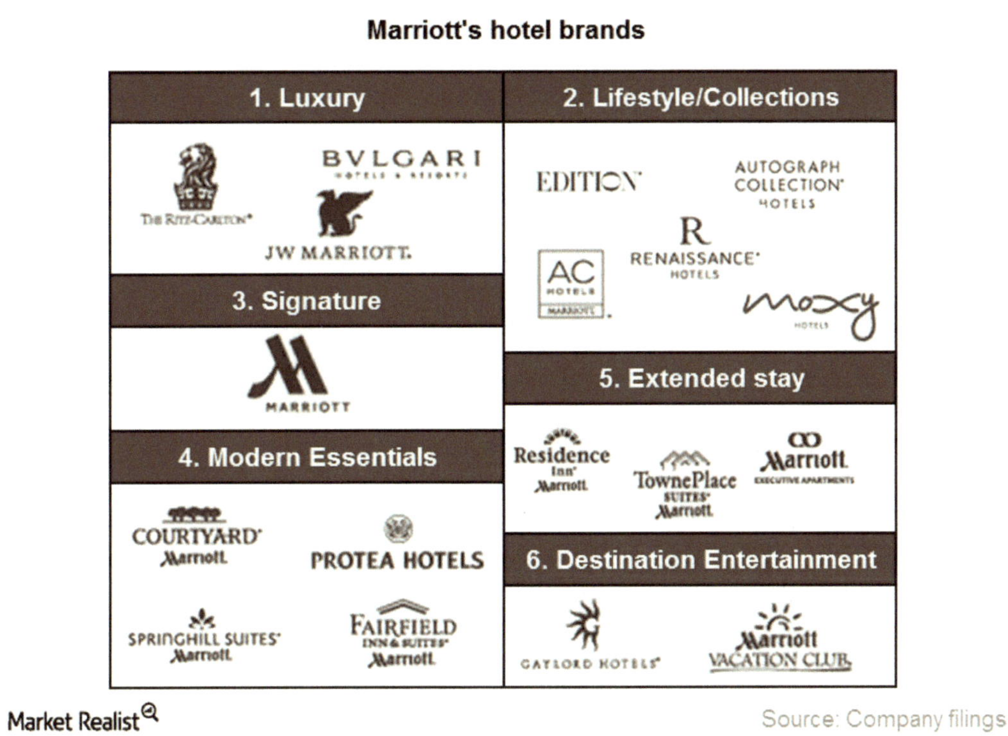

▲ 브랜드

제5절 _ 신제품 개발

1. 신제품 개발의 필요성

소비자 기호와 기술 및 경쟁상황의 급속한 변화로 인하여 기업은 기존 제품에만 기대할 수 없게 되고 있다. 고객은 새롭고 보다 개량된 제품을 원하고 경쟁을 통해 이러한 제품이 즉시 공급되고 있다.

모든 호텔기업은 추세에 주목하면서 제품을 시험해 보는 체제를 만들어 놓지 않으면 안 된다. 그래서 신제품 개발프로그램이 필요하다. 기업전문가에 따르면 미국의 모든 회사 가운데 이익금의 2분의 1은 10년 전에는 존재하지 않았던 제품에서 획득한 것이라고 한다.

기업은 두 가지 방법으로 신제품을 획득할 수 있다. 그 첫째는 다른 제품을 생산하는 회사 전체나 라이선스 또는 특허를 구매함으로써 기존 제품을 획득하는 방법이다. 유망한 신제품을 개발하기 위한 비용이 점점 상승함에 따라서 새로운 제품을 만들기보다는 기존의 브랜드를 획득하는 기업이 많아지고 있다. 예를 들면 아코르(Accor)는 모텔6(Motel Six)를 인수하였고, 래드브로크(Ladbroke)는 힐튼 인터내셔널을, 초이스는 로드웨이(Road Way)와 이코노롯지 및 프렌드십 인(Friendship Inns)을 인수하였다.

둘째는 자사의 연구부문을 설립하고 신제품 개발을 통해서 신제품을 획득하는 방법이다. 기업이 자사의 R&D(연구개발)를 통하여 획득하는 신제품은 오리지널 제품, 제품개량, 제품수정, 신브랜드 등을 의미한다.

그러나 신제품이 항상 성공하는 것만은 아니다. 어느 연구에 의하면 1990년에서 1991년까지 2년 동안 미국에서 1,000개의 호텔&모텔이 사업에 실패하였다. 어째서 그렇게 많은 신제품이 실패했는가? 여기에는 몇 가지 이유가 있다.

최고경영자가 마케팅 조사의 결과가 바람직하지 않은데도 불구하고 자기 뜻대로 추진했을 수도 있다. 실제의 제품이 마땅히 그렇게 되도록 설계되지 않았을 수도 있고, 시장에서의 포지셔닝이 잘못되었을 수도 있다. 가격이 너무 비쌌는지도 모른다. 또 광고 방법이 좋지 않았을 수도 있다. 제품개발 비용이 예상외로 많이 들어가기도 하고 경쟁상대가 예상 이상으로 격렬한 저항을 보일 수도 있다.

이같이 기업은 여러 가지 문제에 마주친다. 그렇다 하더라도 기업은 신제품을 개발하지 않으면 안 된다. 그러나 실패할 위험성은 높다. 이러한 문제를 해결하려면 신제품을 발견하여 육성해 나가는 과정에서 강력한 신제품 계획, 조직적인 신제품 개발과정을 확립하지 않으면 안 된다.

기업은 창조(creation), 모방(imitation), 수정(modification), 응용(application) 등을 통해서 상품을 개발할 수 있다.

2. 신제품 개발과정

신제품 개발과정의 주요 단계를 제시하면 [그림 5-4]와 같다.

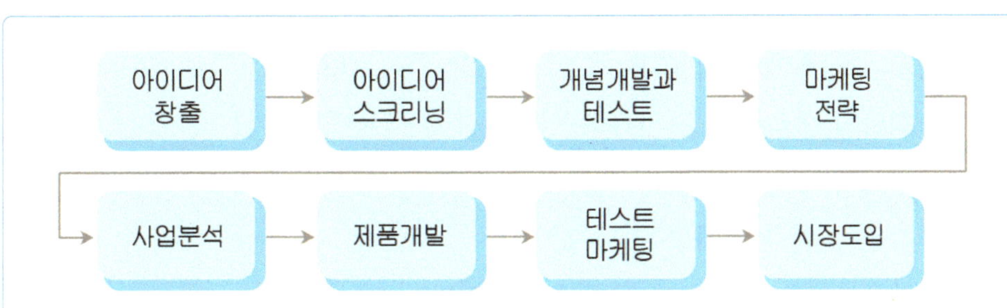

[그림 5-4] **신제품 개발의 주요 단계**

1) 아이디어 창출

신제품 개발은 새로운 아이디어를 조직적으로 탐색하는 아이디어의 창출로부터 시작된다. 일반적으로 좋은 것을 찾아내기 위해서는 많은 아이디어를 내놓지 않으면 안 된다. 기업은 신제품 개발전략을 신중하고 명확히 해야 한다. 또 전략은 어느 제품과 시장에 주력할 것인가를 명백히 제시해야 한다. 그리고 기업이 그 신제품에서 무엇을 얻으려고 하는 것인지, 높은 현금유통인지, 시장점유율인지, 또는 무엇인가 다른 객관적 목표인지를 명기해야 한다.

한편, 전략에는 원제품 개발에, 기본제품의 변경에, 경쟁상대 제품 모방에 어느 정도의 노력을 기울일 것인가를 명기해 두지 않으면 안 된다. 신제품 아이디어의 흐름을 확보하기 위하여 회사는 아이디어 정보원과 접촉하지 않으면 안 된다. 그러한 정보원으로는 판매원, 지배인, 서비스직원 등 기업 내부의 원천이 있으며, 고객, 경쟁자, 유통업자와 공급업자, 기타 관련업체 등이 있다.

2) 아이디어 스크리닝

스크리닝(screening) 단계의 목적은 아이디어의 수를 줄이는 데 있다. 즉 가능한 한 빠른 단계에서 기발한 생각을 발견하고 그렇지 못한 것은 중지하는 것이다. 아이디어 또는 개념(concept)을 스크리닝하는 것은 제품라인과의 적합성 문제를 신중히 고려하는 일이다. 아이디어 스크리닝 단계에서는 다음 사항을 고려해야 한다.

① 우리들의 사명에 적합한가?

② 회사의 목표에 적합한가?

③ 각 시설의 목표에 적합한가?

④ 우리 회사의 주축사업을 지키고 신장시킬 수 있는 것인가?

⑤ 우리 회사의 중심적 고객을 지키고 기쁘게 할 수 있겠는가?

⑥ 기존 자원을 더 활용하고 있는 것인가?

⑦ 기존 제품라인을 지원하고 강화하는 것인가?

아이디어 스크리닝을 실시하는 경우에 사용하는 워크시트(work sheet) 가운데 대표적인 것으로는 미국 레스토랑 마케팅그룹의 톰 펠텐스타인이 개발한 워크시트가 있다(〈표 5-2〉, 〈표 5-3〉 참조).

〈표 5-2〉 **질적 스크리닝을 위한 워크시트**

1. 제안된 신제품 ______
2. 제품 개요 ______
3. 그 제품에 의하여 달성되는 목표 ______
4. 그 제품의 역할, 새로운 메인 디쉬, 사이드 디쉬, 신제품 카테고리 ______
5. 결정적인 강점 및 기회 ______
6. 결정적인 약점 및 위험 ______
7. 매출고의 예상되는 영향, 내객 수의 증가, 빈도의 증가, 트레이드 업, 신규고객 측의 흡인 ______
8. 연간 매출액 목표, 이익목표 ______
9. 추려낼 대상이 될 만한 품목, 경합 정도 ______
10. 표적고객 ______
11. 영향을 받는 시간대 ______
12. 표적가격 ______ 표적으로 삼은 분량 ______
13. 주요 식재(食材) ______
14. 식재비 추정액 ______
15. 필요한 생산량 ______
16. 필요한 현행설비 ______
17. 필요한 신규설비 ______
18. 필요한 공간 ______
19. 필요한 노동력 ______
20. 필요한 추가직원 ______
21. 필요한 특별훈련 ______
22. 현재의 생산에 미치는 마이너스 영향 ______
23. 현재의 직원에 미치는 마이너스 영향 ______
24. 유사한 경쟁품목 ______
25. 예상 경쟁자의 대응 ______
26. 중요이익 ______
27. 가장 불리한 점 ______
28. 개발을 위하여 무엇이 필요한가? ______
    (1) 설 비 ______
    (2) 예 산 ______
    (3) 인 원 ______
    (4) 전문적 기능 ______
    (5) 시 간 ______

〈표 5-3〉 **양적 스크리닝을 위한 워크시트**

평가항목	평가치	비중	합계
이미지			
메뉴 접근			
회사 전체의 목표			
회사의 강점			
회사가 갖는 기회			
기대되는 역할			
질적 수준			
가격설정			
현재의 고객			
표적이 되는 고객			
서비스			
특별요리 메뉴의 공백 기간			
1일 중 메뉴의 공백 시간대			
생산수준			
업무내용			
설 비			
이용가능한 공간			
공급업자			
개발능력			
합 계			

※ 각각의 신제품 아이디어는 각 항목에 대하여 1부터 5까지 (낮다), (높다)의 척도로 평가된다. 다음으로 각 항목에 대하여 1부터 5의 비중측정을 한다.
평가치와 비중과의 합계가 제품의 각 평가항목에 관한 득점이 된다. 이러한 득점의 합계가 최종적인 총득점이 되고, 이것이 다른 후보 제품과 비교된다.

3) 개념 개발과 테스트

살아남은 아이디어는 곧이어 제품개념으로 전개되어야 한다. 제품개념이란 아이디어를 의미 있는 소비자의 언어로 상세하게 설명한 것이다. 제품 이미지는 현재 또는 잠재적인 제품에 대하여 소비자가 어떻게 생각하고 떠올리는가 하는 것이다. 개념 테스트(concept testing)는 표적집단 내에서 실시된다. 신제품 개념은 언어에 의한 기술이나 그림에 의하여 제시된다. 그러나 대개의 사례에서는 가장 단순한 소비자 태도 조사가 사용되고 있다.

1970년대 후반 메리어트는 그 당시의 호텔 제품에 대하여 도시시장은 포화상태에 놓여있다고 판단하였다. 그래서 2차적인 장소와 교외의 입지에서 잘 받아들여질 호텔 개념(hotel concept)이 필요하였다. 메리어트는 신제품 개발을 통해 회사의 주축사업, 즉 숙박산업에 자신들의 자원을 집중하기로 정하였다. 이는 일종의 제품 아이디어였다. 그러나 고객은 제품 아이디어를 사는 것이 아니고 제품을 사는 것이다.

마케팅담당자는 아이디어를 몇 개의 대체적인 제품개념으로 개발하여 각각의 제품이 고객에 대하여 어느 정도로 매력적인가를 결정하고 그 가운데서 최선의 것을 선택하게 된다. 신제품의 개념은 '코트야드(courtyard)'로 불렸다. 메리어트는 이 신제품 개발을 관리하기 위해 회사의 다른 지역에서 인재를 선발하고 대규모로 경쟁자 분석 및 시장분석을 해서 조사 결과를 기초로 그 프로젝트를 수행할 개념적 틀을 다음과 같이 개발하였다.

① 단기체재 고객에 집중적으로 한정한다.
② 객실 수를 150실 이하로 한다.
③ 주택이라는 이미지를 부각한다(조사를 통해 메리어트는 호텔을 선호하지 않는 호텔이용객의 세분시장을 명확히 하였다. 이러한 소비자는 가정과 유사한 환경을 좋아했다).
④ 메리어트는 다른 호텔과 심각한 시장점유율 쟁탈전이 발생하지 않도록 한다.
⑤ 메뉴가 한정된 레스토랑을 운영한다.
⑥ 퍼블릭 장소와 미팅 장소를 축소한다.
⑦ 표준화된 제품으로 한 지역에 5개에서 8개까지 건설한다.
⑧ 호텔의 인지와 후광효과(halo effect)를 위하여 '메리어트' 명칭을 반드시 붙인다. 후광효과 또는 우산효과는 기업이나 브랜드명이 다른 제품에까지 영향을 미치는 것을 말한다.

4) 마케팅전략

마케팅전략(marketing strategy)은 제품을 시장에 도입하기 위한 초기적 마케팅전략 계획의 개발이다. 마케팅전략의 기술은 3가지 부분으로 구성된다. 첫 번째는 최초 수년간의 표적시장, 계획된 제품의 포지셔닝, 매출고, 시장점유율, 이익목표를 기술한다. 메리어트의 코트야드의 표적시장은 합리적인 가격으로 고품질 객실을 원하는 비즈니스 고객과 안전하면서 쾌적한 객실을 바라는 관광객이었다. 두 번째는 제품가격, 유통, 초년도 예산에 관한 계획개요에 대한 것이다. 메리어트는 통계 소프트를 사용하여 세련된 모형을 구축할 수 있었다. 이러한 모형은 가격 결정 및 각 가격에 따라 기대되는 시장점유율에 대한 정보를 제공하였고, 시장세분화를 위한 정보는 메리어트에 이 호텔을 시장에서 전개하는 데 필요한 정보를 제공하였다. 세 번째는 장기 판매계획, 이익목표, 장기 마케팅믹스 전략을 기술한다.

5) 사업분석

제품개념과 마케팅전략이 결정되면 다음으로 경영자는 이 제안에 대한 사업매력도를 평가할 수 있다.

사업분석(business analysis)에는 매출고 · 비용 · 이익 등 각 예측치의 재검토와 이러한 것들이 회사의 목표를 충족하는가에 관한 판단이 포함된다. 만약 충족되는 것이라면 제품개발단계로 넘어갈 수 있다.

기업은 매출고를 견적하기 위해 유사제품의 과거 매출고를 분석하기도 하고 시장동향을 조사하지 않으면 안 된다. 위험부담의 폭을 알기 위하여 최소의 매출고와 최대의 매출고를 견적해야 한다. 판매예측이 준비되면 경영자는 그 제품에 대하여 기대되는 비용과 이익을 견적할 수 있다. 비용은 연구개발 부문, 영업 부문, 경리 · 재무 부문에 의하여 견적된다. 이 분석에는 마케팅 비용의 추정도 포함된다. 이어서 회사는 매출고와 비용 수치를 사용하여 그 신제품의 재무상 매력을 분석한다.

〈표 5-4〉 **신제품에 관한 의사결정요인**

구분	요인
회사 전체	1) 회사 이미지에 대한 영향 2) 장기적인 적합성 / 삭제 제품 3) 자금조달 : 수십억 원 4) 회사의 형태 : 회사소유, 프랜차이즈, 계약 5) 마케팅 : 회사의 다른 제품과의 적합성 6) 인적 자원 7) 기타
시설	1) 시설 이미지에 대한 영향 2) 회사 이미지에 대한 영향 3) 자금조달 : 0부터 10억 이상 4) 현금유통 / 이익 5) 각 부분(특히 인사 부문)과의 적합성, 업무활동 6) 타이밍 : 제품 라이프사이클 7) 고객 / 이용객 : 반응

시설 —— 신제품 평가

[목표]	[필요로 하는 자원의 예측치]
금액 ________	자본투입액 ________
수량 ________	직원 ________

예상 영향	
마진 ________	기존 요원, 풀타임 일수 ________ 금액 ________ 신규 요원, 풀타임 일수 ________ 금액 ________
가동률 ________	기존 파트타임 일수+금액
실제의 수익률 ________	신규 파트타임 일수+금액
평균 요금 ________	
다른 현금유통 ________	금액 — 투입자본 이외의 것
기타 ________	단위
기타 : 정성적(定性的) 목적 ________	지원
________	판매촉진 ________ 금액
________	관리비 ________ 금액
________	기타 ________ 금액

6) 제품개발

제품개념이 사업테스트에 합격하면 제품개발(product development)이 다음에 이어진다. 이 단계에서 제품개념은 제품의 원형(prototype)으로 발전한다. 이 단계는 투자의 대폭적인 증가가 필요하며 실현 가능한 제품으로 만들 수 있는지 명확해진다. 회사는 제품개념에 대한 두 가지 이상의 버전(versions)을 실제로 개발하게 되는데, 다음 기준을 충족시킬 제품을 발견하는 것이 바람직하다.

첫째, 소비자는 제품개념에 기술되어 있는 주요 특징을 그 제품이 그대로 구비하고 있다고 지각한다.
둘째, 일반적인 상황에서 안전하게 기능하거나 제공된다.
셋째, 예산 내 비용으로 만들 수 있다.

한편, 대형 체인호텔은 때로는 스스로 새로운 개념을 개발하는 대신에 소형체인을 매입하기도 한다. 이것은 '매입을 통한 제품개발'이다. 그들은 이제 막 출발한 체인이 성장하는 것을 지켜볼 수 있다. 그들은 깊숙한 의자에 느긋이 앉아 내점객 상황과 1점포당 매출액 또는 신규 점포를 내는 데 어느 정도로 쉬운가 또는 어려운가를 관찰한다. 새로운 체인이 성공을 거두고, 또한 자기 회사조직과 전략상 적합하다면 그런 체인을 매입하면 되는 것이다.

또 다른 방법은 혼미를 거듭하고 있는 체인을 매입하는 것이다. 체인을 잘못 관리하여 실적이 줄어들면 시장가치도 함께 떨어진다. 이는 좋은 업적을 내도록 할 수 있는 회사로서는 매력적인 표적이 된다. 이같이 스스로 제품을 개발하는 것이 아니라 신제품이나 새로운 기업을 매입하는 것도 하나의 선택안이다.

7) 테스트 마케팅

마케팅담당자는 시장테스트(market testing)에서 제품을 마케팅하는 경험을 쌓게 된다. 시장테스트는 제품을 전면적으로 도입하여 막대한 경비를 지출하기 전에 잠재적 문제를 발견하고 어느 곳에 더 많은 정보가 필요한지를 알 수 있다. 시장테스트는 제품과 마케팅 프로그램 전체를 현실의 시장 상황에서 평가한다. 제품, 포지셔닝 전략, 광고, 유통,

가격 결정, 브랜드 설정, 패키징과 예산 규모 등이 시장테스트 기간 내에 평가된다. 기업은 그 제품의 취급과 사용, 재구매에서 소비자와 유통업자가 어떻게 반응하는지를 배울 수 있다. 시장테스트 결과는 매출고 예측과 이익예측 정도를 높이기 위해 사용할 수 있다.

기업은 만약 다음의 조건 가운데 하나가 존재한다면, 시장테스트를 대대적으로 실시하게 될 것이다. 신제품 도입에 막대한 투자를 수반하든가 또는 경영자가 제품 또는 마케팅 프로그램에 대하여 확신이 없거나, 최종적으로 도입되기까지 몇 번이고 테스트하고 중단·변경되고 또다시 테스트하는 제품과 마케팅 프로그램도 있다. 시장테스트에는 거액이 소요된다. 그러나 커다란 과오에 따른 비용과 비교하면 적은 경우가 대부분이다.

8) 시장도입

시장테스트는 신제품 판매 여부를 최종적으로 결정하는 데 필요한 정보를 경영자에게 제공한다. 그런데 만약 기업이 시장도입(commercialization) 쪽으로 나간다면 그 때문에 거액의 비용을 들이게 될 것이다. 첫해만도 광고와 판매촉진을 위해 수억 원을 사용하게 될지도 모른다. 예를 들면 빅맥과 골든 아치(golden arches)로 잘 알려진 맥도날드가 시장테스트를 위해 스위스에 4성(four-star) 호텔 2곳을 오픈했다. 만약 성공했다면 맥도날드는 유럽의 골든 아치 호텔(golden arch hotels)들을 통해 자사 상품의 제공범위를 확장할 계획이었다. 맥도날드는 유럽 고객들이 호텔에서도 햄버거에 기대하는 품질, 서비스, 청결, 가치를 똑같이 받을 수 있음에 감사할 것이라 기대하였다.

신제품을 도입할 때 기업은 언제, 어디서, 누구에게, 어떻게 등 4가지 사항에 대해 의사결정을 내려야 한다.

제6절 _ 상품 수명주기

1. 상품 수명주기의 내용

신상품을 발매하면 경영자는 그 상품이 오랫동안 존속하면서 큰 성공을 거둘 것을 기대한다. 경영자가 정확한 형태와 단기별 계속기간을 예측하는 것은 어렵지만 상품의 수명주기가 있음은 잘 알고 있다.

전형적인 상품 수명주기(PLC : Product Life Cycle)는 [그림 5-5]와 같이 5단계로 구분된다.

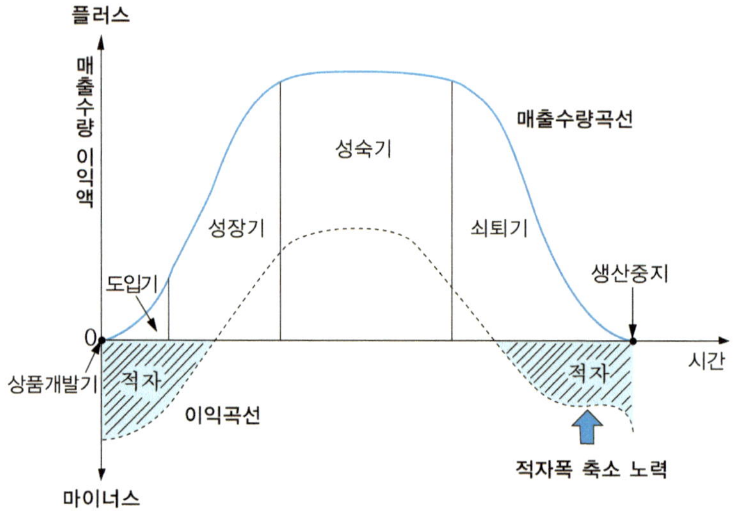

[그림 5-5] 일반적인 상품 수명주기

1) 상품개발기(Product Development Stage)

신상품 아이디어를 발견하고 개발하는 단계로 매출액은 영(0)이고 투자비용은 증가하는 단계이다. 앞서 신제품 개발과정에서 보았듯이 회의, 조사, 분석 등에 비용이 많이 드는 것을 알 수 있다.

2) 도입기(Introduction Stage)

상품이 시장에 도입되면서 판매가 완만하게 증가하는 단계이다. 상품 도입에 막대한 비용이 소요되므로 이익은 나지 않는다. 이 단계에서는 유통업자(중개업자)를 확보하여 상품을 시장에 공급하는 데 많은 자금이 소요된다. 그리고 잠재고객에게 신상품을 알리고 이용을 유도하는 데 높은 수준의 촉진 활동이 요구되기 때문에 매출액 대비(對比) 촉진비용이 이 단계에서 가장 높다.

3) 성장기(Growth Stage)

시장수용 및 이익이 급속하게 증대되는 기간이다. 초기 수용자들이 계속 구매할 것이고 후기 수용자들도 이들을 따라서 구매하게 될 것이다. 특히 호의적 구전(口傳)을 접하는 경우 그 효과는 크다. 그리고 새로운 경쟁자들이 모방상품 생산과 이익의 기회를 잡기 위하여 시장에 진입할 것이다.

대단위 생산량에 의해 촉진비가 분산되고 단위당 제조원가가 떨어지게 됨에 따라 이익은 증대된다. 급속한 시장성장기를 장기간 지속시키기 위해 여러 전략을 사용해야 한다.

4) 성숙기(Maturity Stage)

대다수 잠재 구매자가 그 상품을 구매하였으므로 판매성장이 둔화하는 기간으로 이익은 정체하거나 하락한다. 이는 경쟁자들이 이익폭 축소와 가격 할인을 빈번하게 단행하므로 기업은 자사상품을 보호하기 위하여 마케팅 경비의 지출이 증가하기 때문이다. 그리고 광고와 중간상 촉진 및 판매촉진도 증가한다. 기업은 보다 고급상품을 만들어내기 위해 연구개발 예산을 증액한다. 이러한 조치로 인하여 이익은 하락한다. 일부의 취약한 경쟁자들이 떨어져 나가기 시작하고 결국에 이 산업에는 경쟁우위의 확보가 가능한 경쟁자들만 남게 된다.

5) 쇠퇴기(Decline Stage)

쇠퇴기는 판매와 이익이 급속히 떨어지는 기간이다. 쇠퇴기가 오는 이유는 기술변화, 신상품 출현, 고객 기호의 변화, 국내외 경쟁의 격화 등 여러 가지가 있다. 판매량과 이익이 하락함에 따라 일부 기업들이 시장에서 철수한다. 잔존기업들도 우선 상품의 수를 줄이고, 소규모의 세분시장과 유통경로들을 축소하게 된다. 또 촉진예산을 삭감하여 비용을 줄이고 고객을 끌기 위해서 가격을 계속 인하한다.

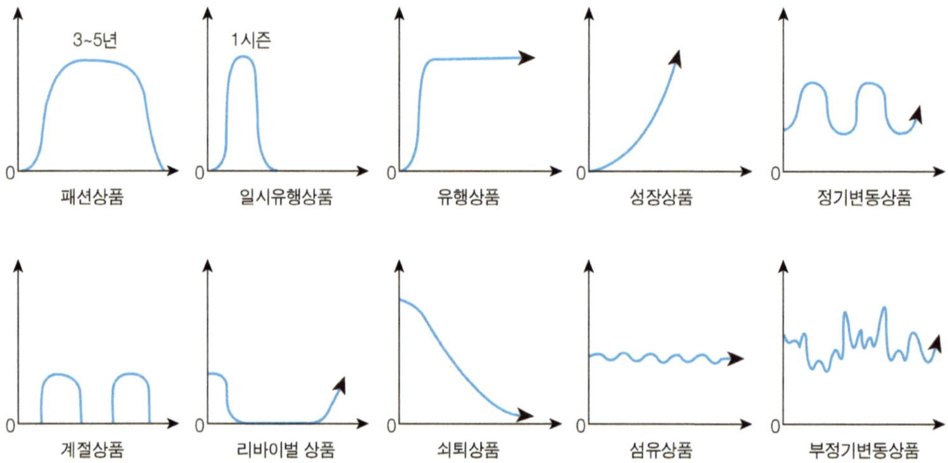

[그림 5-6] **상품 수명주기 타입**

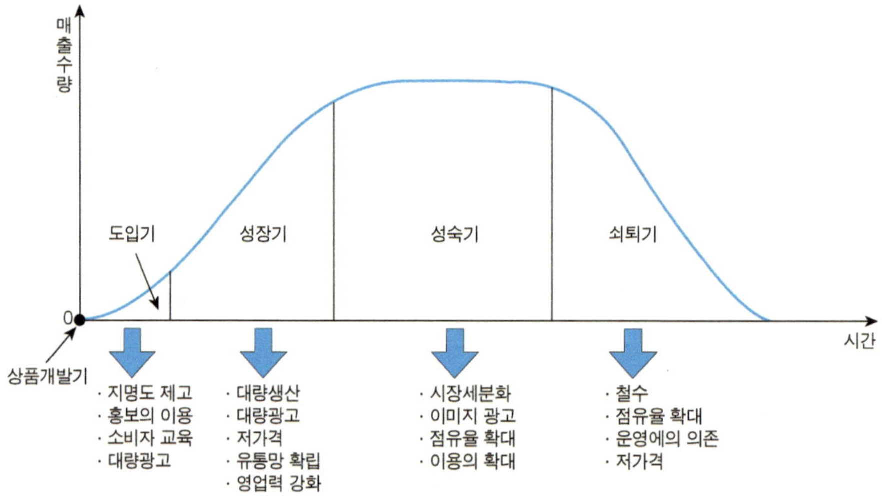

[그림 5-7] **상품 수명주기와 상황이론**

〈표 5-5〉 상품 수명주기 모델의 관리상 의미

영향과 반응	상품 수명주기의 단계			
	도입기	성장기	성숙기	쇠퇴기
경쟁	중요치 않음	약간 나타남	시장의 작은 부분까지 경쟁자가 나타남	약한 경쟁자의 급격한 몰락으로 경쟁자 수가 감소함
전반적인 전략	시장형성 : 초기 채택자에게 당해 제품의 구매 시도를 설득함	시장침투 : 당해 상표를 선호하는 대규모 시장을 설득함	상표위상의 방어 : 경쟁에 의한 잠식을 체크함	철수의 준비 : 모든 가능한 이익을 뽑음
이익	높은 생산비와 마케팅 비용으로 이익이 거의 없음	높은 가격과 수요의 성장으로 이익이 최고에 이름	경쟁이 증가하여 이익 폭이 감소하고 궁극적으로는 전체이익이 감소함	판매량의 감소로 이익이 완전히 제거됨
소매가격	높음. 제품진입의 초과 비용 중 일부분을 회복	높음. 두터운 소비자 수요의 이점을 얻음	가격경쟁은 피함	빠른 청산이 가능할 정도로 재고를 낮춤
유통	선택적 : 유통망을 서서히 구축	전속적 : 판매점포들의 거래 열망에 따라 약간의 거래할인 시작	전속적 : 진열장의 공간 확보를 위한 대규모 거래 보상	선택적 : 비이익적인 판매점포를 서서히 제거
광고전략	초기 채택자의 요구에 맞춤	상표의 편익들을 대규모 시장 창출에 맞춤	다른 유사제품과의 차별화를 위한 수단으로 광고 사용	재고를 제거하기 위해 저가격을 강조
광고의 중요성	높음. 초기 채택자의 브랜드인지와 흥미를 유도하고, 판매점포들의 브랜드 취급을 설득함	보통. 구전으로 판매를 증가시킴	보통. 브랜드 특성을 대부분의 구매자들이 알게 됨	제품소멸을 위해 비용을 최소화함
판매촉진 비용	높음. 제품의 사용을 이끄는 샘플, 쿠폰, 기타 유인물로 목표소비자에게 접근	보통. 상표선호(광고가 이에 더 적합)를 창출함	높음. 상표전환을 유도하고, 기존 고객들을 애호고객으로 전환함	최소. 상표비용 그 자체로 해결

2. 상품 수명주기의 단계별 전략

1) 도입기

도입기는 신제품을 최초로 구매할 수 있는 시점부터 시작한다. 도입에는 시간이 걸리고 매출액 성장은 일반적으로 늦다. 제품에 따라서는 급속한 성장단계로 이동하기 전에 몇 년이고 도입단계에 머물러 있는 것도 있다. 스위트 호텔(suite hotel : 전관 특실호텔)이 대표적이다.

스위트 호텔이 도입되었을 때도 많은 기업이 추수정책(used apple policy)을 채택하였다. 그들은 다른 회사가 개척자로서 시장에 진출하는 것을 지켜보고 있었다. 개척자는 위험을 수반하지만 만약에 제품이 히트 치면 시장점유율을 재빠르게 확보할 수 있다. 따라서 개척자는 후발 기업으로부터 시장점유율을 지키는 데 유리한 위치에 서게 된다.

도입기에는 기본적으로 유사제품을 생산하는 경쟁자가 약간 있을 뿐이다. 시장은 아직 개량제품을 받아들일 준비가 되어 있지 않으며 기업은 보다 고소득자층에 집중해 판매한다. 저조한 생산량과 생산문제, 판매촉진, 고비용 등으로 가격은 높게 책정되는 경향이 있다.

2) 성장기

성장기에서 회사는 급속한 시장성장을 가능한 지속하기 위하여 다음과 같은 몇 가지 전략을 구사한다.

① 제품의 품질을 개량하거나 새로운 제품특징과 모델을 추가한다.
② 새로운 세분시장에 진출한다.
③ 새로운 유통채널에 진출한다.
④ 제품인지를 위한 광고로 제품에 대한 신념을 확립하고 구매를 위한 광고로 바꾼다.
⑤ 더 많은 구매자를 유인하기 위하여 적절한 시기를 선택하여 가격을 내린다.

3) 성숙기

성숙기에서 기업이 선택할 수 있는 주요 전략으로는 시장의 수정, 제품의 수정, 마케팅 믹스의 수정이 있다.

① 공격적인 경쟁자라면 신규 구매자와 세분시장을 탐색하여 현재의 고객을 대상으로 사용량을 늘리는 방법을 찾으려 한다. 맥도날드는 신규 이용자를 유인하여 이용자를 늘리려고 조식, 샐러드, 디저트, 치킨 샌드위치를 추가하였다.
마케터는 브랜드를 보다 광범하고 성장이 빠른 세분시장에 소구하기 위하여 포지셔닝을 변경할 수 있다. 하나의 예로는 음주운전 금지 캠페인이 주류소비량을 줄였을 때 미국의 베니건스 본사는 식사를 강조하여 '마시는 즐거운 장소'로부터 '식사하기 즐거운 장소'로 이미지를 바꾸어 성공하였다.

② 마케터는 제품의 품질 · 특징 · 형태와 같은 제품특징을 변경함으로써 신규 구매자를 유인하거나 판매량을 늘릴 수 있다. 품질개량 전략은 내구성, 신뢰성, 신속성, 맛이라는 제품성능의 고양을 겨냥한다. 이 전략은 실제로 품질을 개량할 수 있고 구매자가 주장하는 개량점을 받아들이는 경우 그리고 구매자의 대부분이 더 높은 품질을 원하는 경우에 유효하다.

③ 마케터는 마케팅 믹스에서 한 가지 이상의 요소를 바꾸는 것만으로도 매출액의 개선을 도모할 수 있으며, 더 자극적인 광고캠페인을 전개할 수도 있다. 이를테면 가격할인, 끝 홀수 끊어내기, 덤 붙이기, 콘테스트와 같은 공격적인 판매촉진책을 쓸 수도 있다. 기업은 매스마케팅 기법을 사용하여 대형시장 경로로 유통경로를 바꿀 수가 있으며, 또한 구매자에게 참신하고 더 좋은 서비스를 제공할 수도 있다.

4) 쇠퇴기

기업은 소규모 세분시장이나 그렇게 중요하지 않은 거래채널을 삭제할지도 모른다. 판매촉진 예산을 삭제하고 나아가 가격을 인하할 수도 있다. 약세제품을 판매하는 데에는 비용이 많이 든다. 이는 이익이 떨어지기 때문만은 아니다. 여기에 감추어진 비용이 존재한다. 약세제품은 가격과 재고 조정이 필요한 경우가 빈번하기 때문에 경영자가 시간을 많이 빼앗길 수 있다. 그리고 매출액이 떨어지고 있다는 평판은 회사와 그 밖의 제품에 대한 고객의 신뢰감을 흔들어 놓을 수도 있다. 약세제품을 계속 끌어안고 있으면 그것과 대체할 제품의 탐색 기간을 늦추게 되고 균형 잡히지 않은 제품믹스를 만들어내며 현재의 이익에 손상을 입히고 회사의 미래 발판은 약화한다. 이러한 이유에서 회사는 자사의 노쇠제품에 더 많은 주의를 기울이지 않으면 안 된다.

매출고, 시장점유율, 비용, 이익 경향 등을 각각의 제품에 대하여 정기적으로 재검토함으로써 쇠퇴기 제품을 발견할 수 있을 것이다. 경영자는 쇠퇴제품을 유지할 것인가, 수확할 것인가 또는 삭제할 것인가를 결정하지 않으면 안 된다. 경영자가 제품의 수확을 결정하면 그것은 여러 가지로 비용이 감소한다는 것을 의미한다.

5) 제품 삭제

제품 라이프사이클에서 나타나는 하나의 위험성은 제품이 성숙하기도 전에 대체될지도 모른다는 점이다. 제품 도입에는 시간, 노력 그리고 돈이 들어간다. 신제품의 절반 정도가 이익을 내는 정도에 지나지 않는다. 히트상품을 보유한 경우, 기업은 이 제품에서 최대이익을 취하려고 한다. 진부화되고 있지만, 이익 가능성이 남아있다면 경영자는 그것을 삭제하려 하지 않을 것이다. 만약 제품이 쓸모없게 되었다면 그것을 회생시키려고 자원을 계속 투입하기보다 오히려 그 제품을 잘라내는 것이 필요하다. 이러한 제품 삭제(product deletion) 과정을 이해하는 것은 제품 개발과 마찬가지로 중요하다.

제품 삭제에 관한 문제는 체인호텔에 소속된 호텔의 경우에 특히 복잡하다. 시설의 노후와 그 호텔이 위치한 인근 호텔의 환경 악화로 인해 어느 호텔을 체인 제휴로부터 삭제할 것인가를 경영자(GM)는 잘 알고 있다. 일반적으로 성급하게 호텔을 폐쇄하든가, 체인 제휴로부터 그 호텔을 제외하는 것은 불가능하거나 비현실적이다.

① 계약에 따라 성급한 폐쇄가 불가능한 경우
② 호텔이 역사적 또는 지역사회와의 연결로 감상적인 애착이 있는 경우
③ 폐쇄가 지역사회에 부정적인 영향을 줄 수 있는 경우
④ 호텔이 체인 소유여서 구매자를 간단히 찾지 못할 경우
⑤ 프랜차이지와 프랜차이저 사이에 특별한 관계가 존재할 경우

호텔을 폐쇄하거나 체인에서 호텔을 잘라내는 것은 곤란이 뒤따르지만, 결국 삭제는 피할 수 없을 것이다. 이 곤란한 의사결정은 신속히 내리는 것이 최선이다.

3. 상품 수명주기의 한계

상품 수명주기 개념은 상품시장의 양상을 설명하는 데 유용한 개념적 틀이다. 그러나 상품성과를 예측하거나 마케팅전략 수립의 도구로서 PLC 개념을 활용하는 데는 몇 가지 한계가 있다. 상품 수명주기의 전략은 광범위한 활용에도 불구하고 그 유용성을 제한하는 몇 가지의 가정이 존재한다.

첫째, 제품계층(product class)들이 각각 한정된 수명을 지니고 있다는 점이다. 상당한 제품 부류들이 그 수명주기에 일치하기보다는 예외적인 경우가 더 많다. 예컨대 세탁기, 칫솔, 주택, 자동차, 테마파크, 호텔, 항공사 등은 쇠퇴기를 맞고 있는 징후가 보이지 않는다. 제품에 따라서는 그 수명주기의 유형이 미리 결정되어 있지도 않다. 시장의 치열한 경쟁에도 오랫동안 시장의 지배적 위치를 유지하고 있는 상표들을 볼 수도 있다.

둘째, 각 제품 수명주기 단계는 일반적으로 미래의 전략을 계획하는 데 있어서 유용한 독립변수로 여겨지고 있다. 그러나 이는 단순히 앞 단계 경영활동의 결과일 수도 있다. 예컨대 판매액의 감소는 제품계층(부류) 또는 개별적 제품이 쇠퇴기에 있는 것인지, 아니면 전체 산업 또는 기업의 부실한 경영에 의한 것인지에 대한 의문을 갖게 한다. 각 단계에서 수행된 전략의 효과성을 알지 못하는 한, 다음 단계에 대해 수립된 전략이 적절하다고 판단하기는 어렵다. 눈에 보이는 잘못된 점들이 사전에 결정된 제품 수명주기 단계에서 비롯되었다기보다는 그릇된 경영활동에서 기인할 수 있는 것이다. 그러므로 진단적 의미의 변수로서 수명주기의 단계에 의존하거나 모델의 다음 단계에서 제시되는 전략을 무조건 따르는 데에는 신중한 고려가 필요하다.

셋째, 제품 수명주기의 모형이 제품계층(숙박)이나 제품형태(호텔이냐 모텔이냐) 또는 제품들(패키지, 신혼여행, 가족여행 등) 중 어떠한 것에 대한 것인지에 따라 이 모형은 다른 함축적인 의미를 지닌다. 전통적으로, 제품 수명주기 모형은 제품이나 서비스를 신제품 형태나 신제품 계층으로 다룬다. 그러나 제품이 성장기나 성숙기에 있는 제품형태로 새로운 상표를 도입하는 경우, 마케팅전략은 일반적인 제품 수명주기에 의거한 전략과는 매우 상이할 것이다.

넷째, 제품 수명주기를 확장하는 것과 같은 제품 수명주기 전략은 제품의 여러 가지 형태에 따라 특별히 다르지는 않다는 점에서 포괄적이라 할 수 있다. 그러나 이러한 전략은 전체 제품 중 일부 특정 제품에 적용하는 것이 적절할 것이며, 더욱 장기적인 성공을 위한 전략이 되기 위해서는 더욱 특별한 노력이 요구된다.

다섯째, 제품 수명주기 전략은 판매액과 같은 효과성 측정에 의존하고 있지만, 판매량은 마케팅부서의 통제하에만 있지는 않다. 판매량은 마케팅부서 활동의 함수로 구성되어 있기보다는 기업 전체 차원의 효과성 함수이다. 판매를 마케팅의 기능만으로 관련시키는 것은 마케팅의 영향을 과대평가하는 것이며, 또한 조직의 다른 사업부서의 중요한 기여를 무시하는 것일 수 있다. 마케팅의 기능이 잘 수행되어도 조악한 품질관리나 인사, 재무, 연구개발 및 기타 조직부서의 지원 부족으로 판매량이나 시장점유율이 감소할 가능성은 항상 있는 것이다.

결국, 제품 수명주기 전략은 명백하고 활동 지향적인 방향을 제시한다는 이점을 가지고 있지만, 마케팅전략 수립 시에 이러한 방법을 사용하기 위해서는 각 제품과 시장조건의 본질에 대한 충분한 고려가 요구된다.

CHAPTER

06

호텔 촉진

제1절 전통적 마케팅 채널을 통한 메시지 전달
제2절 인터넷을 통한 메시지 전달
제3절 서비스 전달 경로를 통한 커뮤니케이션
제4절 조직 외부에서 기인한 메시지
제5절 중개인 지향적 판매촉진

과거의 고객들은 TV나 신문과 같은 한정된 정보 원천에서 상품이나 서비스에 대한 정보를 입수하였다. 마케터들은 브랜드의 이미지와 약속을 몇 개의 정보 원천으로 쉽게 전달할 수 있었다. 그러나 오늘날의 소비자들은 훨씬 다양한 마케팅 매체(웹사이트, 소셜미디어, 모바일 광고, 블로그, 가상 커뮤니티, DM, 극장 광고, e-메일 권유, 표적 잡지, 다수의 판매촉진 등)를 통해서 접근하고 서비스 스케이프[1], 고객서비스 부서, 접점직원과의 대면을 통해 추가적인 커뮤니케이션을 한다. 이러한 서비스 상호작용을 통해 고객이 받는 정보는 더욱 다양하고 많아졌으며 복잡해졌다. 따라서 외부자원을 마음대로 통제하지 못하는 호텔기업에서는, 모든 내부자원에서 창출되는 메시지를 고객에게 일관성 있게 전달하는 문제가 마케터들이 직면한 커다란 과제이다.

호텔 마케터는 다양한 형태의 커뮤니케이션을 활용하는데 이를 총체적으로 마케팅 커뮤니케이션 믹스라고 한다. 각각의 커뮤니케이션 요소는 전달할 메시지의 종류와 노출하고자 하는 세분시장과 관련된 독특한 특징이 있다. [그림 6-1]에서 보는 바와 같이 마케팅 커뮤니케이션 믹스에는 인적 커뮤니케이션, 광고, 판매촉진, 홍보 및 공중관계, 교육지침서, 기업 디자인 등이 포함된다.

[그림 6-1] **마케팅 커뮤니케이션 믹스**

---

1) 서비스 스케이프(servicescape)는 고객이 주문하고 서비스 전달을 받게 되는 물리적 장소의 설계를 말한다. 9장 참조

제1절_ 전통적 마케팅 채널을 통한 메시지 전달

제조업체에서 발전되어 전통적으로 마케팅 커뮤니케이션에서 사용되어 왔던 마케팅 도구들도 호텔기업에서 활용할 수 있다. [그림 6-2]는 표적 청중에게 주어지는 메시지의 원천을 간략화한 것이다.

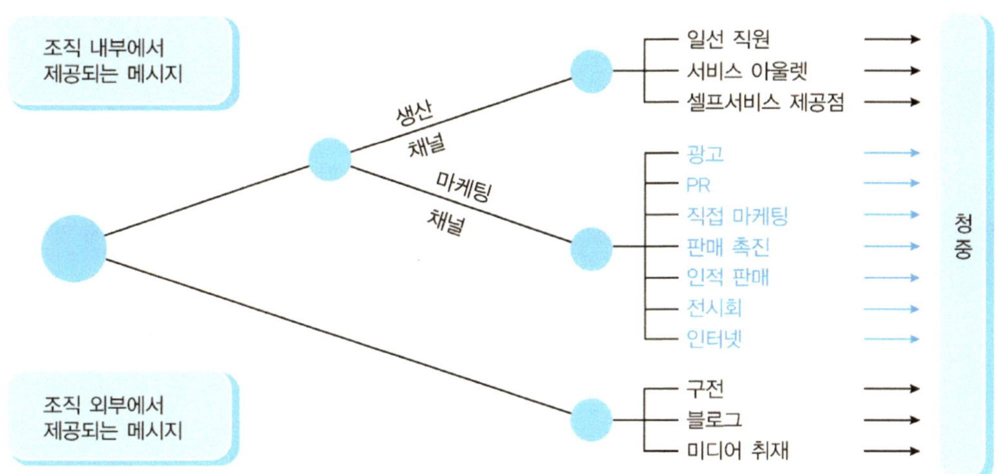

[그림 6-2] **표적 청중에게 주어지는 메시지 원천**

1. 광고

광고(advertising)는 스폰서가 기업 제공물을 촉진하는 것이다. 광고는 마케팅에서 가장 널리 쓰이는 커뮤니케이션 형태로, 소비자와 마케터의 첫 번째 접점이 된다. 광고는 소비자의 인지를 형성하고 알리고 설득하며 해당 기업을 상기하도록 하는 역할뿐만 아니라,

제품의 형태나 기능을 소비자에게 학습시키고 호텔에 대한 실제적 정보를 제공하는 중요한 역할을 한다.

주요 광고매체는 TV, 라디오, 신문, 잡지, 옥외광고판, 인터넷 등이다. 광고는 돈을 지급하는 것이기 때문에 창조적인 소구, 지면, 그리고 시간을 통제할 수 있다. 인터넷 광고는 기업 광고 예산의 많은 부분을 차지하고 있으며 전통적인 마케팅 수단과 동시에 실행해야 한다.

2. 판매촉진

판매촉진(sales promotion)은 인센티브를 동반한 커뮤니케이션이다. 판매촉진은 시간, 가격, 고객층 또는 이들 조합에 따라 달라질 수 있다. 그러나 판매촉진의 전형적 목적은 고객이 더욱 빨리, 많이, 빈번하게 구매하도록 하거나 특정 서비스를 더욱 빈번하게 이용하도록 하는 데 있다.

판매촉진에는 샘플, 쿠폰, 덤, 선물, 가격할인 그리고 고객의 구매와 미디어에 관한 관심을 자극하는 다른 단기적인 인센티브 등이 있다. 호텔패키지나 숙박업뿐만 아니라 맥도날드, 버거킹, 웬디스 등의 패스트푸드산업은 흔히 유행하는 영화나 TV쇼에 제공물을 노출하기도 한다.

3. PR

PR(public relations, 공중관계)은 뉴스매체와 관련된 홍보(publicity)나 커뮤니티 이벤트를 통해 호의적인 기업 이미지를 만드는 활동을 의미한다. PR은 새로운 보도자료 발표, 콘퍼런스 개최, 특별행사 개최, 제삼자에 의해 개최되는 활동에 후원하는 등 제품이나 기업에 긍정적인 이미지를 갖도록 하는 모든 노력 등을 포함한다. 그 외에 기금 활동, 커뮤니티 참여와 지원, 보상프로그램, 대중 표창 등과 같은 PR 방법도 있다. 그리고 올림픽이나 월드컵과 같은 스포츠 이벤트의 배너 광고, 전사 인쇄[2], 기타 방법을 활용해 기업명이나

2) 사진 제판의 원고로 사용하기 위하여 원판에서 선명하게 찍어낸 인쇄물

상징을 계속해서 노출하여 자사를 알리고 있다.

PR은 광고의 이상적인 동반자로서 기업이나 상품에 대해 더욱 상세한 정보를 제공하기에 충분하다. PR 캠페인의 목적 중 하나는 잠재고객의 마음속에 기업과 상품에 대한 긍정적인 이미지를 창조하고, 고객이 자사의 광고를 수용하도록 만드는 것이다. 이러한 방법으로 좋은 홍보는 고도의 경쟁 시장에서도 그들의 경쟁자와 공급자를 구별하게 만든다.

4. 직접 마케팅

직접 마케팅(DM, direct marketing)은 우편이나 전화, 이메일 그리고 특정 소비자에게 직접적인 반응을 얻기 위한 커뮤니케이션의 도구들을 말한다. 이러한 채널들은 고도로 세분화된 고객들에게 개인화된 메시지를 보낼 수 있다. 이러한 직접 마케팅 전략은 마케터가 현재고객 및 잠재고객의 정보에 대한 자세한 데이터베이스를 가지고 있을 때 더욱 성공할 수 있다.

이메일의 스팸필터, 티보(Tivo)[3], 팟캐스팅, 팝업 차단과 같은 기술의 진보는 소비자들이 원하는 것을 언제, 어떻게, 누구에게 받고자 하는지를 결정하게 한다. 아메리칸 익스프레스는 직접 마케팅을 광범위하게 사용하고 직원들과의 상호작용적인 메시지를 포함해 모든 다른 메시지를 잘 통합해 시행하고 있다.

5. 인적 판매

인적 판매(personal selling)는 특정 제품이나 브랜드에 대한 선호를 촉진하고 고객을 학습하도록 하는 인적 서비스 제공방법이라고 할 수 있다. 인적 판매는 호텔 상품을 판매하고 고객 관계를 구축하는 데 기업의 대리인(판매원이나 유통업자)이 행하는 대면적인 방법이다. 기업 간(B2B) 거래상황에서 인적 판매와 광고를 통합하는 한 가지 방법은 판매원

3) 티보(Tivo)는 상표명으로, 하드디스크에 텔레비전 프로그램을 자동으로 녹화할 수 있는 디지털 비디오 리코더이다.

이 고객에게 배포하는 광고물의 개발에 참여하는 것이다. 이러한 접근은 통합된 메시지를 만들면서 동시에 기업이 만들어낸 약속을 판매원이 잘 이해하는 데도 도움이 된다.

보험, 자산관리, 장례서비스와 같은 구매빈도가 낮은 서비스의 경우, 판매대리인은 고객의 구매 선택을 도와주는 상담자 역할을 한다. 반면에 상대적으로 복잡한 산업재 기업이나 전문서비스의 경우, 고객에게 전문적 조언이나 교육, 상담이 가능한 고객관리 매니저를 두고 있다.

인적 판매의 단점은 비용이 많이 든다는 것이다. 그래서 신규 잠재고객 발굴을 위한 저렴한 대안으로 텔레마케팅이 도입되었다. 텔레마케팅은 전화를 사용해 잠재고객을 접하는 방법이다. 텔레마케팅은 주말이나 저녁 시간, 가정에 소비자가 있을 때 전화하는 경우가 많았기 때문에 소비자 불만이 커졌고, 미국에서는 많은 소비자가 스팸성 전화차단(do not call registry)에 찬성함으로써 잠재고객에게 도달되는 전화 횟수가 급격히 감소하기도 하였다. 우리나라에서는 거의 모든 기업에서 콜센터를 운영하고 있다.

6. 전시회

전시회(trade show)는 홍보의 한 형태로, B2B 서비스에서 특히 중요하며 인적 판매의 기회도 가질 수 있다. 많은 산업에서 전시회는 언론의 큰 관심을 받고, 기업 고객은 전시회를 통해 다양한 최신 제품의 정보를 접할 기회를 얻을 수 있다. 서비스 판매자는 잠재고객에게 알리기 위한 전시, 샘플, 증명서, 브로슈어 등을 통해 물리적 증거를 제공한다. 전시회는 대규모 구매자들이 마케터에게 다가올 수 있는, 드문 기회를 제공하기 때문에 매우 생산적인 촉진방법이 될 수 있다.

제2절 _ 인터넷을 통한 메시지 전달

기업은 자사의 웹사이트나 온라인 광고를 이용해 마케팅할 수 있다. 인터넷을 통한 광고는 합리적인 비용으로 전통적인 커뮤니케이션 채널을 보완하거나 대체할 수 있게 한다. 그러나 인터넷 광고는 다른 커뮤니케이션 전략과 함께 통합적으로 잘 설계된 커뮤니케이션 전략의 일부로 존재해야 한다.

1. 웹사이트

호텔기업의 마케터들은 다양한 커뮤니케이션 업무를 수행하기 위하여 인터넷을 활용한다. 예를 들어 소비자의 인식과 흥미 창출, 정보제공과 상담, 이메일과 채팅 공간을 통해 쌍방향 커뮤니케이션을 할 수 있도록 유도하거나, 제품 사용 및 주문 유도, 특정 광고나 판촉 캠페인의 효과 측정 등에 활용된다.

호텔 마케터는 웹사이트의 고착성(stickness)[4]에 영향을 미치는 다운로드 속도와 같은 다른 요소들을 설명해야 한다. 고착성이 높은 사이트란 콘텐츠의 높은 품질, 사용자의 편리성, 빠른 다운로드, 잦은 업데이트 등의 요소를 포함한다.

2. 온라인 광고

온라인 광고에는 배너광고와 검색엔진 광고의 두 가지 형태가 있다. 그리고 추가로

4) 방문자가 사이트에 머물고자 하는 시간과 미래에 재방문할 의도를 말한다.

팝업광고가 있다. 광고주는 이러한 광고 안에 동영상 이미지를 탑재할 수 있고, 다른 영상과 연계할 수도 있다. 통합 커뮤니케이션 전략의 한 부분인 온라인 광고를 적절하게 이용하는 것은 서비스기업의 성공에 도움을 줄 수 있다.

1) 배너광고

배너광고는 타사의 인터넷 사이트에 광고비를 지급하고 게재되는 띠 모양의 광고이다. 배너광고는 주로 정보를 찾아주는 검색 서비스, 뉴스를 제공하는 매스미디어, 영화나 음악 등의 오락 정보를 제공하는 엔터테인먼트 사이트에 광고를 싣는다. 많은 기업이 야후, 네이버, 카카오, 기타 기업의 웹사이트와 같은 포털의 배너와 버튼 광고를 하기 위해 광고비를 낸다. 그 목적은 광고주의 자체 웹사이트에 접속하도록 하는 것이다.

2) 검색엔진 광고

검색엔진은 방송 네트워크의 반대 형태이다. 광고주가 소비자에게 메시지를 전달하는 대신에, 검색엔진은 키워드 검색을 통해 고객들이 원하는 정보를 정확히 알려주는 것이다. 따라서 광고주들은 이러한 고객들에게 적절한 마케팅 커뮤니케이션을 할 수 있다. 세계적으로 성공한 검색엔진 광고 사례는 Yahoo, AOL, MSN, Blink, Google 등에서 나타나고 있다.

3) 팝업광고

팝업광고(pop-ups)는 막간광고(interstitial advertising)를 말하며, 최근에는 숏폼[5] 형태로 발전해 유행을 이끌고 있다. 팝업광고는 인터넷에서 정보를 요청하는 동안 틈새를 이용해 광고를 내보는 것으로, 사용자가 요청한 정보를 얻기 위해 대기할 때 가장 높은 관심을 가지고 화면을 주시하므로 이때 제시하는 광고는 그만큼 효과가 크다. 그러나 광고가 지나치게 자주 등장하면 오히려 소비자의 반감을 사게 되므로 주의해야 한다.

5) 짧은 영상으로 이루어진 콘텐츠이다. 정보 습득은 물론 재미까지도 짧은 시간 내에 즐기고자 하는 MZ세대에게 큰 인기를 얻고 있다. 틱톡이 대표적이며 인스타그램, 유튜브 등 글로벌 플랫폼들은 각각 릴스, 유튜브 숏츠 등의 자체 숏폼 콘텐츠를 빠르게 키워가고 있다.

3. 뉴 미디어와 마케팅 커뮤니케이션

급격한 기술적 진보는 표적시장 선정을 위한 중요한 기회를 제공하는 새롭고 흥미로운 커뮤니케이션 채널을 만든다. 뉴 미디어와 마케팅 커뮤니케이션에는 팟캐스팅, 모바일 광고, Web 2.0과 Web 3.0, 유튜브, 소셜 네트워크와 커뮤니티 등이 있다.

1) 팟캐스팅

팟캐스팅(Podcasting)은 아이팟(iPod)과 브로드캐스팅(broadcasting)의 합성어로서, 배포자 - 구독자(또는 송신자 - 수신자) 모델을 활용해 인터넷으로 오디오나 비디오 프로그램을 분해하는 기술이다. 팟캐스팅은 새로운 방식으로 TV나 라디오 프로그램을 제공한다. 일단 누군가 청취하거나 시청하면 새로운 정보를 자동으로 받게 된다.

팟캐스팅은 비디오 클립, 휴대전화 다운로드 방송 서비스, 블로그를 위한 오디오나 비디오 캐스트 등과 같은 다양성이 있어 매우 인기가 높다. 기업 마케팅 커뮤니케이션 프로그램으로 팟캐스팅을 활용하는 것은 매우 가치가 높다. 어떤 고객이 특정 프로그램을 시청한다면 그 고객이 해당 주제에 흥미가 있다는 것을 의미하기 때문이다. 이를 활용하면 광고 메시지가 더욱 세분화되어 제공될 때, 기업은 지출액 대비 더욱 높은 성과를 거둘 수 있을 것이다.

2) 모바일 광고

모바일 광고는 휴대전화나 다른 모바일 무선 장치를 이용해 광고하는 형태이다. 모바일 광고는 SMS(short message service), MMS[6], 모바일 게임 광고, 비디오 혹은 음성메일을 녹음하기 전에 음악의 형태로 제공된다.

모바일 광고와 전체적 포지셔닝 시스템의 사용을 통해 고객들은 쇼핑몰에 갈 수 있으며 쇼핑몰 내에서 특정 점포를 방문하면 할인, 쿠폰 등을 받을 수 있다는 광고를 접하기도 한다. 이것은 소비자들에게 어떤 편의를 제공하고 더 표적화된 광고를 제공할 수 있

6) MMS는 멀티미디어 메시징 서비스(Multimedia Messaging Service)를 뜻하는 것으로 정지영상을 비롯해 음악 및 음성 그리고 동영상 등 다양한 형식의 데이터를 상대편에게 보내는 동시에 검색할 수 있는 메시징 시스템이다.

는 반면에, 사생활 침해의 소지가 될 수도 있다.

3) Web 2.0과 Web 3.0

웹 2.0(Web 2.0)은 사용자가 콘텐츠를 제작하는 기술이다. 이는 P2P[7] 커뮤니케이션의 힘을 사용한다. 위키피디아와 플릭커, 유튜브, 트위터, 기타 소셜 네트워크 등 다양한 매체를 총칭하는 용어이다. 웹 2.0에서는 다수의 사용자에 의해 콘텐츠가 생성, 업데이트, 수정되며, 무료로 공유된다. 가장 중요한 것은 마케터가 이곳에서 공유되는 내용을 통제할 수 없다는 것이다.

웹 3.0(Web 3.0)이란 컴퓨터가 시맨틱웹 기술[8]을 이용하여 웹페이지에 담긴 내용을 이해하고 개인 맞춤형 정보를 제공할 수 있는 지능형 웹 기술을 말한다. 지능화, 개인화된 맞춤형 웹이다. 웹 3.0은 월드 와이드 웹이 앞으로 어떻게 될 것인지를 서술할 때 주로 사용되는 용어이다. 최근의 웹 혁명을 서술하기 위해 쓰는 웹 2.0이라는 구문의 도입에 따라 수많은 기사와 기자, 그리고 산업을 이끄는 사람들이 웹 3.0이라는 용어를 사용하여 앞으로의 인터넷 혁명의 파동에 대한 가설을 세운다.

4) 유튜브

유튜브는 구글이 운영하는 동영상 공유 서비스로, 사용자가 동영상을 업로드하고 시청하며 공유할 수 있도록 한다. 당신(You)과 브라운관(Tube, 텔레비전)이라는 단어를 결합하였다.

2005년 2월 창립되어 2006년 10월 구글이 유튜브사를 인수하였으며, 이후 2007년부터 국가별 현지화 서비스를 시작하여 한국어 서비스도 2008년 1월에 시작되었다. 여러 국가의 언어를 지원하는 다국어 서비스이며, 일부 서비스를 제외하고는 기본적으로 무료로

7) P2P(peer to peer, person-to-person)는 인터넷에서 개인과 개인이 직접 연결되어 파일을 공유하는 것이다.

8) 현재의 컴퓨터처럼 사람이 마우스나 키보드를 이용해 원하는 정보를 찾아 눈으로 보고 이해하는 웹이 아니라, 컴퓨터가 이해할 수 있는 웹을 말한다. 즉 사람이 읽고 해석하기 편리하게 설계한 현재의 웹 대신에, 컴퓨터가 이해할 수 있는 형태의 새로운 언어로 표현해 기계들끼리 서로 의사소통할 수 있는 지능형 웹이다.

이용할 수 있다.

동영상이나 사용자에게 댓글을 달아 소통하기 때문에 소셜미디어 서비스의 일종으로도 분류된다. 유튜브에 업로드하는 사용자의 대부분은 개인이지만, 방송국이나 비디오 호스팅 서비스들 또한 유튜브와 제휴하여 동영상을 업로드하고 있다. 대부분의 동영상은 회원가입을 하지 않아도 볼 수 있지만, 동영상을 게시하기 위해서는 회원가입이 필요하다. 기업들은 유튜브의 장점에 주목하여 이를 마케팅 커뮤니케이션 수단으로 활용하고 있다.

[그림 6-3] **유튜브**

[그림 6-4] **트위터**

5) 소셜 네트워크와 커뮤니티

소셜 네트워크는 인터넷 또는 인트라넷 등 전자 네트워크로 정보를 주고받는 미디어 서비스를 통칭하는 개념이다. 초기엔 지인들 간에 소식을 공유하는 블로그와 메신저에서 출발했지만, 위키, 스마트폰 마이크로 블로그, 협업 툴 등의 개념들이 추가되고 있다. 페이스북, 인스타그램, 트위터, 링크트인과 같은 소셜 네트워크는 마케터들을 위한 학습과 커뮤니케이션 기회를 제공한다. 세컨드 라이프[9]에는 여러 커뮤니티에서 실제처럼 가상 광고기업과 가상 광고캠페인이 존재한다.

소셜 네트워크가 일반화되면서 기업에서는 커뮤니티 안에 가장 영향력 있는 사람을 찾기 위해 네트워크를 분석하고 있다. 그러나 어떤 커뮤니티에서는 그러한 기업의 마케터를 불청객이나 방해자로 규정하기도 한다. 따라서 기업 측에서 네트워크에 참여하기 위해서는 새로운 창의적 방법으로 접근해야 한다. 예를 들어 인기 있는 가상 선물을 제공해 구전을 만들어내는 것 등이다.

9) 세컨드 라이프(www.secondlife.com)는 미국 샌프란시스코에 본사를 둔 벤처기업 린든 랩이 2003년 선보인 인터넷 기반의 가상현실 공간을 말한다. 자신의 아바타(인터넷에서 사용자의 역할을 대신하는 애니메이션 캐릭터)를 이용해 집을 사고 물건을 만들어 파는 등 경제활동을 한다. 사이버 활동으로 번 돈(린든 달러)을 실제 미국 달러화로 환전해 주기 때문에 현실과의 경계가 허물어지고 있다.

제3절 _ 서비스 전달 경로를 통한 커뮤니케이션

1. 고객 서비스직원

고객 서비스직원(현장직원, 일선직원)은 면대면, 전화, 이메일 등을 통해 고객과 접촉한다. 이 현장직원의 커뮤니케이션은 핵심서비스 제공, 정보제공, 예약서비스, 결제, 문제해결 등 다양한 부가서비스의 형태를 취한다. 호텔기업의 브랜드 자산은 서비스직원과 접촉한 고객의 개인적인 경험을 통해 형성된다. 특히 신규고객은 효과적으로 서비스를 이용하거나 문제를 해결하기 위해 고객 서비스직원과 밀접하게 커뮤니케이션을 하게 된다. 이렇듯 고객과 직접 접촉하는 현장직원은 기업을 대표하며 그 회사의 이미지를 창출하는 등 매우 중요한 역할을 하므로 더욱 효율적으로 관리해야 한다.

2. 서비스 판매점

호텔기업의 메시지는 서비스 판매점(service outlet)에서 배너, 포스터, 표지판, 브로슈어, 비디오 스크린, 오디오의 형태로 고객에게 전달될 수 있다. 이들을 서비스 스케이프라고 부르는데, 서비스의 물리적 디자인을 의미한다. 건물 인테리어 컨설턴트와 기업 디자인 컨설턴트는 기업의 포지셔닝을 고객에게 알리고 강화해서 고객이 긍정적인 서비스 경험을 느낄 수 있도록 건물의 내외부 디자인의 시각적 요소를 조정하여 서비스 스케이프를 디자인할 수 있다.

3. 셀프서비스

셀프서비스는 이미 우리 사회에 깊숙이 자리 잡고 있다. 슈퍼마켓에서는 고객이 상품을 선택한 다음 스스로 계산대까지 운반하고, 식당에서는 물을 셀프로 따라 마신다거나 손님이 직접 카운터에 주문품을 가지러 간다. 이러한 슈퍼마켓 이외의 셀프서비스 판매점을 셀프서비스점이라 한다.

셀프서비스 방식은 인건비가 비싼 미국에서 시작되었는데, 한국에서도 최근 심각한 인력난 등으로 산업 전반에 무인화 · 자동화가 급격히 추진되면서, 호텔분야에서도 셀프서비스 시스템이 급속도로 확산하고 있다.

셀프서비스의 예로는 ATM, 자동판매기, 무인판매점, 호텔 자동 체크아웃, 항공사 무인체크인, 폰뱅킹 및 온라인을 기반으로 하는 다양한 셀프서비스가 존재한다.

[그림 6-5] **항공사 키오스크**

[그림 6-6] **매장 키오스크**

제4절 _ 조직 외부에서 기인한 메시지

1. 구전

구전(word of mouth)은 소비자의 서비스 이용 여부에 대한 의사결정에 강력한 영향을 미친다. 서비스 구매에 소비자가 위험을 더 크게 인식할수록 구전에 더 의지하게 된다. 즉 호텔, 항공, 여행뿐만 아니라, 의료, 법률, 컨설팅, 금융, 미용, 자동차 정비 등의 서비스를 구매할 때 주위 사람들의 의견을 많이 참조한다.

서비스는 경험속성과 신뢰속성이 높고 이로 인해 잠재고객들이 지각된 위험을 강하게 느끼기 때문에 긍정적인 구전은 특히 호텔기업에 매우 중요하다. 유명 호텔뿐만 아니라 주위에서 쉽게 접할 수 있는 스타벅스와 같은 성공적인 기업은 그들의 서비스에 만족한 고객의 구전에 의존하여 강력한 브랜드를 구축하였다.

2. 블로그

온라인 구전의 새로운 형태로 블로그가 있다. 블로그(Blogs)는 'web'과 'log'의 줄임말로서, 새로 올리는 글이 맨 위로 올라가는 일지 형식을 띠는데 이것이 log의 형식과 유사하여 블로그라는 이름이 붙게 되었다. 온라인 저널, 일기 또는 자신의 관심사에 따라 자유롭게 글을 올리는 웹페이지를 의미한다. 네이버(naver)나 다음(daum)과 같은 포털사이트를 통해 개인 블로그를 만들 수 있다. 글뿐만 아니라 사진이나 동영상을 업로드할 수 있고 다른 사람들이 블로그에 자유롭게 드나들며 의견을 나누고 정보를 공유할 수 있다. 어떤 것이든 블로그의 주제가 될 수 있으며 호텔, 여행, 맛집, 이용 후기, 생활 팁, 법률

등 다수의 정보를 얻을 수 있다.

흔히 블로거(blogger)라 불리는 운영자들은 한정된 영역에 관심이 있으며, 특정 분야에서 자칭 전문가로 통한다. 그중 인기 있는 블로그를 운영하는 사람들은 '파워 블로거'로 불리며, 그 영향력은 막강하다.

그러나 어디까지나 개인이 주관적으로 기록한 정보이기 때문에 정보를 공유하고 사용을 촉구할 수도 있지만 반대로 상품에 대한 부정적 의견도 확산할 수 있다는 점에서 기업에서는 주의해서 받아들일 필요가 있다. 호텔기업들은 수시로 블로그를 모니터하며 온라인상에서 평판을 점검하고 이를 시장조사 및 피드백의 정보로 활용하고 있다.

3. 트위터

트위터(Twitter)는 이용자들이 다른 이용자가 업데이트하는 내용을 읽거나 보내는 소셜네트워크와 마이크로 블로그이다. 현재 무엇이 일어났는지, 무엇을 생각하는지를 매우 간단하게 기술하고, 남들이 이를 구독한다. 트위터는 문서 서식 등의 기능은 모두 제거되었으며 최대 140자까지 쓸 수 있고 극히 짧은 포스팅만이 가능하다. 2009년에 만들어진 트위터는 2009년 가장 빠른 성장을 기록한 소셜 네트워크 서비스가 되었다.

휴대전화 연동으로 팔로잉하는 사람의 트윗을 실시간으로 받아볼 수 있었고 현재는 모바일 앱을 제공한다.

4. 언론 취재

최근에 온라인의 중요성이 급속하게 증가하고 있지만, 그래도 전통적인 매스컴의 보도를 결코 무시할 수는 없다. 뉴스가 될 만한 이벤트는 온라인에서 맨 처음 거론되지만, 대중에게 전달하기 위해서는 전통적 미디어에서 보고하는 것이 일반적이다. 호텔기업이나 호텔 상품에 관한 취재는 기업 PR 활동의 하나로 이루어지지만, 방송사나 출판사의 독자적인 취재를 통해 보도가 이루어지기도 한다. 가치 있는 기사는 편집자나 제작자가 독자나 시청자에게 관심 있는 정보라고 결정할 때 뉴스가 된다.

제5절 _ 중개인 지향적 판매촉진

판매촉진의 효과적인 프로그램은 호텔측이 고객과의 직접적인 접촉보다 더욱 고려해야 할 사항이다. 호텔기업은 고객과 공급자 간을 연결하는 중개인(중개업자)들을 우선 고려해야 한다.

판매촉진 전략은 아래와 같은 목적을 위해 실제로 상품을 파는 중개업자에게 초점을 맞춘다.

① 호텔의 상품에 대한 강한 흥미의 유발
② 중개업자들 간의 공급자 로열티(royalty)를 유지
③ 중개업자와의 효과적인 의사소통
④ 판매과정 완성을 위해 호텔 측에 자료 및 인센티브 제공

호텔 측은 중개인에 대하여 크게 두 가지 판매촉진의 형태를 감독한다. 첫째는 특정 판매목표를 달성하였을 때 중개인에게 보상함으로써 다량의 판매를 자극하는 것이다. 둘째는 중개인이 그 상품에 더 친숙하게 만들어 우리 호텔 상품을 더 효과적으로 판매할 수 있게 하는 것이다.

이러한 두 가지 목적에 접근하기 위해 호텔에서 실시하고 있는 몇 가지 방법을 알아보기로 한다.

1. 세일즈 인센티브

호텔 측은 자사 호텔 상품을 더 많이 팔도록 중개인에게 동기를 부여하기 위해 몇 가지 세일즈 인센티브를 이용한다. 예를 들어 호텔은 판매 목적을 충족시켜 줄 중개인에게 무료여행이나 선물을 제공할 수 있다. 어떤 렌터카회사의 경우에는 그들이 판매하려는 렌터카 계약을 위해 중개인에게 자동차를 하루 동안 무료로 제공하기도 한다.

일부 호텔은 특정 기간 내에 일정 수량 이상의 상품을 판 중개인에게 현금 보너스를 지급한다. 이러한 보너스(상여금)는 일정 판매량을 초과하여 판매하였을 경우 이제까지의 통상적인 10% 수수료 대신 15%를 지급한다든가 평균 수수료보다 거액의 현금을 지급하는 등의 방법으로 중개인에게 더 많은 수수료를 지급하여 동기를 부여하고 있다.

2. 상품전시회 · 파티 · 리셉션

호텔 측은 신상품의 소개나 기존 상품라인에서의 변화를 중개인인 여행사에 알리고 상품 판매를 위한 강도 높은 열의를 유발하기 위한 포럼(forum)으로 상품전시회, 파티, 리셉션 등을 이용한다. 많은 호텔이 이러한 상품전시회에서 중개인을 위한 접견이나 파티를 개최한다.

전시회나 리셉션의 분명한 목적에도 불구하고 이러한 행사는 호텔 상품의 가시성을 증가시키는 데 도움을 준다. 중개인의 열의는 전체 판매 노력에서 매우 중요한 요소이며 호텔 측에 상품전시회가 판매촉진을 위한 중요한 출발점이 되기 때문이다.

3. 시찰초대여행

판매촉진과 관련하여 호텔 측은 자사상품을 팔도록 중개인들의 동기를 증대시키기 위해 그들에게 시찰초대여행을 제공한다. 이 여행은 중개인에게 그 상품의 직접적 이득과 특징을 이해하게 하고 고객에게 우리 호텔 상품을 더욱 잘 설명할 수 있도록 분위기를 조성한다.

4. 판매콘테스트와 복권

최근에 판매콘테스트와 복권추첨은 상품을 더 많이 팔도록 중개인을 고무시키는 가장 인기 있는 수단이 되고 있다. 일정 수의 예약이 완결되면 자동으로 복권상품을 탈 수 있으므로 콘테스트는 실시하기가 매우 쉽다. 복권의 상(賞)으로는 고급승용차, 해외여행, 거액의 현금 지급 등이 있다.

일부 호텔들은 숙박객을 목적으로 콘테스트와 연대하여 중개업자를 위한 복권추첨을 하기도 한다. 이것은 고객이 상품을 사도록 자극함으로써 중개인에게 판매를 종결하도록 추가적인 자극을 준다.

CHAPTER

07

호텔 유통채널

제1절 _ 유통채널과 입지

1. 유통시스템의 중요성

오늘날의 경쟁환경에서 기업은 중앙예약시스템과 독자적인 판매력에만 의존할 수 없게 되었다. 그리하여 복잡한 유통네트워크 개발이 필요한 상황에 놓였다. 경쟁자, 세계시장, 정보통신기술의 발달에 따른 제품 진부화는 유통의 중요성을 더욱 증대시키고 있다.

유통(place & distribution)은 마케팅 믹스 요소의 하나이다. 유통(입지 = location & place 또는 전달과정 = process of delivery)은 고객에게로 서비스 또는 제품을 전달하는 과정에 수반되는 모든 활동을 말한다. 여기에는 유통장소와 유통채널 모두가 포함된다.

잘 관리된 유통시스템은 시장점유율의 리더기업과 생존을 위해 고전하는 기업으로 구별할 수 있다. 많은 호텔기업이 이용 가능한 마케팅채널을 다수 채택하고 있는데, 리츠칼튼호텔은 이러한 채널을 적극적으로 개발하여 이용고객의 대부분을 여행대리점(여행사)으로부터 획득하고 있다.

2. 유통채널의 기능

유통경로는 상품을 생산자로부터 소비자에게 이전시킨다. 그것은 제품과 서비스를 이용하는 사람들로부터 그것을 격리하는 시간 · 장소 및 소유라는 커다란 간격을 메우는 것이다. 마케팅 채널의 구성원(도매업자, 소매업자 등)은 다음과 같은 많은 주요 기능을 수행한다.

① 정보(information) : 마케팅 환경에 관한 조사와 전략정보의 수집 및 배포
② 촉진(promotion) : 제공물에 관한 설득력 있는 의사소통의 개발 및 확산
③ 접촉(contact) : 기대되는 구매자의 발견 및 의사소통
④ 적합(matching) : 구매자의 욕구에 대하여 제공물을 수집하고 적합하게 하는 일. 생산 · 규격 · 집하 및 포장 등의 작업을 포함한다.
⑤ 교섭(negotiation) : 소유권을 이전할 수 있게 가격과 제공물, 그 밖의 조건에 동의하는 일
⑥ 물적 유통(physical distribution) : 상품의 운송 및 보관
⑦ 자금융통(financing) : 채널상의 업무비용을 충당하기 위한 자금의 획득 및 이용
⑧ 위험부담(risk taking) : 재고품을 충분한 이익을 내고 판매할 수 있는 재무상의 위험부담

3. 입지의 선정

1) 입지의 의의

입지란 이미 주어진 장소이면서 변하지 않는 장소라고 볼 수 있다. 입지는 곧 호텔업체의 위치나 장소를 말한다. 호텔업체의 입지가 한번 정해지면 그 변경은 거의 불가능하므로 입지의 선정에 신중해야 한다. 입지를 결정할 때에는 어떤 고객을 대상으로 하고 그들의 욕구를 충족시킬 수 있는지, 고객이 접근하기가 쉬운지, 다양한 활동을 하기에 적합한지 등을 우선으로 고려해야 한다.

그렇지만 호텔전문가는 위치나 장소에 관한 정보전달 방법을 통제하여 고객이 한 지역에 관해 어떻게 느끼는지에 대한 고객의 인식을 변화시킬 수도 있다.

2) 입지선정

입지선정은 입지선택과 입지평가의 과정을 거친다.

(1) 입지선택

입지선택(site selection)은 여러 후보지 가운데 가장 적절한 지역을 고르는 것을 말한다.

입지선택의 경우 실제로 현장조사를 하기 전에 지도를 보면서 정부가 발행한 각종 자료를 참조하고 전문기관의 자문을 얻어 책상 위에서 후보지를 결정하게 된다.

(2) 입지평가

입지평가(site evaluation)는 몇 개의 후보지가 선정된 후 가장 적합한 곳을 택하기 위한 평가작업이다. 평가작업에는 고객을 받아들일 수 있는 수용 능력의 평가(carrying capacity)가 있으며 그 입지선정에 대한 여러 항목을 평가하는 항목별 평가방법(scoring)이 있다. 그 밖에도 고려해야 할 사항이 있다. 예를 들면 보조금 및 세금 감면, 소유권의 문제, 사회적 · 정치적 제약요인의 유무 등이다.

제2절 _ 판매자의 유형

타 산업과 마찬가지로 호텔산업에는 제품과 서비스를 유통하는 다양한 방법이 있다. 고객들은 두 가지 기본적인 호텔판매자의 유형, 즉 직접 호텔을 선택하거나 여러 중개인 중에서 하나를 선택할 수 있다. 호텔은 자사 브랜드 사이트, 전통적 여행사, 온라인 여행사, 예약센터, 호텔이 직접 운영하는 유통경로들을 활용해 호텔 상품을 판매하고 있다. 여기서는 호텔과 관련이 있는 유통업자(여행사, 중개인)를 보기로 한다.

1. 공급자와 직접유통

1) 공급자

관광공급자(Suppliers)는 호텔, 리조트, 항공사, 철도, 버스회사, 크루즈, 렌터카회사 등을 말하며 이들은 모두 고객이 이용할 수 있도록 관광상품을 직접 생산한다. 공급자들의 상품은 유통업자(중개인, 여행사 등)를 통해 고객에게 판매되는데, 유통업자들은 공급자를 프린시펄(principal)이라 부른다.

공급자들은 가능하면 그들의 상품을 유통하고자 하며, 일부 공급자는 고객에게 상품을 직접 판매하기도 한다. 예를 들면 민박(B & B : bed and breakfast)[1]은 개별고객에게 직접 그들의 객실을 파는 것이다. 호텔 대부분은 자사 상품을 온라인에서 직접 판매하거나

1) B & B는 아침 식사로 지역적 전통음식을 제공하고 가정적인 분위기를 창출하는 숙박형태로, 영국, 프랑스, 아일랜드 등 유럽에 많으며 개인 집의 여유 있는 객실을 활용하기도 한다. 우리나라의 민박과 거의 유사한 개념이다.

중개인을 통해 간접적으로 판매한다. 크루즈회사와 같은 공급자들은 거의 모든 상품을 중개인을 통해 판매한다.

2) 직접유통 인터넷

관광공급자와 고객이 중개인을 통하지 않고 직접 거래하는 유통형태이다. 이를 직판이라고도 한다.

호텔과 여행사는 물론이고 외식기업도 인터넷을 이용해 제품을 유통하고 있다. 인터넷 이용자는 호텔의 인터넷 사이트로 직접 예약한다. 최근 숙박산업은 정보기술의 발전에 따라 고객과의 직접적인 거래가 급속히 확대되고 있으며, 그에 따라 고객의 교섭력(bargaining power)도 점차 강력해고 있다. 일부 호텔은 직판 영업을 위해 외부사무소 또는 외국사무소를 두기도 한다.

2. 중개인과 간접유통

중개인(Intermediaries) 또는 중간업자는 공급자와 고객들을 연결하는 사람이다. 호텔 상품의 종류와 다양성 때문에 중개인들은 종종 그들이 취급하는 상품을 고객의 유형에 따라, 또는 호텔 상품을 결합하는 방법에 따라 전문화한다. 중개업자는 오프라인 여행사(여행소매업자), 여행도매업자(투어 오퍼레이터), 온라인 여행사, 전자상거래업자(쿠팡, 옥션, G마켓, 홈쇼핑 등), 기타 유통업자 등으로 구분할 수 있다.

1) 오프라인 여행사

여행사(여행소매업자, 여행업자, 여행대리점)는 모든 형태의 호텔 상품을 원하는 사람에게 판매한다. 여행사는 위락여행상품과 비즈니스 여행상품을 판매한다. 일부 호텔관광전문가들은 여행사의 상품 비율이 위락여행 60%, 비즈니스 여행 40%가 되어야 이상적이라고 한다. 그러나 일부 여행대리점은 여러 분야보다는 한 분야에 집중하기도 하고 크루즈여행과 같은 독특한 형태의 여행이나 대학생들과 같은 특별한 단체고객을 전문으로 설정하기도 한다.

여행사는 일반 소매점과 유사하게 운영되며, 대중의 눈에 잘 띄고 접근하기 쉬운 장소에 위치한다. 일부 여행업자는 도심지나 쇼핑센터와 같은 곳에서 영업하고 비즈니스 여행에 역점을 두는 여행사는 그들의 고객들이 접근하기 쉬운 사무실 밀집 지역이나 산업현장에 위치한다. 비즈니스전문 여행업체는 비즈니스 여행 중인 고객에게 위락여행을 알선하기도 한다.

중개인의 측면에서 보면 여행사는 공급자와 고객 모두와 관계가 깊다. 그들은 고객이 호텔 상품을 선택하는 데 전문적인 조언을 할 수 있으며, 환대상품을 판매하면 상품 공급자들로부터 수수료를 받는다.

2) 여행도매업자(tour wholesaler, 투어 오퍼레이터)

여행대리점과 기업 내 여행부서와 마찬가지로 투어 오퍼레이터는 간접유통시스템에서 중개인으로서 기능한다. 투어 오퍼레이터의 주된 업무는 패키지 투어의 개발과 판매이다. 이들의 여행상품은 단기간 근교 버스투어에서 장기간의 세계일주에 이르기까지 광범위하다. 투어 오퍼레이터는 몇 개의 분리된 여행상품을 휴가 및 위락여행객에게 매력을 주는 결합체로 만든다. 이러한 패키지상품들은 다양한 통로로 관광객에게 팔린다.

일부 투어 오퍼레이터는 패키지상품을 책자나 다른 광고를 사용함으로써 관광객에게 직접 판매한다. 이때 고객들은 투어 오퍼레이터에게 직접 예약한다. 여기서 투어 오퍼레이터는 소매기능을 담당하게 된다.

그러나 대부분 패키지 투어는 표준 수수료를 기본으로 하여 여행사를 통해 판매된다. 여기서 투어 오퍼레이터는 도매기능을 담당하게 된다. 즉 투어 오퍼레이터는 소매기능까지 겸하는 업자와 도매기능을 주로 하는 업자 등의 두 가지 형태가 있다.

투어 오퍼레이터는 대부분 특정 여행목적지의 비행기 좌석을 확보하기 위해 대량예약을 협의하거나 전세 비행기를 마련하여 상품을 만들어낸다. 또한 호텔에서도 많은 객실을 구매한다. 그러고 나서 경비를 추가하면 부가적 패키지상품이 제공되지만, 일반적으로는 세트가격으로 전체의 패키지 투어를 판매한다. 이러한 접근방식에도 예외가 있는데, 이를테면 그들 자신이 버스나 항공기, 호텔 등의 환대상품을 소유하거나 공급하는 극소수의 대형 투어 오퍼레이터의 경우이다.

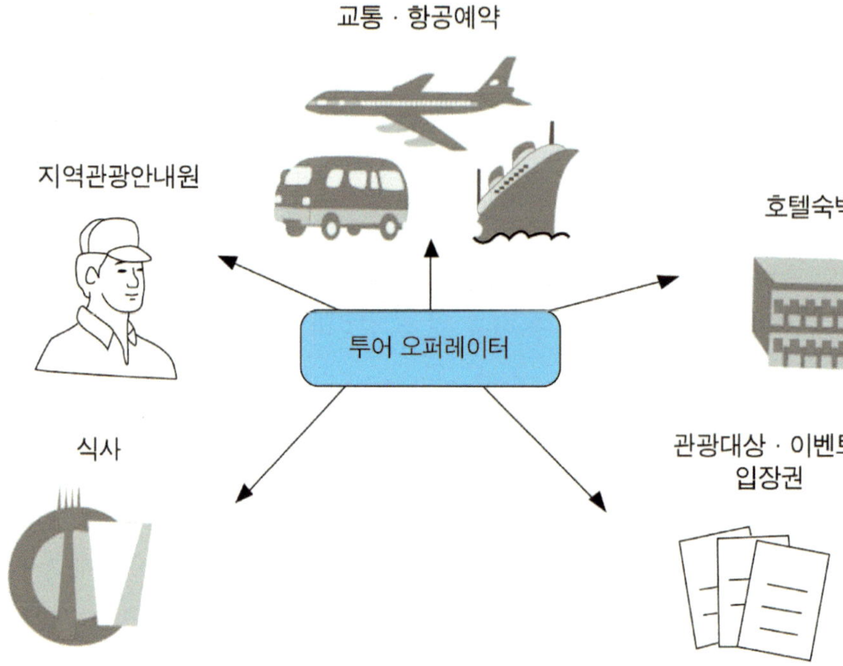

[그림 7-1] **투어 오퍼레이터와 올 인클루시브 패키지**

3) 온라인 여행사

21세기에 들어 호텔산업의 유통은 인터넷 쪽으로 이동해 왔다. 초기에 트래블로시티, 익스피디아, 프라이스라인 등의 온라인 중개상에 의해 시작되었는데 이들이 온라인 여행사이다. 초기에 항공권 예약에서 시작하여 숙박, 자동차 렌털, 다른 도착지 서비스로 영역을 점차 확대하였다. 최근에는 자신들이 만든 관광패키지나 타사에서 만든 관광패키지를 판매하고 소비자가 만든 패키지도 판매한다.

예를 들어 미국에 본사를 두고 있는 세계 최대 온라인 여행사 '익스피디아(Expida)'는 한국어 사이트(http://www.expedia.co.kr)를 개설함으로써 본격적으로 한국 시장에 진출하였고, 이를 시작으로 유사한 온라인 여행사들이 활동하고 있다. 이러한 온라인 여행사들은 전 세계 호텔과 협력해 수많은 여행상품을 판매하는 등 개별 여행프로그램을 특화하기도 하고, 호텔, 항공, 유람선, 렌터카 등에서 다른 영역으로 확대해 가고 있다.

[그림 7-2] 익스피디아 1

[그림 7-3] 익스피디아 2

4) 전자상거래업자(쿠팡, 옥션, G마켓, 홈쇼핑 등)

사회적 미디어의 사용이 급증하면서 전자상거래가 일반화되고 있다. 전자상거래(EC: electronic commerce)라는 용어는 미국의 Lawrence Livermore National Laboratory에서 사용된 후 미국 연방정부가 도입하면서 확산되었다. 통일된 개념이 정립되어 있지는 않지만, 일반적으로 전자상거래는 기업, 정부기관과 같은 독립된 조직과 조직 간 혹은 조직과 개인 간에 다양한 전자적 매체를 이용하여 상품이나 서비스를 교환하는 방식으로 정의할 수 있다.

1990년대 후반에 등장한 인터넷 쇼핑몰은 웹과 인터넷 등 정보통신기술의 발달로 전자상거래의 핵심이 되었고 전 세계적으로 전자상거래의 대표적인 모델이 되었다. 많은 사람이 인터넷 쇼핑몰을 방문하고 상품과 서비스를 구매하기 시작하면서 가파르게 성장하였다. 국내에서는 1996년 인터파크가 쇼핑몰을 오픈하면서 시작되었다. 전통적으로 오프라인 유통업체들이 온라인 쇼핑몰에 진출했으며, 현재는 백화점과 제휴해 온라인 쇼핑몰 서비스를 하고 있다. 그리고 전통적인 오프라인 할인점들도 온라인 쇼핑몰을 개설하고 있다. 특히 최근 오픈마켓을 기반으로 급성장한 G마켓, 11번가, 옥션, 쿠팡 등에서 호텔객실, 리조트, 레스토랑 등의 상품을 판매하고 있다.

[그림 7-4] 인터파크

[그림 7-5] G마켓

[그림 7-6] 11번가

[그림 7-7] 쿠팡

5) 기타 유통업자

전문 유통업자는 고객과 공급자 쌍방을 위해서 일한다. 많은 전문 유통업자는 수배가 필요한 단체에 고용된 직원이다. 그들은 공급자(호텔이나 기타 숙박업)로부터 수수료를 받지 않으므로 매우 유용하다. 대표적인 전문 유통업자에는 포상여행 기획가, 회의 기획가 등이 있다.

(1) 포상여행기획가(Incentive Travel Planners)

포상여행기획가는 기업의 목적을 달성하거나 초과한 대가로 기업이 직원에게 제공하는 포상(보상)여행 계획을 작성한다.

일부 선진국에서 포상여행이 대중화되었을 때 그 여행의 목적은 명백히 위락여행이 주였다. 예를 들어 판매 목적 달성에 대한 포상으로 카리브해 관광지에서 일주일의 휴가를 즐겼다. 최근에 포상여행기획가는 사업과 즐거움을 혼합한 프로그램을 만들어내기 시작했다. 이국적인 장소에서 휴가의 한 부분으로 열리는 사업모임은 기업이 그들의 핵심 직원을 훈련하거나 전략을 기획할 수 있도록 하고 있다.

포상으로 관광을 제공하는 일부 대기업은 포상여행기획가를 고용한다. 그러나 포상여행기획가는 포상여행에 많은 시간을 투자하지는 못한다. 그들은 대부분의 시간을 회의계획이나 섭외와 같은 다른 일에 소비해야 한다.

포상여행상품은 기업종사원의 목표달성에 대한 대가로 이용되기 때문에 주로 최상급의 교통편과 호화로운 숙박시설을 포함한 양질의 상품이다. 흔히 포상여행에는 배우자가 동행하며 그들의 경비는 회사에서 지급한다. 따라서 호텔기업이 포상여행기획가와 연결된다면 커다란 비즈니스 기회를 잡을 수 있다.

(2) 회의기획가(Meeting and Convention Planners)

기술상의 끊임없는 변화가 기업 상호 간의 경쟁을 격화하고 급속한 기술적 진보는 MICE산업(Meeting, Incentive, Convention, Exhibition)의 성장을 촉진해 왔다. 현재의 기업풍토는 새로운 정보의 획득과 전달에 그 우선권을 두고 있다. 회의는 그러한 목표를 달성하는 데 매우 효과적인 방법이라 여겨지고 있다. 결국에 회의기획가에 대한 욕구 또한 커지게 되었다.

회의기획가는 회의를 위한 교통, 식사, 숙박과 같은 모든 편의시설 준비에 책임을 진다. 그들은 회의를 위한 가장 좋은 내용구성과 장소를 결정하고 가용예산과 참석 인원수를 고려하며, 회의 및 진열장소, 숙박, 식사, 교통편, 선택여행 등에 대해 공급자와 협의한다. 또한 회의 일정을 잡고 컴퓨터나 시청각장치와 같은 기술적 지원을 필요한 곳에 공급한다.

회의기획가의 업무는 다음과 같은 세 부분으로 나누어진다.

① 단체 이사 : 기업, 전문단체, 비영리단체에 의해 고용된 전문가
② 기업회의기획가 : 소속된 회사를 위해 중요한 모든 회의의 협력자
③ 자문회의기획가 : 사내에 기획가가 없는 기업이나 협회에 고용되어 계약기간 동안 보수를 받고 일하는 프리랜서 기획가

제3절 _ 직접유통

1. 직접유통이 공급자에게 주는 이점

1) 단순성

직접유통은 거래에 포함된 유통단계의 수를 줄인다. 그래서 호텔 상품의 판매는 매우 단순하다. 호텔업자는 고객에게 돈을 받아 제품 및 서비스를 제공한다. 호텔 측은 중개인에게 수수료를 지급할 필요가 없는데, 이것은 거래에 관련된 사무나 업무시간을 생략하였기 때문이다. 여기서는 오로지 공급자와 고객 양측만이 거래에 직접 관련되어 있다. 일반적으로 많은 사람이 거래에 연관될수록 잘못 전달되거나 복잡해질 위험이 커진다. 그러나 직접유통은 그러한 위험이 거의 없다.

2) 추가적 판매기회

많은 고객이 공급자로부터 상품을 직접 구매하기를 원한다. 그리고 관광공급자는 직접유통시스템을 유지하려 한다. 직접유통은 고객의 기본적 구매 이외에도 추가판매의 기회를 공급자에게 제공한다.

호텔공급자들도 이와 유사하게 직접유통시스템으로부터 이익을 얻을 수 있다. 예를 들어 고객이 비즈니스 여행을 위해 호텔 객실을 예약할 때 호텔예약담당자는 고객에게 그 호텔에서 '3박을 하면 주말은 무료 제공'이라는 것을 알려줄 수 있다. 그러면 특별제공상품이 주는 이익을 얻기 위해 체재를 연장하는 고객이 있을 수 있다. 직접유통은 호텔공급자가 판촉상품, 환율, 특별서비스에 대해 고객에게 직접 이야기할 수 있도록 하는데, 이로써 추가판매의 가능성이 대폭 증가하게 된다.

3) 융통성

호텔공급자가 유통시스템을 더 많이 관리할수록 이 시스템은 더욱 융통성이 있을 수 있다. 만약 시장조건이나 고객의 욕구가 변한다면 공급자는 재빨리 그 변화에 대응할 수 있다. 즉 직접유통 시스템에서는 수요의 변화에 더욱 빨리 대응할 수 있다. 이를테면 호텔이 대규모 회의로 인해 증가하는 연회의 수요를 담당할 수 있도록 일시적으로 임시 직원을 증원할 수 있다.

4) 이윤의 증가

고객에게 직접 판매하는 공급자는 중개인들에게 수수료를 지급할 필요도 없고 할인을 해줄 필요도 없다. 물론 공급자는 직접유통시스템을 유지하는 모든 비용을 부담해야 한다. 여기서 공급자는 호텔 상품을 직접 판매함으로써 발생한 비용이 중개인들에게 지급해야 하는 수수료를 초과하는지를 알아내야 한다.

5) 통제력 확대

호텔공급자는 직접유통에서 제공되는 상품과 공급자가 고객에게 설명하는 방법을 완전히 통제할 수 있다. 그러므로 공급자는 자사의 최대 이윤을 좌지우지할 수도 있는 대리인의 행동에 의존할 필요가 없다.

여행업자는 일반적으로 한 명 이상의 공급자를 대리하며 수많은 여행상품을 판매한다. 그들에게 공급자의 판매직원만큼 단일상품에 대해 깊은 지식을 지니도록 기대할 수는 없다. 그리고 여행업자가 경쟁공급자의 상품보다 자사의 상품을 더 잘 판매할 수 있다고 볼 수도 없다.

직접유통은 공급자가 중개인을 통하여 자사상품을 판매하는 것보다 훨씬 강도 높게 자사상품의 판매방법에 대해 원격조정을 할 수 있다. 직접유통시스템은 공급자가 고객들과 직접 접촉할 수 있도록 만드는데, 이로써 공급자는 고객에게 제공되는 자사상품의 품질에 대하여 더 잘 통제할 수 있게 된다.

그러나 간접유통시스템 대신 직접유통시스템을 선택하는 경우 잠재적 판매경로를 줄이고 결국 더 높은 유통경비를 초래한다. 결과적으로 호텔공급자는 판매유통조직을 결정할 때 판매상품의 특성과 관련하여 가격, 유용성, 질, 통제 가능성 등에 대하여 심사숙고해야 한다.

2. 직접유통이 고객에게 주는 이점

직접유통시스템은 고객에게도 이익을 제공한다. 일부 고객들, 특히 다빈도 고객은 공급자로부터 호텔 상품을 직접 구매하고자 한다. 그들이 이렇게 하는 데는 몇 가지 이유가 있다.

1) 통제

많은 고객은 호텔 상품을 직접 구매하는 것이 그들의 여행계획에 대하여 예약, 수정, 취소 등의 통제가 쉽다고 믿는다. 그들은 자신을 위해 예약하는 데 제삼자에게 의지할 필요가 없다고 생각한다.

2) 시간 절약

일부 호텔 상품을 공급자로부터 직접 구매하는 경우 여행계획이 간단할 때는 중개인을 통하기보다 더 빠르다. 많은 공급자는 잠재고객이 사용할 수 있도록 장거리 무료전화 번호를 제공하고 있다. 고객들은 판매담당자들에게 말할 때 즉석에서 다양한 선택안 가운데 하나를 결정할 수 있다. 그러나 그 사이에 중개인이 개재된다면 중개인이 공급자와 고객 사이에 관광 선택안과 의사결정을 연결하는 데 여분의 시간이 걸릴 수 있다.

3) 정확성

많은 사람이 거래에 관련될수록 실수나 잘못이 발생할 기회가 많아진다. 고객이 중개인을 이용할 때 그들 공급자와 중개인의 정확성에 의존한다. 일부 고객들은 호텔 상품의 직접 구매가 실수를 최소화한다고 믿기도 한다.

제4절 _ 간접유통

간접유통시스템은 한 명 이상의 중개인이 끼어들어 공급자로부터 고객에게 호텔 상품을 제공하는 채널시스템이다. 호텔공급자는 여전히 관광객에게 호텔 상품을 판매한다. 그러나 고객을 위해 제삼자를 통해서 간접적으로 판매하기도 한다.

간접유통시스템은 호텔산업의 기둥이다. ASTA에 의하면 미국의 여행업자들은 크루즈 여행의 95%, 패키지 투어의 90%, 미국 내 항공권의 80%, 렌터카의 50%, 그리고 호텔 객실의 25%를 판매하고 있다고 한다.

간접유통시스템에 속하는 중개인은 여러 공급자로부터 막대한 양의 이질적 호텔 상품을 취급하고 있다. 이론적으로 보면 모든 중개인은 '동일한 호텔 상품의 거대한 집합소'이다. 거의 예외 없이 중개인들은 독특한 호텔 상품을 독점적으로 고객에게 제공하지 못하고 있다. 그러나 그들은 관광객의 욕구를 충족시키는 방법으로 상품을 독특하게 결합한다.

1. 간접유통이 공급자에게 주는 이점

간접유통시스템은 공급자에게 커다란 이익을 제공한다. 이러한 이점은 간접유통에 관련된 중개인의 특성에서 유래한다.

1) 판매경로의 확대

간접유통을 사용함으로써 상품을 팔 수 있는 판매점의 수가 엄청나게 늘어난다. 예를 들면 호텔은 호텔 내 판매사무실이나 공항 로비에 오피스를 갖고 있다. 그러나 호텔의 객실을 전국의 여행사가 판매할 수 있게 함으로써 호텔은 여행사 수만큼(미국은 약 3만 개, 한국은 약 7천 개)의 판매점을 가지게 된다. 이러한 판매기회의 확대원리는 호텔산업에서 모든 중요한 공급자 유형에 적용된다.

2) 초과 판매력 부담의 제거

간접유통시스템은 공급자의 판매력을 늘리기는 하지만 그것이 공급자의 일반경비에 추가되는 것은 아니다. 공급자 입장에서는 중개인에게 수수료를 지급하는 것이 정식직원이 상주하는 판매사무실을 유지하는 것보다 경비가 덜 든다. 많은 판매직원을 고용하기 위한 중요한 상품기반이 없는 소규모 공급자들은 중개인을 이용함으로써 부가적인 급료, 시설, 장비, 사무실 임대료를 면할 수 있다. 따라서 공급자들은 판매와 관련해 수수료 형태로 판매경비만을 지급하는 데 매력을 더 느끼고 있다.

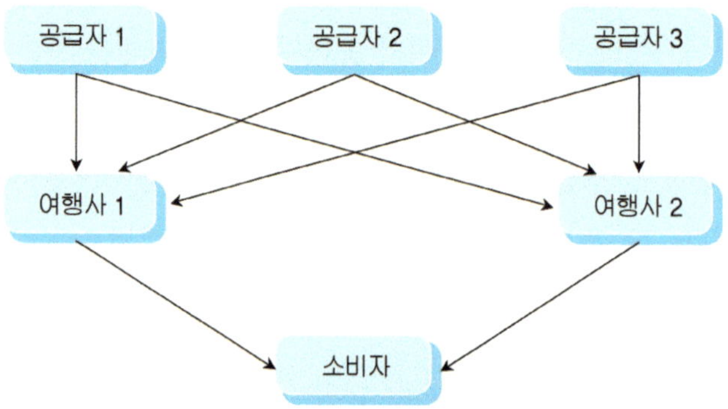

[그림 7-8] **간접유통의 이점**

2. 간접유통이 고객에게 주는 이점

만약 간접유통시스템의 이점이 공급자에게 제한되어 있다면 고객은 오로지 직접적인 수단을 통하여 호텔 상품을 골라야 한다. 그러나 간접유통은 호텔산업의 중요성을 설명하는 데 도움이 되는 일련의 명확한 판매의 이점을 고객에게 제공하고 있다.

1) 선택

중개인으로부터 호텔 상품을 구매한 고객은 그들이 공급자에게서 직접 구매하는 경우보다 더 많은 선택권을 갖는다. 사용할 수 있는 선택의 수가 많은 것은 다음과 같은 두 가지 이유 때문이다.

첫째로 중개인들은 일반적으로 단지 그들의 상품만을 제공하는 공급업자와는 달리 여러 경쟁공급자의 상품을 취급한다. 그러므로 고객은 중개인을 통하여 구매할 때 여러 번 전화하지 않아도 한 번에 모든 이용 가능한 비행기부터 목적지의 호텔까지 효과적으로 선택할 수 있다.

둘째로 중개인들은 각 개인이 스스로 모으기 어렵거나 불가능한 호텔 상품들을 결합하여 제공한다.

2) 가격

"공장에서 직접 구매하면 돈을 절약한다"라는 말은 유형재(有形財) 상품에서는 좋은 조언이 될 수 있다. 그러나 그것은 서비스가 주(主)상품인 관광상품에서는 통용되지 않는다. 사실 정반대의 일이 종종 발생한다.

중개인을 통해 상품을 구매한 고객은 중개인의 대량구매와 할인으로 이득을 볼 수 있다. 예를 들면 여행도매업자는 개별적 상품가격의 합계보다 고객에게 염가의 패키지상품을 제공한다. 티켓 콘솔리데이터는 보통 공급자가 책정한 가격보다 훨씬 낮은 가격으로 상품을 제공한다. 게다가 여행사는 특별한 호텔 상품의 가장 낮은 가격을 책정하기 위해 경쟁적으로 호텔공급자의 정보를 이용한다.

3) 서비스

중개인은 고객이 상품을 선택할 때 직면하는 사용 가능한 호텔 상품의 수를 좁히는데 특히 효과적인 역할을 한다. 그리고 상품을 찾는 고객과, 고객을 찾는 공급자로 구성된 양쪽의 '탐색 과정'이라는 구조 속에서 핵심적인 역할을 한다. 상대편을 찾는 양쪽의 욕구를 해결해 주는 역할을 하는 것이다.

중개인들은 많은 선택 대안으로부터 고객의 욕구를 충족시킬 수 있는 호텔 상품을 확실하게 소구하고 추천하는 데 적임이다. 중개인들은 정보나 특별한 서비스를 제공한다. 예를 들면 지방여행사는 편리함뿐만 아니라 고객들과 얼굴을 맞대고 대화함으로써 고객 관계를 구축하는 기회를 확실히 제공한다.

여행업자는 고객의 욕구와 선호를 확인하기 위한 시간을 자주 할애한다. 여기서 얻은 정보로 그들은 고객의 욕구 및 예산에 가장 적합한 상품을 선택하여 추천할 수 있다. 예를 들면 경쟁이 치열해짐에 따라 항공권의 요금과 제한조건의 수는 매우 증가하였다. 여행업자들은 이러한 특별요금과 제한조건에 익숙해져서 그에 따라 고객에게 조언할 수 있으며, 고객이 호텔 상품을 구매하기로 정했을 때 여행업자는 그들을 위해 필요한 수배를 할 수 있다. 이 서비스는 다른 전문적 서비스와는 달리 무료이다.

CHAPTER

08

호텔 가격

제1절 _ 가격의 중요성

1. 가격의 정의

가격(price)은 협의로 말하면 제공되는 제품 및 서비스를 대가로 요구되는 금액이다. 광의로는 소비자가 소유 또는 사용하게 된 제품이나 서비스가 제공하는 혜택과 교환하는 대가로 지급하는 가치이다.

가격은 어떻게 결정되는가? 판매자는 실제로 받기를 기대하는 가격보다 높게 요구하고 구매자는 지급해야 한다고 생각하는 가격보다 낮게 요구하여 결국 협상을 통해 상호 인정할 수 있는 가격에 도달한다. 그래서 개별 구매자들은 그들이 충족해야 할 욕구와 협상 기술에 따라 동일상품에 대해서도 다른 가격을 지불하게 된다.

2. 가격의 중요성

역사적으로 볼 때 가격은 빈곤한 저개발국가나 하류층 집단에서, 그리고 불경기(경기침체, IMF구제금융 등)에는 상품구매 시에 가장 중요한 요소가 되며 선진국에서도 동일 상품을 구매할 때 매우 중요하게 고려되는 요소이다. 경제적 측면에서 가격은 토지, 노동, 자본, 경영 및 원자재 등의 생산요소와 그 산출물의 수요 · 공급을 조정하여 균형상태를 이루도록 작용한다. 소비자 측면에서도 가격은 상품 선택 시 가장 중요하게 고려하는 요인이다. 그러나 최근 수년 동안 비가격요인도 구매자의 선택 행동에 중대한 영향을 미치고 있다.

최근 들어 마케팅환경이 급속히 변화함에 따라 가격 결정의 중요성이 더욱 두드러지고 있다. 몇 년 전만 해도 가격이 상품, 촉진 다음으로 중요했는데 요즈음에는 마케팅 믹스요소 중에 가격이 더 중요한 요소로 평가되고 있다.

마케팅 믹스요소 중에 가격은 기업의 수익을 창출하는 유일한 요소이다. 다른 마케팅 믹스요소는 모두 비용을 초래한다. 그러나 가격은 이익의 원천으로서 총수익에 영향을 주며 목표이익을 달성하기 위한 기본요건이 되는 동시에 판매량에 영향을 준다. 더 나아가서 가격 결정 및 가격 경쟁은 호텔기업 경영자들이 공통으로 당면한 시급한 문제이다.

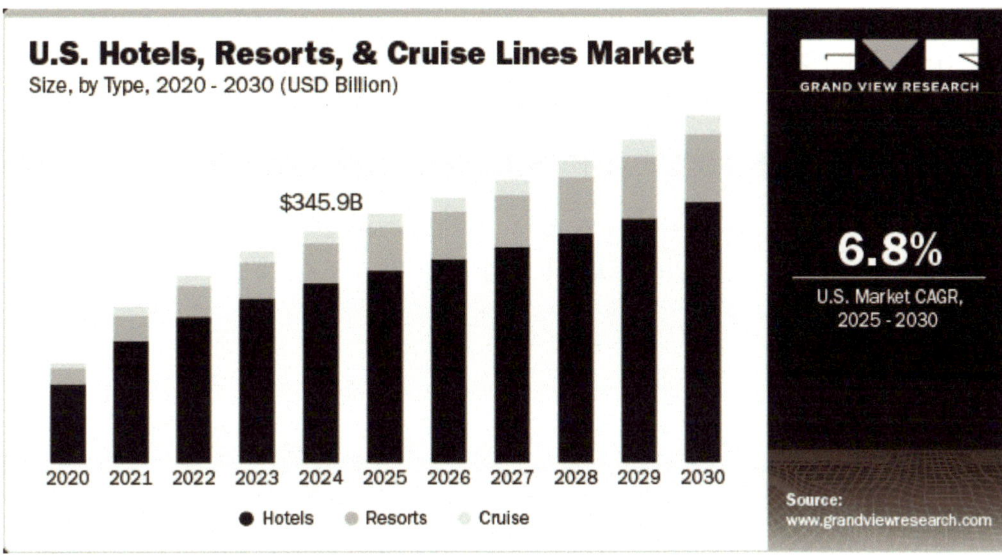

▲ 가격

제2절 _ 숙박요금 결정

요금 결정에서 호텔 객실과 항공기 좌석은 식당 좌석과는 다른 특성이 있다. 호텔 객실이나 항공기 좌석은 공간이 일정하므로 공급을 일시적으로 늘리는 게 불가능하다. 그러나 식당 좌석은 높은 수요를 고려하여 엑스트라 테이블을 끼워 넣음으로써 좌석 수를 일시적으로 늘릴 수 있다. 그리고 성수기에는 많은 고객을 수용하기 위해 서비스 속도와 좌석의 회전율을 높일 수도 있다. 그러나 이와 같은 것은 호텔 객실이나 항공기 좌석에는 적용될 수 없다.

1. 소실수익

호텔 객실이나 항공기 좌석과 같은 상품은 잠재적 추가수익이 좀처럼 용납되지 않는다는 특징이 있다. 그런 수익은 영원히 없어진 것이다. 이것을 소실수익(lost revenue)이라 부른다. 소실수익과 미판매 객실 공간에 드는 비용은 결코 충당될 수 없다. 반면에 식당의 식음료는 판매되지 않거나 특정일에 팔리지 않더라도 비축하거나 나중에 판매할 수 있으며, 여기에 드는 비용은 여전히 재충당할 수 있다.

그러나 호텔 객실이나 항공기 좌석은 그렇지 못하다. 그래서 객실이나 좌석의 이용률을 최대한 높일 수 있는 가격을 결정해야 하는 중요성이 강조되는 것이다.

2. 1 per 1,000달러 방법

적절한 호텔 객실 요금을 책정하기 위해 수년 전부터 발전되어 온 요금 결정방법으로 1 per 1,000달러 방법이 있다. 호텔 재산 중에서 빌딩에 대한 투자비용(총투자 중 60%에서 70%까지 차지)이 가장 크기 때문에 건물원가와 책정된 요금 사이에는 직접적인 관련성이 있기 마련이다. 이것은 건물원가 1,000달러에 객실 요금을 1달러로 잡는 경험 법칙에서 개발된 것으로, 투자에서 수익성을 내도록 책정된 것이다.

만약 100개 객실을 가진 호텔의 건물원가가 4백만 달러라면, 평균 건축원가는 객실당 4만 달러이다.

$$\text{평균 건축원가} = \frac{4{,}000{,}000}{100} = 40{,}000\text{달러(객실당)}$$

1 per 1,000달러 방법에 따라 객실당 건축원가 1천 달러를 기준으로 각각의 객실 요금을 1달러라고 한다면, 평균 객실요금은 다음과 같다.

$$\text{평균 객실원가} = \frac{40{,}000}{1{,}000} = 40\text{달러(객실당)}$$

이 경험 법칙은 어떤 가정하에서 기능한다. 그러한 가정의 일부는 호텔이 비교적 대형이라는 것(몇백 개의 객실), 건물에 관계된 이자나 부동산 세금을 지급하기 위해 건물 안의 가게나 상점으로부터 충분한 임대료를 받고 있다는 것, 식음료 등 다른 부서들은 전체 호텔운영에 필요한 소득에 기여한다는 것 그리고 매년 평균점유율은 70%라는 것 등이다.

3. The Bottom-up Method

1 per 1,000달러 방법은 객실 요금을 정할 때 건축원가와 현재 자산원가를 포함한 총비용을 무시한다는 한계가 있다. The bottom-up 방법은 이를 극복하고자 나왔으며 역산

방식이라고도 한다. 이는 Roy Hubbart가 연구하고 미국호텔 · 모텔협회가 전파한 객실료 산정방법으로 '허버트(Hubbart) 공식'으로도 불린다.

bottom-up 방법은 연간 총경비, 판매 가능한 객실수 및 객실점유율 등을 기초로 하여 계산하는데, 예를 들면, 50실을 가진 호텔이 연간경비와 예상수익(일종의 비용)을 합하여 550,000달러가 소요되고 객실점유율이 75%라고 하면, 객실 요금은 얼마로 해야 하는가?

$$\text{평균 객실요금} = \frac{\text{총비용(수익 포함)}}{\text{판매객실수}} = \frac{550{,}000}{50 \times 75\% \times 365} = 40.16\$$$

단, 여기서 판매 객실수 = 총객실수 × 점유율 × 일수

bottom-up 방법은 다음 절에서 보는, 식당에서 실시되는 평균요금 계산방식과 매우 유사하다. 그러나 이 공식에 나타난 평균 객실요금은 단지 평균적인 객실요금이지 특정 객실에 대한 요금은 아니다.

4. single-room 요금과 double-room 요금

대형 호텔은 다양한 유형과 크기의 객실을 갖추었으며, 각각의 유형에는 싱글(1인용) 객실 요금과 약간 더 높은 더블(2인용) 객실 요금이 있다. 객실의 다양한 유형과 복합적인 요금에서 평균요금의 계산은 오직 각 특정 객실의 유형에 대한 특정요금을 계산하기 위한 가이드라인에 불과하다. 지급 액수만큼의 가치와 평균요금 간에 차액을 합당하게 만드는 것은 객실의 규모, 장식, 전망 등이다.

또 다른 고려요인은 2인용 객실요금이다. 동일 규모의 객실일지라도 2인용 객실은 1인용 객실보다 높은 요금을 매길 수 있다. 2인용 객실 비율이 높을수록 결과적으로 평균요금은 높아질 것이다. 그러나 불행히도 경쟁과 고객의 저항은 이러한 마케팅 가격 결정의 유형에서 배제되어 있다. 즉 경쟁자, 고객의 저항 또는 자산의 회수(객실이 낡은 경우) 등은 그러한 요금들을 인하하는 원인이 될 수도 있다. 이 경우에는 예상된 것보다 수익이 줄어들 것이다.

한편, 더 높은 건축비 · 운영비, 더 비싼 객실요금이지만 고객들이 그러한 요금을 기꺼이 지급하려고 하는 지역에 새로운 호텔이 생긴다면 리조트호텔의 요금은 높게 책정될 수 있다. 이 경우 예상보다 더 비싼 이익을 가져올 것이다.

적정한 객실 요금을 결정하는 경우 다음과 같이 평균요금을 인하하는 영향요인을 발견할 수 있다. 즉 가족요금, 상업적인 할인, 여행사 수수료, 컨벤션요금 및 단체요금, 기업 또는 정부에 제공하는 특별요금, 주말이나 월별 특별요금 등이 가격을 인하하는 영향요인이다. 그리고 객실당 세 사람 또는 더 많은 사람에 대한 추가적 요금은 평일 요금 이상으로 수익 향상에 영향을 준다.

5. 표적시장별 객실요금

호텔은 각 표적시장을 위한 객실요금(room rates for each target market)을 계산할 수 있다. 공표요금 항목은 표적시장에서 고객에게 받으려는 공표된 요금을 말한다. 예를 들어 비즈니스 여행객이 100%의 공표요금(할인받지 않았음)을 지급하는 반면, 단체회의 참가자들은 90%의 공표요금(10% 할인을 받음)을 지급하고, 단체여행객은 80%의 공표요금(20% 할인)을 지급할 것이다.

결국에 일부 고객이 할인된 요금을 받는다면 나머지 객실의 평균요금은 전보다 더 높아져야 한다는 것을 알 수 있다. 그러므로 할인된 객실 요금만큼을 더 채우기 위해 새로이 전체 평균요금을 올려야 하며, 각 표적시장의 할인비율의 비중에 의해 새로운 계산표를 만들어야 한다. 그리고 동시에 각 표적시장에서는 전체 사업의 일반적인 비율을 고려해야 한다.

일단 요금이 계산되면 그 요금이 필요한 것인지를 알기 위해 조직의 이념과 목표에 맞는지를 살펴보아야 한다. 만약 맞지 않는다면 대안이 필요하다. 예를 들어 객실 요금이 너무 높게 책정되었다면 대안은 다음과 같다.

① 동일한 총판매액을 유지하면서 시장점유율을 높이기 위해 객실 요금을 인하하는 것
② 이익의 하락을 승복하는 것
③ 새로운 시장을 모색하는 것

마지막으로 가격에 대한 이러한 접근이 비록 숙박 시설에서 증명되었다 하더라도 이것은 다른 공급자에게 적절하게 이용될 수 있다. 예를 들어 스키리프트 관리자는 등식의 분모로 판매된 객실 대신에 全시즌 고객들을 대입하여 기본 티켓 가격을 결정할 수 있다. 기본 티켓 가격을 정하고 나서 책정된 표준가격에서 적정수준으로 가격을 인하 · 조절할 수 있고 계절 이용객과 주중 스키어, 청년, 학생 등 각 표적시장을 대상으로 적정한 할인을 시행할 수 있다.

▲ 객실 가격

제3절 _ 식당가격 결정

유용한 가격접근법은 기본적 수익에서 출발하여 고정비와 변동비를 계산해야 하며, 얼마 정도 판매해야 하고 바람직한 수익달성을 위해 가격을 어떻게 책정할 것인가를 결정해야 한다.

여기서 수익은 사업을 영위하는 비용(cost)이라고 가정하기로 한다. 만약 은행이 호텔에 특별금리로 대출해 주었다면 금리는 그 사업에 대한 비용으로 고려해야 한다. 은행은 투자가이다. 투자가의 또 다른 그룹은 호텔사업의 소유주이다. 그들은 돈이나 시간의 투자에 대한 이자를 지나치게 기대한다. 그러므로 수익은 또 다른 유형의 비용이다. 이러한 개념은 기본적 수익을 창출해야 하는 상품가격을 계산하는 데 유용할 수 있다.

1. 1인당 평균요금

목표수익을 달성하기 위해 매년 판매액이 얼마가 필요하다는 것을 알게 되면, 이 판매액을 호텔식당의 개별고객과 관련해서 생각할 수 있다. 예를 들면 식당이 일주일에 6일(또는 6×52주 = 312일/년) 개점하고 각 좌석의 회전율 또는 고객점유율이 하루 평균 2회라고 가정할 때 평균요금(average check)은 얼마인가를 계산해야 한다. 평균요금의 산출방식은 다음과 같다.

$$\text{평균요금} = \frac{\text{연간 총판매}}{\text{좌석수} \times \text{매일 회전율} \times \text{1년에 문을 연 날짜}}$$

여기서 평균요금은 메뉴상의 모든 품목(item)을 얼마로 매겨야 하는가를 명시하는 것은 아니다. 오직 고객이 평균적으로 얼마나 소비할 것인가를 나타낼 뿐이다. 어떤 사람은 더 많이 소비할 것이고 어떤 사람은 더 적게 소비할 것이다. 그렇지만 이것은 어떤 경우에는 평균보다 높고, 어떤 경우에는 낮은 메뉴의 가격구조에 균형이 있어야 한다는 생각을 제공해 준다. 평균요금은 또한 그해 동안에 기본이익의 달성 여부를 파악하게 해준다.

만약 고객당 실질 평균 소비액이 예상한 것보다 적고 회전율과 운영비 및 기타 비용 등에서 변화하는 항목이 없다면, 회전율을 높이거나, 판매가격을 올리거나, 비용을 절감하거나, 또는 이러한 변수들을 결합하여야 한다.

2. 식사시기에 의한 평균요금

앞의 평균요금은 모든 식사에 일률적으로 적용되는 평균요금이다. 그러나 대부분 식당은 식사 시기에 따라 평균요금(average check by meal period)이 달라지기 때문에, 일수보다는 오히려 식사 시기에 따라 평균요금을 얼마로 책정해야 하는지를 계산하는 것이 바람직할 것이다.

가격 측면에서 보면 아침 식사는 일반적으로 가장 낮고 저녁은 가장 높으며 점심은 그 중간이다. 식사 시기에 의한 평균요금을 결정하기 위해서는 각 식사 시기로부터 몇 %가 달성되었는지, 좌석 회전은 식사 시기마다 어떻게 되는지를 파악할 필요가 있다.

식사 시기에 의한 평균요금의 계산등식은 다음과 같다.

$$\text{식사 시기에 의한 평균요금} = \frac{\text{총판매 중 식사 시기 횟수} \times \text{총판매}}{\text{좌석수} \times \text{식사 시기 회전수} \times \text{문 여는 날}}$$

비록 이 공식이 두 가지 식사 시기만을 고려한 것이라 하더라도 또는 만약 세 가지 식사 시기가 있다 하더라도 같은 방법을 이용할 수 있다. 만약 어떤 식당이 다른 식당보다 많은 날을 열고 식사 시기를 더 추가하더라도(이를테면 1주일에 점심 5일 그리고 저녁은 6일 등) 상기와 동일한 기본등식을 이용할 수 있다. 문을 여는 날의 수는 평균요금이 계산된 식사 시기에 따라 변할 것이다. 다시 말하면 식사 시기에 의한 평균요금이 그 기간 동안 모든 메뉴 항목의 가격은 아니다.

3. 메뉴품목별 가격 결정

일반적으로 메뉴는 어떤 가격의 범위를 갖고 있다. 메뉴품목별 가격(pricing menu items)은 메뉴 가격을 결정하는 가장 흔한 방식의 하나로, 조리방법과 특별재료 구매가 일정할 경우 각기 다른 메뉴에 대한 표준원가를 계산하는 방식이다. 즉 예상된 총 식사비용을 백분율로 나누고, 거기서 얻어진 승수에 이 비용을 곱하여 판매가격을 구하게 된다. 예를 들면 어떤 식당이 평균비용을 40%로 하기를 원한다고 가정하면 100 / 40 = 2.5로 이것이 승수이다. 이 승수의 용도를 설명하기 위해 어느 메뉴품목이 4,000원의 비용이 든다고 가정하자. 그러면 4,000원 × 2.5 = 10,000원이라는 판매가격이 나온다.

그러나 메뉴품목에 따라 이 승수를 적용하는 것은 실용적이지 못하다. 메뉴의 판매가격을 개발할 때 시장에서 어떻게 판매할 것인가(고객들이 어떠한 생각을 품고 있는가 그리고 그들이 특정 메뉴품목에 얼마를 지급하려 하는가) 그리고 경쟁식당이 동일품목에 대하여 얼마의 요금을 책정할 것인가 등을 고려해야 할 것이다. 이것은 어떤 품목이 더욱 높은 이윤을 얻을 수 있는가, 어떤 것이 더 낮은 이윤을 초래할 것인가에 관한 실질적인 마케팅 행동이다. 달리 표현하면 어떤 메뉴는 식재료비(food cost)가 40%보다 많을 것이고 어떤 것은 40%보다 적을 것이다. 그리고 각 메뉴품목의 개별적인 식재료비의 비율은 총수익 자체만큼 중요하지는 않다는 것이다.

4. 판매믹스 가격 결정

광고, 판촉 등의 촉진 활동을 통해 사람들이 메뉴를 선택하는 것을 판매믹스(sales mix)라고 한다. 메뉴품목 및 메뉴 가격에서 평균요금 및 최종수익이 판매믹스의 변화에 따라 영향을 받기 때문에 판매믹스를 깊이 고려하는 것은 유익하다.

이것을 더 명확히 하기 위하여 평균요금이 4,660원으로 나타난 식당의 판매믹스를 보기로 하자.

메뉴품목	판매량	판매가격(천 원)	총판매(천 원)
1	25	3	75
2	75	4	300
3	50	5	250
4	60	5	300
5	40	6	240
합계	250		1,165

$$\text{평균요금} = \frac{1{,}165{,}000}{250} = 4{,}660\text{원}$$

판매촉진이나 기타 수단에 의해 판매믹스가 변화한다고 가정하면 25명의 사람은 메뉴품목 2를 이제는 선택하지 않을 것이다. 다섯 명은 메뉴품목을 1로 바꿀 것이고 나머지 20명은 메뉴품목 4를 선택한다고 하자. 이 새로운 판매믹스는 아래와 같이 평균요금이 4,720원으로 높아지는 것을 보여준다.

판매믹스 가격 결정에서 높은 평균요금의 설정은 판매가 많아지게 되면 결국에는 보다 높은 총수익과 순수익을 가져오게 된다.

메뉴품목	판매량	판매가격(천 원)	총판매(천 원)
1	30	3	90
2	50	4	200
3	50	5	250
4	80	5	400
5	40	6	240
합계	250		1,180

$$평균요금 = \frac{1,180,000}{250} = 4,720원$$

5. 좌석 회전율

좌석 회전율(seat turnover)은 가격 결정에서 심도 있게 고려해 볼 만한 가격 결정이다. 식사 시기마다 각 좌석의 회전율이나 점유율이 높을수록 보다 낮은 평균요금으로 동일한 예상수익에 도달할 수 있다. 그 반대의 경우도 또한 사실이다. 만약 좌석 회전율이 내려가면 평균요금은 예상수익에 도달하기 위해 더 높게 책정되어야 한다. 그리고 요금이 일정하다면 좌석 회전율이 높을수록 총수익과 순이익이 증가할 것이다.

▲ 식당 가격

제4절 _ 할인가격 결정

1. 할인가격의 의의

기본요금이나 가격이 결정되고 나면 현재의 세분시장이나 새로운 세분시장에서 추가적인 사업을 끌어들이기 위하여 얼마나 할인되어야 하고, 피크期나 숄더期(온시즌과 오프시즌의 중간)로 이동할 때 할인 폭을 얼마나 하면 좋은가에 대해서 경영자가 의사결정을 내리는 데 기본요금과 가격이 큰 도움이 된다.

이것은 전술한 숙박 객실 요금과 관련하여 bottom-up 방법에 대안이 되는 것은 아니지만, 특수상황에 가격을 결정하는 데 보완할 수 있는 방법이다. 다른 호텔공급자에게서도 할인가격 실시가 보기 드문 것은 아니다. 예를 들어 비즈니스호텔은 빈 객실이 남아있을 때 주말 판매량을 증가하기 위해 할인가격을 이용한다. 항공사도 빈 좌석을 꽉 메우기 위해 대기 승객을 끄는 데 할인가격을 이용한다. 레스토랑은 오후 5시에서 7시 사이, 즉 디너 시간 이전의 한가한 시간대에 고객을 끌기 위해 할인가격을 사용한다.

2. 할인가격의 원칙

할인가격은 원가에 기초를 둔다. 이미 bottom-up 방법을 이용하고 있는 사업에서는 고정비와 변동비가 어떤 것인지를 알고 있으므로 할인가격을 이용하기가 쉽다. 할인가격의 원칙은 가격이 추가적 객실판매로 발생하는 비용보다 낮으면 절대 안 된다는 것이다. 즉 이것은 추가적 판매와 관련하여 발생하는 모든 변동비를 초과하도록 가격을 설정해야 한다는 것이다.

이러한 원칙이 지켜진다면 할인가격을 이용하는 호텔에서는 모든 고정비가 현재의 판매에 따라 충분히 보전되는 한 추가적인 이익이 발생할 것이다. 만약 그렇지 않다고 해도 적어도 할인가격에 의해 발생한 추가적 객실판매액은 할인가격 판매수익이 추가적 판매수익으로 인한 변동비보다 더 많기만 하다면 호텔의 고정비에 보탬이 될 것이다.

호텔 마케팅의 이해

CHAPTER

09

호텔의 물리적 환경

제1절 _ 물리적 환경의 개념과 구성요소

1. 물리적 환경의 개념

호텔상품에는 무형성이라는 특성이 있다. 이로 인해 고객은 사전에 어떤 숙박상품을 선택해야 할지 망설이게 되고 또한 자신의 만족에 영향을 주는 요인을 판단하기가 어려운 경우가 많다. 이 경우에 유형적인 단서(tangible clues)로서 물리적 환경을 활용하게 된다.

물리적 환경(physical environment)은 자연환경과 건축된 환경을 의미한다. 자연환경은 본질적으로 사람에 의해 생겨난 것이 아닌, 자연적으로 생성되거나 갖추어진 환경으로 인간의 활동이나 영향으로 만들어진 인문환경의 상대개념이다. 자연환경으로서 호텔의 주변 경치나 발코니에서 바라보는 산이나 바다 또는 호수의 전망 등은 고객의 만족에 크게 영향을 미친다.

한편, 건축된 환경은 인간이 만든 환경으로 회사 로고 디자인에서부터 로비의 예술작품, 건물 디자인 등 다양하다. 고객의 기대와 감정은 호텔 객실의 구조, TV나 안락의자와 같은 가구, 방음 상태, 기온, 심지어 냄새와 같은 요인에 의해서도 영향을 받는다.

고객들은 즐겁고 편안하고 안락한 환경을 찾고 그곳에서 숙박하려고 호텔상품을 구매할 가능성이 크기 때문에 호텔기업의 마케팅전략은 제품과 서비스를 판매하는 물리적 환경을 고려하는 데 주안점을 두어야 한다. 결론적으로, 호텔기업은 모든 가능한 방법을 동원하여 그들 제품의 물리적 환경을 개선하는 데 힘써야 한다.

[그림 9-1] 레스토랑 A의 물리적 환경

[그림 9-2] 호텔 객실의 물리적 환경 예1

[그림 9-3] **호텔 객실의 물리적 환경 예2 (디즈니랜드 객실)**

2. 물리적 환경의 구성요소

호텔 상품 및 서비스와 같이 주로 무형의 상품을 판매하는 환대산업에서는 보통 방문이나 구매 전 경험이 대부분 불가능하므로, 고객들은 자신이 수용하게 될 무형의 상품이나 서비스에 대한 경험적 속성의 물리적 증거가 되는 유형적 단서를 찾음으로써 이에 대한 수준을 추론하게 된다. 이런 유형적 단서로 가장 중요한 마케팅 요소가 바로 물리적 환경이다.

마케팅 분야에서 물리적 환경의 의미는 P. Kolter가 유형적 단서가 되는 물리적 증거를 물리적 환경이라는 개념에 도입하면서 '마케팅 도구로서의 분위기'로 정의하여 물리적 환경의 중요성을 처음 언급하였다. 무형의 상품과 서비스가 주를 이루는 관광산업에서 물리적 환경은 처음 방문하는 관광객에게 긍정적인 첫인상을 심어주며 기대를 형성하게 하여 경쟁기업과 차별화할 수 있는 전략적 요소이다.

물리적 환경의 구성요소는 크게 주변 요인, 디자인 요인, 사회적 요인으로 구분할 수 있다. 주변 요인은 온도, 소음, 공기의 질, 음악, 향기, 색채, 조명, 청결 등 쉽게 인지할 수 없는 배경적 조건으로 주변 요인이 충족되지 않는 경우 고객은 불쾌감을 느껴서 바로 인지할 수 있는 요인이다. 디자인 요인은 상징, 조형물, 배치 형태, 건물 외관, 표지판, 주변 경관, 장식, 규모, 스타일, 구성, 외관 등으로 고객이 한눈에 쉽게 파악하고 인지할 수 있는 요인으로 물리적 환경을 지각하는 데 가장 큰 영향을 미치는 요인이라 할 수 있다. 사회적 요인은 고객이 인지하는 서비스 제공자에 대한 요인으로 외모, 태도, 친절한 행동을 의미한다. 여기서 물리적 환경의 구성요소를 정리하면 〈표 9-1〉과 같다.

〈표 9-1〉 **물리적 환경의 구성요소**

구분	요소
주변 요인	음악, 향기, 색채, 조명, 청결, 온도, 소음, 공기의 질
디자인 요인	상징, 조형물, 배치 형태, 건물 외관, 표지판, 주변 경관, 장식, 규모, 스타일, 구성, 외관
사회적 요인	외모, 태도, 친절한 행동

1) 주변 여건의 영향

물리적 환경은 시각, 청각, 후각, 촉각 등의 다양한 형태를 지닌 물리적 자극체로서 색채, 조명 등의 시각적 효과, 소리의 높낮이 및 속도 등의 청각효과, 냄새 등의 후각효과 및 부드러움, 온도, 유연함의 촉각 효과 등이 고객의 정서에 영향을 미치는 인위적인 환경 및 공간이라 할 수 있다. 여기서 물리적 자극을 정리하면 〈표 9-2〉와 같다.

〈표 9-2〉 **물리적 자극**

감각기관	물리적 자극
시각	색채, 조명, 크기, 형태
청각	소리의 높고 낮음, 속도
후각	냄새, 신선함
촉각	부드러움, 온도, 유연함

(1) 음악

음악은 아무리 작은 소리라도 서비스 상황에서 사람의 지각과 행동에 강력한 영향을 미친다. 사람들은 음악의 빠르기, 크기, 하모니와 같은 다양한 요소들을 총체적으로 지각한다. 음악이 지각과 행동에 미치는 영향은 개인에 따라 다르다. 그리고 나이가 많고 적음에 따라서, 같은 음악에 대해서도 다르게 반응한다. 빠른 템포와 큰 소리의 음악은 사람의 흥분수준을 높이기도 하므로 음악의 템포에 맞춰 행동의 속도를 조절하기도 한다. 레스토랑에서는 음악의 템포와 소리를 높여 테이블 회전속도를 빠르게 하고 더 많은 손님을 받을 수 있다. 반면 느린 템포의 조용한 음악으로 저녁 식사 속도를 느리게 하여 음료 매출을 높일 수도 있다.

(2) 향기

향기란 대기에 퍼져 있는 향 또는 냄새로, 고객에 의해 의식적 또는 무의식적으로 지각될 수 있으며 특정 제품과는 관련이 없다. 향기는 분위기, 감정, 심지어는 구매 의도, 점포 내 행동에도 강한 영향을 미친다.

많은 기업이 향기의 힘을 인지하고 브랜드 경험의 일부로 향기를 활용하고 있다. 예를 들면 Westin호텔은 백차(white tea) 향을 로비에 활용하고 있으며, Sheraton호텔은 로비에 무화과, 정향, 재스민을 혼합한 향을 사용하고 있다.

〈표 9-3〉 **방향 요법 : 향이 사람에게 미치는 영향**

향	향기 종류	방향 요법 종류	전통적 사용법	잠재적인 심리적 효과
유칼립투스	장뇌향	탄력, 자극	체취 제거, 살균, 진정제	활력과 고무
라벤더	약초향	진정, 조화	근육이완, 진정제, 지혈제	안정과 평온
레몬	시트러스	활력, 희망	살균, 진정제	활력에 대한 진정
후추	스파이시	조화, 진정	근육 이완	정서 조절

(3) 색채

연구자들은 색채(색)가 또한 사람들의 감정에 강한 영향을 미친다고 한다. 색은 자극적이고 진정시키고 표현적이고 인상적이고 문화적이고 활기가 넘치며 상징적이다. 〈표 9-4〉는 색에 대한 사람들의 일상적인 연상 및 반응을 요약한 것이다. 서비스 환경에서 보면 사람들이 좋아하는 색에는 차이가 있지만, 일반적으로 따듯한 색감을 좋아한다. 따듯한 색은 빠른 의사결정을 조장하기 때문에 저관여 상황에서 의사결정이나 충동 구매를 유도하는 데 적절하다. 차가운 색은 소비자가 고관여 상황에서 구매 의사를 결정하기 위해 시간이 필요한 경우에 선호된다.

〈표 9-4〉 **색에 대한 사람들의 일상적인 연상 및 반응**

색	따뜻함의 정도	자연과 관련된 상징	색에 대한 공통적 속성 및 인간적인 반응
빨간색	따뜻함	지구	높은 수준의 에너지 및 열정, 감정, 표현, 온기를 불러일으킴
주황색	가장 따뜻함	일몰	감정, 표현, 온기
노란색	따뜻함	태양	낙관주의, 명확성, 지적 능력 및 감정, 강화
초록색	시원함	성장, 잔디, 나무	양육, 치료 및 조건 없는 사랑
파란색	가장 시원함	하늘 및 해양	휴식, 평온함, 충성심
남색	시원함	일몰	조정, 영성
보라색	시원함	보라색 꽃	영성, 스트레스 감소로 평온한 감정을 만들어줌

2) 공간배치와 기능성

서비스 환경은 특정한 목적을 수행하고 고객의 욕구에 대응해야 하므로 공간배치와 기능성은 매우 중요하다. 공간배치는 층별 계획, 집기의 크기와 모양, 계산대, 가구나 기구, 설비의 배열을 일컫는다. 기능성은 서비스성과를 증진할 수 있는 위 아이템들의 능력을 의미한다. 두 차원 모두 고객들이 느끼는 친숙성과 아이템의 서비스 수행능력에 영향을 미친다. 그러나 너무 가깝게 배치된 테이블, 프라이버시를 보장해 주지 않는 안내 데스크, 불편한 로비 의자, 부족한 주차공간은 고객에게 부정적인 인상을 주기도 하고, 서비스 경험이나 구매 행동에 나쁜 영향을 미쳐, 궁극적으로 서비스 시설물의 성과에도 부정적 결과를 초래할 수 있다.

호텔 상품을 구매하는 고객에게 외관적으로 보이는 매력이 부족하거나 고객이 머무르는 동안 아늑한 분위기와 쾌적성 및 편의성을 증대할 수 있는 물리적 환경의 결핍은 고객의 감정에 악영향을 끼치게 된다. 이에 기업은 고객들의 유형 및 성향을 파악하여 그들의 트렌드에 맞는 내외부 인테리어를 개발하고 각 기업만의 독특한 개성과 스타일을 반영한 물리적 환경에 고유한 이야기(story)를 부여함으로써 흥미와 관심을 유발할 수 있는 물리적 환경을 개발해야 한다.

3) 표지판, 상징, 인공물

고객은 서비스 환경과 서비스 전달과정에서 제공되는 표지판(signs), 상징(symbols), 인공물(artifacts) 등을 통해 가장 먼저 그 의미를 유추하려 노력한다. 표지판은 서비스 상황에서 행동지침을 알려주기 위해 자주 사용된다. 예를 들어 표지판은 부서나 창구의 명칭을 알려주기 위해, 입구나 계단 및 화장실 등 방향을 알려주기 위해, 대기 번호나 식사 후 식기반납 등 서비스 규약을 알리기 위해, 공연 시 핸드폰 끄기나 진동모드로 전환하기, 금연 구역 알리기 등 행동적 규범을 상기시키기 위해 활용될 수 있다.

4) 서비스 환경의 일부로 인식되는 사람

서비스를 제공하는 직원과 고객, 이들 모두의 외모와 행동은 서비스 환경에 의해 생성되는 인상을 강하게 할 수도 약하게 할 수도 있다. 디즈니 테마파크는 직원을 '배우'라고 부른다. 디즈니 직원은 신데렐라가 되든, 백설공주의 일곱 난쟁이가 되든, 공원의 청소부가 되든, 버즈라이트이어 투모로우랜드를 관리하는 사람이 되든지 간에 각자의 상황에 맞게 옷을 갖추어 입고 테마파크의 일부가 되어 고객을 위해 최선을 다해야 한다. 이렇듯 마케팅 커뮤니케이션은 서비스 제공자가 만들어낸 주변 환경을 제대로 인식할 뿐 아니라 그들의 외모와 행동으로 고객들을 유인할 수 있어야 한다.

[그림 9-4] 홍콩디즈니-Tomorrowland 버즈와 함께해 신나

호텔기업에서 물리적 환경은 서비스 제공자와 소비자 간의 직접적인 상호작용이 일어나는 공간으로 생산과 소비가 동시에 이루어진다. 서비스가 생산되는 물리적 환경은 일반적으로 제조업으로 생각하면 공장이라 할 수 있다. 제조업은 생산이 이루어지는 공장이 소비자에게 노출되지 않지만, 서비스업은 생산이 일어나는 곳이 소비자에게 그대로 노출되기 때문에 소비자의 구매 결정에 직접적인 영향을 미치는 것이 물리적 증거이다.

제2절 _ 서비스 스케이프와 물리적 증거

1. 물리적 증거

서비스 환경은 설계뿐만 아니라 실행하는 데도 많은 시간과 노력이 드는 작업이다. 물리적 환경 가운데 유형적 단서를 물리적 증거(physical evidence)라고 부른다.

〈표 9-5〉 **물리적 증거의 요소**

서비스 스케이프	기타 물리적 증거
시설외관	업무용 명함
외관설계	사무용품
방향/안내 표시	청구서
주차	보고서
조경	직원의 옷
주변환경	유니폼
시설내부	브로슈어
내부 설계	웹페이지
설비나 장비	가상적(virtual) 서비스 스케이프
방향/안내 표시	
레이아웃	
공기품질/온도	
사운드/음악/향/조명	

물리적 증거의 일반적인 여러 요소는 〈표 9-5〉에 제시되어 있는데, 서비스 스케이프(servicescape)는 고객이 주문하고 서비스 전달을 받게 되는 물리적 장소의 설계를 말한다. 서비스 스케이프는 표지판, 주차장, 조경 등 시설 외관과 설계, 배치, 실내장식 등 시설

내부로 구성된다. 기타 물리적 증거에는 인터넷으로 전달되는 웹페이지(web pages)와 가상 서비스 스케이프(virtual servicescape) 등이 있는데, 이는 구매 전후에 서비스를 고객이 좀 더 유형적으로 경험하게 하여 커뮤니케이션이 쉽도록 해주는 현대화된 형태의 물리적 증거이다.

2. 서비스 스케이프의 전략적 역할

서비스 스케이프는 여러 가지 전략적 역할을 동시에 수행할 수 있다. 서비스 스케이프는 서비스를 소비자 마음속에 포지셔닝하는 데 가장 중요한 역할을 한다. 서비스 스케이프 역할의 다양성과 그 요소 간 상호작용을 검토함으로써 서비스에서 적합한 물리적 증거를 제공하는 것이 전략적으로 얼마나 중요하고 이를 어떻게 관리해야 할 것인지에 대한 아이디어를 얻을 수 있을 것이다.

1) 서비스 포장

유형제품의 포장과 마찬가지로, 서비스 스케이프도 포장 즉 패키지(package)의 역할을 한다. 서비스 스케이프는 고객들이 서비스 콘텐츠를 미리 파악할 수 있게 한다. 서비스 포장은 새로운 고객의 기대를 창출하기 때문에 새로운 고객에게 중요하고 또 특정의 이미지를 구축하려는 새로운 서비스기업에 특히 중요하다. 서비스 스케이프는 접점직원의 유니폼 또는 외적인 모습 등과 통합되어 접점직원의 이미지를 좋게 만든다.

스타벅스, 페덱스, 메리어트 등과 같은 기업은 물리적 환경, 즉 서비스 스케이프를 자사 브랜드이미지와 연계해서 서비스 포지셔닝하고자 노력하고 있다.

2) 서비스 촉진

서비스 스케이프는 서비스 창출과 제공의 촉진제(facilitator) 역할을 한다. 서비스 증거가 어떻게 설계되느냐에 따라 서비스 환경에서 서비스 프로세스가 더 쉬워지거나 어려워질 수 있다. 서비스 시설이 잘 설계되어 있으면 고객과 서비스 제공자가 목표를 달성하는 게 쉬워지고 그렇지 못하면 고객과 직원 모두에게 불만을 줄 수 있다. 예를 들어 처음

이용하는 국제공항의 표지판과 안내가 제대로 되어 있지 않고 환기도 잘 안 되며 쉴 수 있는 좌석이 부족하다면 여행객은 크게 고생할 것이다. 그런 환경에서 일하는 직원들 역시 동기부여가 이루어지지 않을 것이다.

3) 서비스의 사회화

서비스 스케이프의 설계는 기대 역할, 관계를 직원과 고객에게 전달하는 데 도움이 된다는 점에서 직원과 고객의 사회화(socializer)를 촉진하는 도구이다. 새로 입사한 직원은 자신이 일하는 서비스 현장의 주변만 살펴보아도 맡겨진 일이 어떠한 것인지를 짐작할 수 있다. 고객들도 서비스 스케이프를 보면 어디서 서비스를 받아야 하고 어떠한 행동을 취해야 하며 어떤 상호작용이 필요한지를 연상하게 된다. 클럽 메드는 고객들끼리 어울리는 장소, 고객과 직원 간에 상호교류를 할 수 있는 장소를 구분하고 있다. 스타벅스는 고객이 단순히 커피를 픽업하거나 빨리 마시고 나가는 것보다는 사람들이 모여서 이야기하고 즐거운 시간을 보내는 장소로 변화해 가고 있다. 구체적으로는 사회화를 촉진하기 위해 고객들이 넓은 공간에서 머무르며 상호작용할 수 있도록 편안한 안락의자와 테이블, 와이파이를 제공한다. 이는 집이나 직장 외에 자주 드나들며 편하게 이용하는 제3의 장소(the third place)가 되는 것을 목표로 한 것이다.

4) 서비스 차별화

서비스 스케이프의 설계는 경쟁사와 차별화하고 목표시장을 명확히 알리는 차별화(differentiator) 기제의 역할을 한다. 서비스를 재포지셔닝하거나 신규고객을 유인하려면 서비스 스케이프를 재설계해야 한다. 호텔 로비에서 보면 로비 장식과 심벌 및 색상, 표지판, 배경음악 등이 특정 세분시장을 겨냥하고 있음을 알 수 있다.

혁신적인 애완동물 호텔 펫스호텔(PertsHotel)을 출점한 펫스마트(PetSmart)사는 특별한 서비스 스케이프로 다른 경쟁자와 차별화하였다. 이곳은 주간 돌봄 서비스, 야간 돌봄 서비스 등이 있고 보통의 애완동물 시설과 크게 차별화되어 있다. 이 호텔은 로비 공간, 다양한 인테리어의 놀이터도 있고 안락한 침실, 텔레비전 등을 갖추었는데, 전통적인 훈련장보다 가정적인 느낌을 주는 설비를 제공한다.

대형호텔은 설계를 차별화하여 음식 메뉴의 등급을 나타낸다. 또는 좀 더 넓은 객실에서는 물리적 즐거움을 좀 더 만끽할 수 있는데, 이러한 물리적 증거의 차이를 통해 가격 차별화가 정당화된다. 항공기의 경우 넓은 좌석 공간은 그만큼 높은 요금으로 차별화하고 있다.

[그림 9-5] **펫스마트**

3. 서비스 스케이프 모델

서비스 스케이프가 소비자 행동에 미치는 효과를 이해하기 위한 통합적 모형으로 서비스 스케이프 모델이 있다. 서비스 스케이프 모델의 가장 뚜렷한 공헌은 서비스 환경에 직원의 반응을 포함했다는 것이다. 고객보다 직원은 서비스 환경에 더 많이 머무르게 된다. 그러므로 서비스 환경의 설계자는 어떻게 서비스 환경이 일선 직원의 생산성을 높이고, 어떻게 서비스 전달의 질(quality)을 강화하는지 알아야 한다.

서비스 스케이프 모델은 고객과 직원의 반응이 조절변수로 작용한다. 유사한 서비스 환경이라도 고객이 누구이고 무엇을 좋아하는지에 따라 다른 효과를 미친다는 의미이다. 예를 들어 랩 음악은 어떤 고객에게는 즐거움을 주지만 다른 고객에게는 시끄러운 고문일 수도 있다.

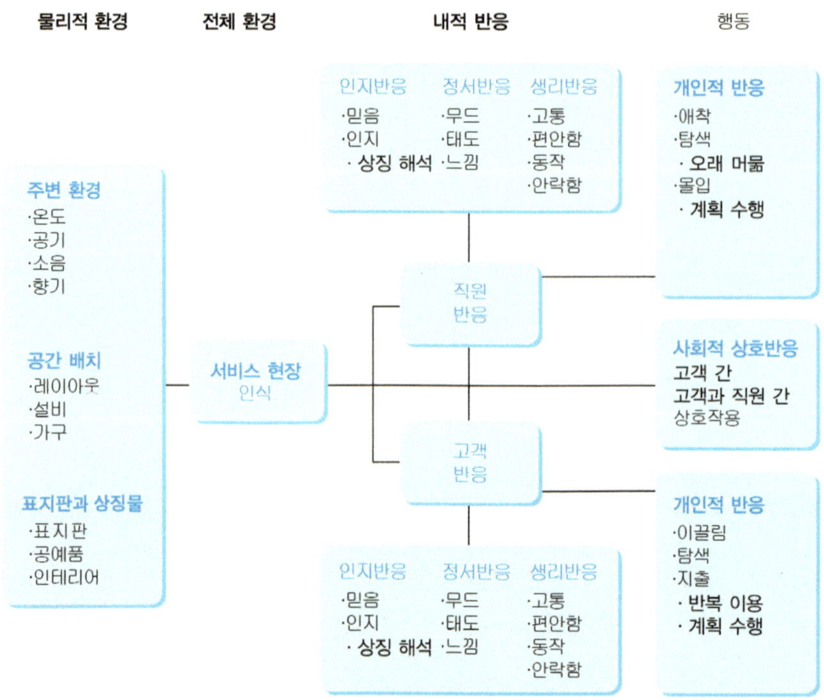

[그림 9-6] **서비스 스케이프 모델**

[그림 9-6] 서비스 스케이프 모델은 본 장의 앞에서 설명한 내용을 요약한 것이다. 그림에서 보면 물리적 환경 차원은 (1) 주변 환경, (2) 공간 배치, (3) 표지판과 상징물 등이 포함된다. 직원 반응과 고객 반응의 내적 반응은 (1) 인지 반응(믿음과 인지 예를 들어 품질 지각과 신념, 상징적 의미), (2) 정서 반응(무드, 태도, 느낌 등), (3) 생리 반응(고통, 편안함, 안락감 등)으로 구분할 수 있다. 이러한 심리적 내적 반응은 붐비는 리조트 해변을 피하거나, 한가하고 여유로운 리조트에서는 더 오래 머무르며 돈을 더 많이 지출하는 등의 행동으로 나타난다. 특히 중요한 것은 그림의 우측에 표시한 '행동'으로, 거기서는 개인적 반응과 사회적 상호반응 등이 일어나며, 특히 여기서 기업은 생산성을 높이거나 고품질의 서비스를 구매하는 방식으로 행동의 결과가 나타나야 한다는 것이다.

서비스 스케이프에서 고객과 접점직원이 스트레스를 느끼는지, 그렇지 않으면 편안하고 행복감을 느끼는지에 따라 서비스 거래의 결과나 기업의 이윤이 달라진다는 것을 명심해야 할 것이다.

제3절 _ 물리적 환경의 관련 개념

1. 분위기

상품의 무형적 측면을 더욱 유형적인 측면으로 만드는 물리적 환경의 관련 개념 가운데 첫 번째 요소는 분위기이다. 우아하다든가, 전원적이라든가, 시골풍이라든가, 유럽 스타일 같다는 말들은 리조트나 호텔을 설명할 때 사용된다. 분위기는 감정이나 호의를 전달하는 데 도움이 되는 물질적인 것, 사실적인 것의 묘사이다. 예를 들어, 레스토랑에서 전원적인 분위기를 전달하고자 한다면 향토색이 강한 가구, 농기구, 빨래판 등을 장식해 놓고 거칠게 자른 나무장식용 판자 등을 활용하여 분위기를 연출할 수 있다. '전원적'이라는 무형의 감각이 유형의 단서에 의해 전달되는 것이다.

호텔이나 리조트가 고급스럽게 프레젠테이션 되기 위해서는 분위기 요소들이 전혀 달라야 하는데, 금박 입힌 거울이나 신선한 꽃으로 가득한 꽃병, 수정 샹들리에 등이 우아한 분위기를 전달하는 데 도움을 주는 유형적 요소들이다.

항공사는 서비스의 등급에 차이를 전달하기 위해 분위기를 이용한다. 1등석에서는 1회용 종이컵 대신에 진짜 유리잔으로 무상의 음료가 지급되고 종이 냅킨 대신에 천 냅킨이 제공되며 국외로 비행할 때는 슬리퍼, 치약, 칫솔 등이 지급된다. 이러한 모든 항목들은 1등석 승객들이 특별하다고 느끼는 데 도움을 준다.

[그림 9-7] **전원적 색이 뚜렷한 숙박시설**

2. 입지

물리적 환경의 관련 개념 가운데 두 번째 중요한 요소는 환대사업의 입지이다. 입지란 이미 주어진 것이라는 사실과 변하지 않는 장소라고 볼 수 있다. 입지는 곧 환대사업의 위치나 장소를 말한다. 호텔 전문가가 위치나 장소에 관한 정보를 어떻게 전달하고 통제하는지에 따라 지역에 관한 고객의 인식이 달라진다.

콜로라도산(山)에 위치한 인공 산악스키리조트의 입지에 관해 생각해 보자. 비록 그 리조트가 가장 좋은 스키장, 숙박시설, 적설 조건을 갖추고 있다 해도 그 스키리조트는 주요 인구 중심지로부터 너무 멀리 떨어져 있다.

미국 동서부 연안 지역에서 오는 스키어들은 우선 덴버까지 비행기를 이용해야만 한다. 그리고 비싼 경비행기로 비행할 것인가 또는 눈 덮인 산길을 버스나 차로 몇 시간 더 달릴 것인가를 선택해야만 한다.

잠재고객에게 제공하는 스키리조트의 입지적 특징은 비관적이다. 리조트의 커뮤니케이션은 사람들이 어떻게 먼 거리를 인지하는지 결정하는 데 도움을 준다. 스키리조트는 무엇인가 특별하다든지 먼 거리의 위치를 이점(merit)으로 느낄 수 있도록 노력할 필요가 있다. 그 입지는 모든 사람을 위한 것이 아니라, 스포츠에 열광적인 스키어들을 목표로 한 스키리조트로서 자사를 소구할 수도 있다.

만약 우리나라 수도권 주변의 스키장이라면 다른 전략을 구사할 것이다. 수도권의 스키마니아들에게 가까운 스키리조트가 위치상 편리성을 제공할 수 있다. 짧은 거리이므로 거기에 도착하는 데 이동시간이 적게 들고 버스 서비스의 이용성이 강조될 것이다.

마케터는 위치의 편리성을 강조함으로써 고객에게 관련 정보를 제공한다. 목적지 주변 지역이 아름답고 경치가 좋을 때나 마케팅관리자가 장소를 제공할 때에도 그런 사실이 강조된다. 예를 들어, 호숫가의 호텔이라면 호텔의 위치를 설명할 때 분명히 호수를 언급할 것이며 호텔이나 레스토랑, 커피숍이 여행하기에 좋은 도로나 주요 교차로에 위치한다면 그곳의 입지 접근성을 강조할 것이다.

[그림 9-8] **호텔 주변의 주변 경관**

[그림 9-9] **스키장 전경**

3. 현장직원의 행동과 태도

호텔과 같은 서비스지향의 사업에서 현장직원은 물리적 환경에서도 중요한 요소다. 직원은 고객과 빈번히 접촉하며 제품에 대한 인상에 영향을 주고 직원의 행동은 고객의 숙박패키지 제품 재구매 여부에 영향을 미친다. 웨이터나 웨이트리스, 벨보이와 관련한 좋지 않은 경험은 리조트나 목적지 심지어 전체여행에 대한 고객의 인식을 나쁘게 만들 수 있다.

여러 측면에서 직원은 환대상품의 한 부분으로 인식되고 있다. 마찬가지로 호텔의 웨이터 및 항공사의 스튜어디스나 기타 직원들은 고객들을 위한 분위기를 창출하는 역할을 한다. 단정치 못하고 무뚝뚝한 웨이터보다는 단정하고 쾌활한 웨이터가 제공하는 모닝커피를 좋아하지 않을 사람이 어디 있겠는가?

사람들은 대부분 특별하게 여겨지는 것을 좋아한다. 그래서 호의적인 작은 몸짓이나 손님을 호명하며 인사하는 것은 고객을 즐겁게 하는 데 효과가 있으며 이로써 반복적으로 거래할 기회가 증대하는 것이다.

[그림 9-10] 현장직원의 행동

[그림 9-11] 현장직원의 태도

제4절 _ 가상적 · 물리적 환경

정보통신기술의 발달과 온라인을 기반으로 한 네트워크 시스템의 발달은 가상공간을 창출하였다. 가상공간 이전의 모든 사물의 의미와 속성은 현실 세계에서만 존재하였다. 가상공간은 인간이 물리적 공간에서 겪는 시간과 공간의 제약을 극복하고 쌍방향 커뮤니케이션의 효율성을 획기적으로 증대시킨 공간이다. 즉 인터넷 기술의 네트워크 시스템을 통해 대량의 정보가 교환되고 공유되는 공간을 의미한다. 가상공간이 발달하면서 전통적인 물리적 환경에서 이루어졌던 개인의 일상들이 점차 가상공간으로 옮기게 되었고 현실공간에서의 사회교류, 쇼핑의 상거래, 은행 업무는 물론 휴식과 여가 및 학습에 이르기까지 다양한 활동이 가상공간에서 가능하게 되었다.

마케팅에서도 과거 소비자들은 직접 시장을 방문하여 판매원들과의 커뮤니케이션을 통해 정보를 획득하고 상품과 서비스를 소비하는 것이 일반적이었으나, 오늘날 디지털 정보화 사회에서는 시장이라는 물리적 공간을 탈피해서 소비자가 개별적으로 필요한 정보를 얼마든지 수집할 수 있게 되었고 원하는 상품과 서비스의 거래가 적재적소에서 이루어짐에 따라 가상공간에서 소비자가 받을 상품과 서비스에 대한 유형적 단서로서 웹사이트의 역할이 매우 중요해졌다.

일반적으로 기업에서는 웹사이트를 활용하여 가상공간에서 기업의 상품과 서비스를 홍보 및 판매하고 있으며, 이런 웹사이트를 방문하는 고객들은 웹사이트의 시각적 디자인의 특징을 통해 웹사이트에 대한 첫인상을 형성하게 된다. 웹사이트의 디자인은 웹사이트의 그래픽과 멀티미디어에 관한 것으로 사용자가 가상공간에서 느끼는 분위기, 음악, 레이아웃, 색상 등을 통해 느끼는 것이다. 이는 웹사이트의 디자인이 고객의 흥미와 관심을 유발하고, 독특하고 신속한 그래픽의 변화로 고객에게 신선함과 친숙함을 제공하여, 브랜드의 긍정적인 이미지가 형성된다.

이처럼 더욱 사실적으로 지각하게 하는 가상공간에서의 물리적 환경은 협의의 개념으로 웹사이트 심미성을 의미할 수 있다. 심미성은 시각적 매력과 같은 웹사이트의 외형과 관련 있는 속성으로 상품과 서비스에 대한 콘텐츠에 사용된 색상의 조합, 사용된 글자체의 크기, 애니메이션, 사진, 음향효과, 텍스트의 명확성과 가독성을 의미한다. 광의의 개념으로는 소비자가 구매하고자 하는 상품과 서비스를 웹사이트를 통해 미리 체험하고 경험할 수 있는 가상체험의 의미까지 포함할 수 있다.

가상체험의 경우 관광지 활성화에 크게 공헌한 지방자치단체의 마케팅전략을 보자. 보성군청에서는 보성녹차의 홍보와 관광객 유입을 위하여 보성군청 웹사이트 내에서 관광객들이 미리 유명 관광지를 방문하여 가상공간에서 이를 체험할 수 있으며, 코스별, 지역별 숙박시설 및 여행 스케줄을 체험함으로써 방문 전에 관광지에 대한 정보를 자세하게 확인할 수 있다. 그 가운데 각각의 숙박시설과 리조트가 이러한 가상체험을 미리 경험할 수 있도록 하고 있다.

이처럼 웹사이트를 활용한 가상공간에서의 물리적 환경은 오늘날 소비자들의 유입을 극대화할 수 있는 전략적 요소로 향후 꾸준히 발전할 것이다.

호텔 마케팅의 이해

CHAPTER

10

호텔 프로세스

제1절 _ 프로세스란 무엇인가?

서비스 프로세스란 서비스가 전달되는 절차나 메커니즘 또는 활동들의 흐름을 의미한다. 서비스는 대부분 일련의 과정이며 흐름의 형태로 고객에게 전달된다. 따라서 프로세스는 서비스상품 자체이기도 하면서 동시에 서비스 전달과정의 성격을 띤다.

프로세스, 즉 구매과정(purchasing process)에는 호텔 상품 구매에 대한 사람들의 심리적 동기와 의사결정 방법이 고려되어야 한다. 심리적 동기는 다양하다. 사람들은 보트, 별장, 가구 대신에 호텔상품에 왜 돈을 쓰려고 하는가? 또 수 많은 호텔상품 중에서 특정한 상품을 왜 선택하는가? 그리고 사람들은 자신의 위신을 높이기 위해, 모험을 시도하기 위해, 사업을 위해, 다른 지역의 문화를 배우기 위해 여행을 한다. 일부 사람들은 자신의 건강 증진을 위해, 또는 조상의 뿌리를 찾기 위해, 또는 단순히 가족 및 친구와 즐기기 위해 여행한다. 이러한 여행 동기는 구매과정(프로세스)에 영향을 준다. 그러므로 구매자의 구매동기를 파악할 수 있는 기업은 그 동기에 알맞은 제품을 선택하고 판매촉진을 강화하는 의사결정을 내려야 한다.

잠재고객에게 적절한 정보를 제공하는 것은 구매과정에서 결정적으로 중요하다. 고객은 구매하기 전에 호텔 상품에 대한 정보의 근원, 그 정보에 접근하는 방법, 구매를 실행하는 방법 등을 알려고 한다. 따라서 호텔 마케터는 구매과정을 촉진하는 방법으로서 이러한 정보를 고객에게 공급하도록 노력해야 한다.

구매과정에서 제품에 대한 정보는 기업이 의도한 대로 항상 지각되고 해석되는 것이 아니다. 그러므로 때때로 제품에 대한 오보라든가 부정적인 관념을 극복해야 한다. 예를 들어, 1980년대에 크루즈 산업은 유람선이 백만장자나 졸부만을 위한 것이 아님을 대중에게 확신시켜 줌으로써 그 이후에 유람선 판매가 급격히 증가하였다.

마케터는 고객이 구매과정에서 각각의 호텔 상품을 동일하게 생각하지 않는다는 것을 인식하여야 한다. 렌터카나 호텔과 같은 상품은 편의점에서 물건을 구매하는 것처럼 그다지 깊이 생각하지 않고 쉽사리 선택되기도 한다. 그러나 휴가 목적지나 유람선과 같은 상품을 선택하는 데는 많은 생각이 필요할 것이다. 이 구매과정 요소는 제품을 어떻게 시장에 내놓는가에 영향을 미친다.

▲ 크루즈

제2절 _ 대기관리

1. 대기관리의 이해

대기행렬은 서비스에서 어디에나 있다. 특히 고도의 고객 접촉이 필요한 서비스에서는 매우 흔한 것이다. 우리는 놀이공원, 식당, 소매점, 은행에서 소비자로서 끊임없이 대기행렬을 경험한다.

예약 과정에서 기다림이나 프런트 데스크에서 체크인이나 체크아웃의 기다림에 대한 인식(지각)이 실제로 기다린 시간보다 때때로 고객에게 더 중요하다는 점을 이해해야 한다. 그래서 기다림에 대한 부정적인 측면을 줄이기 위한 혁신적인 방안을 제시해야 한다. 기다림의 경제적 가치는 공급자에게는 비용이며, 소비자에게는 현금이다.

고객이 참아주는 대기시간의 양이 바로 그 고객서비스의 표준이 된다. 대기시간은 서비스 프로세스의 출발에서부터 서비스접점의 나머지를 고객들이 어떻게 볼 것인가에 대해 '후광(Halo)' 혹은 '소리굽쇠(Pitchfork)' 효과를 가질 수 있다. 즉 고객이 이후의 서비스를 호의적으로 볼 것인가 또는 고도의 비판적인 눈으로 볼 것인가가 그들이 앞서 기다린 바를 어떻게 보느냐에 달려 있다.

전문적인 서비스에서는 고객이 변호사, 의사 혹은 치과의사가 일을 잘 처리했는지 알 수 없다. 결과는 분명할 것이나, 최고의 의사라 할지라도 환자에게 완벽한 건강을 되찾게 해주지 못할 수도 있다. 마찬가지로, 위대한 변호사도 몇몇 소송에서는 질 수도 있다. 그러나 고객이 스스로 결정할 수 있는 한 가지는 그들이 이해하지 못할 만큼 기다리고 있는가이고, 이것이 전체 서비스에 대한 고객의 인지에 색을 칠할 수 있는 측면이다.

이 내용은 인사업무 요구와 강력하게 연결되어 있으므로 중요할 수 있다. 대기관리에 대한 분석은 서비스에 얼마나 많은 사람이 근무해야 하는가에 대한 정확한 수치를 얻기 위하여 수행될 수 있다. 만약 대기관리 예측을 잘하지 못한다면, 서비스 인력은 상습적으로 부족하게 될 것이며, 그 결과 서비스 저하로 인해 서비스품질이 하락하는 결과를 가져올 것이다.

2. 대기행렬의 정성적 이해

많은 사람이 대기행렬이 왜 발생하는지를 잘못 이해하고 있다. 종합적인 측면에서 직원들이 할 일이 너무 많으므로 대기행렬이 만들어질 뿐이라고 흔히 가정한다. 예를 들어, 어떤 사람에게 하루 8시간 일하는 날에 15시간분의 일을 주면 그날의 마감 시간에는 7시간분의 일이 남는다. 그러나 대기행렬은 종합적으로 과제를 수행하기에 충분한 것보다 많은 사람이 있는 것처럼 보일 때도 만들어진다. 이것이 우리에게 대기행렬의 기본 규칙을 알게 한다.

3. 대기행렬 시스템

대기행렬(queue)이란 하나 혹은 그 이상의 서비스 제공자에게 서비스를 요구하며 기다리는 고객의 줄이다. 하지만 그 대기행렬이 서버 앞에 서 있는, 눈에 보이는 줄일 필요는 없다. 대학 캠퍼스 근처 여러 곳에 있는 정류장에서 버스를 기다리는 학생일 수도 있고, 전화 상담원과의 통화를 통해 '대기' 중인 사람일 수도 있다.

서버(server)는 고객이 서비스받은 개별 장소이다. 사람들이 서비스를 받으려고 줄에서 기다리는 대표적인 경우는 슈퍼마켓의 계산대나 은행 창구에서 찾아볼 수 있으나, 실제 대기행렬 시스템은 여러 형태로 나타난다. 다음에서 대기행렬의 여러 가지 변형을 생각해 보자.

① 서버가 한 번에 한 고객만 상대하도록 제한할 필요는 없다. 버스, 비행기, 승강기와 같은 운송시스템은 대량 서비스(bulk service)이다.

② 고객이 언제나 서비스 설비를 찾아 돌아다닐 필요는 없다. 몇몇 시스템에서는 서버가 실제로 고객을 찾아간다. 이런 예로 구급차 서비스는 물론 치안이나 소방활동과

같은 공공서비스가 있다.

③ 서비스는 일련의 대기행렬 단계로 구성될 수도 있고 더욱 복잡한 대기행렬의 네트워크로 구성될 수도 있다. 예를 들면, 디즈니랜드 같은 놀이동산의 '유령의 집'을 생각해 보면 어떤 장소에서 기다리게 해서 방문객이 한꺼번에 몇 명씩 배치(batch)로 이동하게 하거나 기다리는 동안 즐길 수 있게 한다(예를 들면, 먼저 바깥쪽 걷기, 그다음 대기실로, 마침내 놀이기구 타기의 순서로 진행하며, 몇 단계로 나누어 기다리게 한다).

어떤 서비스시스템에서나 현재 수요가 서비스 제공능력을 넘어설 때 대기행렬이 만들어진다. 서버가 너무 바빠서 도착하는 고객이 즉시 서비스를 받을 수 없을 때 기다림이 생긴다. 이러한 상황은 도착하는 시간이 변하고 서비스 시간도 변하므로 어느 시스템에서나 일어나기 마련이다.

4. 대기심리학의 특성

만일 기다림이 우리 삶에 꼭 필요한 일상의 한 부분이라면 왜 이리도 우리를 우울하게 하는가? 만일 고객이 기대한 것보다 더 나은 서비스를 받으면 고객은 행복하고 만족하게 되고, 만족한 고객이 친구에게 그 좋은 서비스에 대해 말하는 것으로 기업은 이득을 볼 것이다. 그러나 반대로 악평을 받을 수도 있고 고객들 사이에 이야깃거리가 펴져 손해를 볼 수도 있다.

첫인상은 나머지 서비스 경험에 영향을 미친다. 고객을 기다리게 하는 서비스는 기다리는 시간을 즐거운 경험으로 만들어야 한다는 충고를 받아들일 필요가 있다. 기다림을 적어도 견딜 만하게, 또한 즐겁고 생산적으로 만들기 위해서 다음의 대기심리학의 특성들을 고려해야만 한다.

1) 공허한 감정 누그러뜨리기

"자연은 진공을 그대로 두지 않는다"와 같이 사람들은 '비어있는 시간'을 싫어한다. 비었거나 할 일 없는 시간은 끔찍하다. 다른 생산적인 활동도 못 하고 종종 신체적으로도 불편해서 우리를 무기력하게 하고 우리에게 관심이 없어 보이는 서비스직원의 처분을 기다리고, 심지어는 영원히 기다릴 것같이 느끼게 된다.

서비스 조직의 과제는 명백하다. 즉 긍정적인 방법으로 이 시간을 채우는 것이다. 이때 물리적 환경을 활용하는 것이 일반적이다. 편한 의자와 분위기를 좋게 하려고 새로 칠한 페인트 외에는 더 필요한 것이 없을지도 모른다. 대기실의 가구는 기다림의 인식에 간접적인 영향을 끼친다. 버스와 기차 터미널의 고정된 벤치와 같은 의자는 대화를 방해한다. 유럽풍 복도카페의 가볍고 옮기기 쉬운 탁자와 의자의 배열은 사람들에게 교제의 기회를 제공한다. 전화를 걸었다가 대기하고 있는 고객에게 음악을 들려주는 것은 전화가 끊어지지 않았음을 알려주기에 충분한 방법이다.

가장 널리 알려진 전략은 승강기 근처에 거울을 놓는 것이다. 예를 들면, 호텔에서는 승강기를 오래 기다려도 거울이 있으면 불평이 별로 나오지 않는다. 거울로 자신의 옷차림을 점검할 수도 있고, 기다리는 다른 사람을 몰래 관찰할 수도 있기 때문이다.

서비스는 대기시간을 즐거움으로 또는 생산적으로 바꿀 수 있다. 전화 대기 중인 고객에게 모차르트나 BTS의 음악을 틀어주는 대신에 상업광고를 보낼 수도 있다. 하지만 몇몇 사람은 오히려 싫어할 수도 있으므로 이런 시도는 위험할 수 있다.

올리브 가든(Olive Garden) 식당에서는 대기 손님을 바(Bar)로 안내하여 술을 판매하거나 대기 공간을 로비에 두어 요리사가 준비하는 신선한 파스타를 보게 하여 손님의 식욕을 돋운다. 여기서는 '고객 따라잡기'를 할 필요가 없다. 불쾌한 경험보다는 즐거운 경험을 예감하면서 '이제야 순서가 되었네'라며, 고객은 맛있게 식사할 수 있게 된다.

진료소에서 볼 수 있는 것과 같이 여러 단계로 구성된 서비스에서는 고객이 연속되는 여러 곳으로 걷도록 해서 기다림을 잠시 잊게 할 수 있다. 시간을 보내는 방법은 다양하다. 잡지 읽기, 텔레비전 보기, 라이브 쇼, 포스터, 예술작품 감상하기, 아이들은 장난감, 쿠키와 음료 마시기 등을 할 수 있다. 주의분산 전략은 관리자의 상상력과 고객을 효과적으로 모시겠다는 의욕이 표현될 수 있도록 무궁무진하게 많다.

2) 서비스의 시작을 알리기

어떤 주위분산 전략은 단지 시간을 채울 뿐이어서 기다림이 그렇게 길게 보이지 않게만 하며, 어떤 전략은 서비스 조직에 부수적 이익을 제공하기도 한다. 행복한 고객은 불행한 고객보다 대개 수익성이 높다. 어쨌든 주위분산의 다른 중요한 측면도 있다.

식사를 기다리는 고객에게 메뉴판을 주거나 기다리는 환자에게 진찰 기록지를 주는 등 '서비스와 관련된' 주위분산 자체가, 서비스가 시작됐다는 생각이 들게 한다. 서비스가 일단 시작되면 고객의 우려는 상당히 줄어든다. 사실 사람들은 그냥 기다리는 것보다 서비스가 시작되었다고 생각하는 것을 더 편안하게 생각하므로 더 오래 기다릴 수 있다. 또 다른 시각은 고객은 서비스가 시작되고 나서의 기다림보다 그 이전의 기다림에 더 불만을 품게 된다는 것이다.

3) 예상 대기시간이나 증거 알리기

서비스 시작 전, 대기 시간이 길어질수록 고객들은 근심과 걱정이 깊어진다. 나를 잊은 건 아닐까? 주문은 들어갔나? 이 줄은 꼼짝하지도 않는데 서비스를 받을 수나 있을까? 화장실 가면 내 자리가 없어지지 않을까? 이성적이든 아니든 근심 걱정은 기다리는 고객에게 영향을 주는 가장 큰 요소일 것이다.

경영자는 이런 걱정거리를 인정하고 고객을 편하게 모실 전략을 만들어야 한다. 직원이 고객의 존재를 알고 있다는 것을 알리는 단순한 일을 하기도 하며, 고객에게 얼마나 기다려야 하는지 알리는 것으로 기다림의 끝을 알려주어 충분한 안도감을 줄 수 있다. 표지판도 그런 역할을 잘 해낼 수 있다. 예를 들면, 낯선 곳을 찾아갈 때 당신이 얼마나 더 가야 하는지를 알려주는 표지판을 보면 상당히 안도할 것이다.

예약은 대기시간을 줄이는 전략이지만 예약이 언제나 의도한 대로 움직여주는 것은 아니다. 뜻하지 않은 사건으로 방해받거나, 선약이 예상보다 많은 시간을 소비할 수도 있다. 만일 예약시간을 놓치면 얼마나 더 오래 기다리게 될지 모르는 걱정과 약속을 지키지 못한 데 따른 불쾌감이 생긴다. 지연에 대한 단순한 설명과 사과만으로 신용을 회복하기까지 많은 시간이 걸릴 것이다.

4) 자기 순서를 알려주기

설명 없는 불확실한 기다림은 고객에게 걱정과 분노를 남긴다. 늦게 온 고객이 먼저 서비스받는 것을 보면 얼마나 더 기다려야 하는지에 대한 걱정이 불공평으로 인한 분노로 바뀐다. 분노가 폭발하지 않는다면 불편한 상황이 되어 서비스 제공자는 분노의 표적이 되기 쉽다.

먼저 오는 사람이 먼저 서비스받는(FCFS : First-Come First-Served) 대기행렬 정책을 무난히 수행하는 전략은 번호표를 나눠주는 것이다. 예를 들면, 쇼핑가에 있는 극장에 들어가는 고객은 고객 순번 발급기에서 번호표를 뽑고 자기 차례를 기다린다. 현재 서비스받는 번호가 표시되어 있어서 새로 들어온 고객은 얼마쯤 기다려야 하는지 짐작할 수 있다. 이런 간단한 방법으로 기다리는 시간과 불공정의 가능성에 대한 고객의 우려를 덜 수 있다. 이 방식의 부수적인 이득은 고객이 줄서기보다는 매장을 이리저리 돌아다니게 하며 '충동구매'를 부추기는 것이다. 이 시스템은 공정하기는 하지만 고객의 걱정을 말끔히 해소한 것은 아니다. 고객은 번호 불리는 것에 신경을 기울이지 않으면 자기 차례를 잃을 위험이 있기 때문이다.

서비스직원이 여럿일 때 FCFS 시스템을 위한 다른 간단한 전략은 한 줄 서기이다. 호텔, 은행, 우체국, 항공사 체크인 카운터에서는 일반적으로 이런 기술을 이용한다. 이런 설비에 들어선 고객은 줄 뒤에 합류하게 되고 줄 맨 앞의 고객이 다음으로 가능한 서버에게 서비스를 받게 된다. 이렇게 하면 늦게 온 사람이 새치기해서 먼저 갈 염려가 없다. 종종 이런 식으로 자신의 자리를 '보증받은' 고객은 여유를 갖고 기다리는 다른 사람들과 즐거움을 누린다. 이런 식의 동지애도 고객의 비어있는 시간을 채워주고 대기시간을 짧게 느껴지게 한다.

모든 서비스가 직접 순위 매기는 것이 가능한 것은 아니다. 경찰 서비스가 한 예인데, '옆집에 시끄러운 개'가 있다고 연락받은 경찰은 '현행 강도범' 때문에 전화한 사람에게 경찰의 대응책을 설명하고 언제쯤 도착할 것인지에 대한 합당한 기대를 제공하여 기다리는 걱정을 없애 주어야 한다.

그 밖에 특별한 고객을 우대하는 경우가 있을 것이다. 예를 들어 라스베이거스 호텔에서는 '거액 도박꾼'에게 신속한 체크인이나 항공사 1등석 체크인 서비스를 제공한다. 하지만 그런 특별한 '서비스'는 옆의 긴 줄에서 기다리며 혜택을 받지 못한 고객의 분노를 자아낼 수 있으므로, 모든 고객을 고려하는 관리를 하여 고객을 차별한다는 이미지를 갖지 않도록 노력해야 한다. 즉 호텔이나 항공사에서는 일반 서비스 라인과 구분된 곳에서 특급서비스를 제공하여 차별적 이미지를 감출 수 있다.

제3절 _ 서비스 청사진

1. 호텔의 서비스 청사진

서비스 청사진(service blueprinting)은 고객, 직원, 서비스시스템의 상호작용을 나타내는 지도이다. 서비스 청사진은 직원의 역할, 운영 프로세스, 공급, 정보기술 그리고 고객 간의 상호작용을 보여줌으로써 기업의 마케팅과 운영, 인적 자원을 보다 효과적으로 관리할 수 있도록 한다. 서비스 청사진은 고객이 볼 수 있는 부분과 후방에서 일어나는 모든 일을 포함하여 서비스 프로세스가 어떻게 형성되는지를 자세하게 구체화한다. 즉 핵심적인 고객 활동 및 고객과 직원의 상호작용 여부와 서비스직원에 의한 전방활동 및 이러한 활동이 후방활동과 시스템에 의해 어떻게 지원되는지를 보여준다.

서비스 청사진은 직원과 고객 간의 상호작용을 안내하기 위한 서비스 스크립트(대본)와 역할의 정의, 실패점과 과다한 고객 대기시간을 설계하고, 마지막으로 서비스 표준과 서비스 전달의 표적을 설정하는 등의 더 나은 서비스 프로세스를 개발할 수 있다.

[그림 10-1]은 호텔 서비스 청사진의 예를 나타내고 있다. 고객은 먼저 체크인하고 객실로 가는데, 거기서 가방을 받고 잠자고 샤워하고 아침을 먹는 등 다양한 행위를 하고 마지막에 체크아웃한다. 만일 호텔에서 1주일간의 휴가나 3일간의 비즈니스 미팅을 하는 것을 나타내는 서비스 청사진을 그린다면 얼마나 다양하고 복잡한 프로세스와 상호작용이 일어날지 상상해 볼 수 있다.

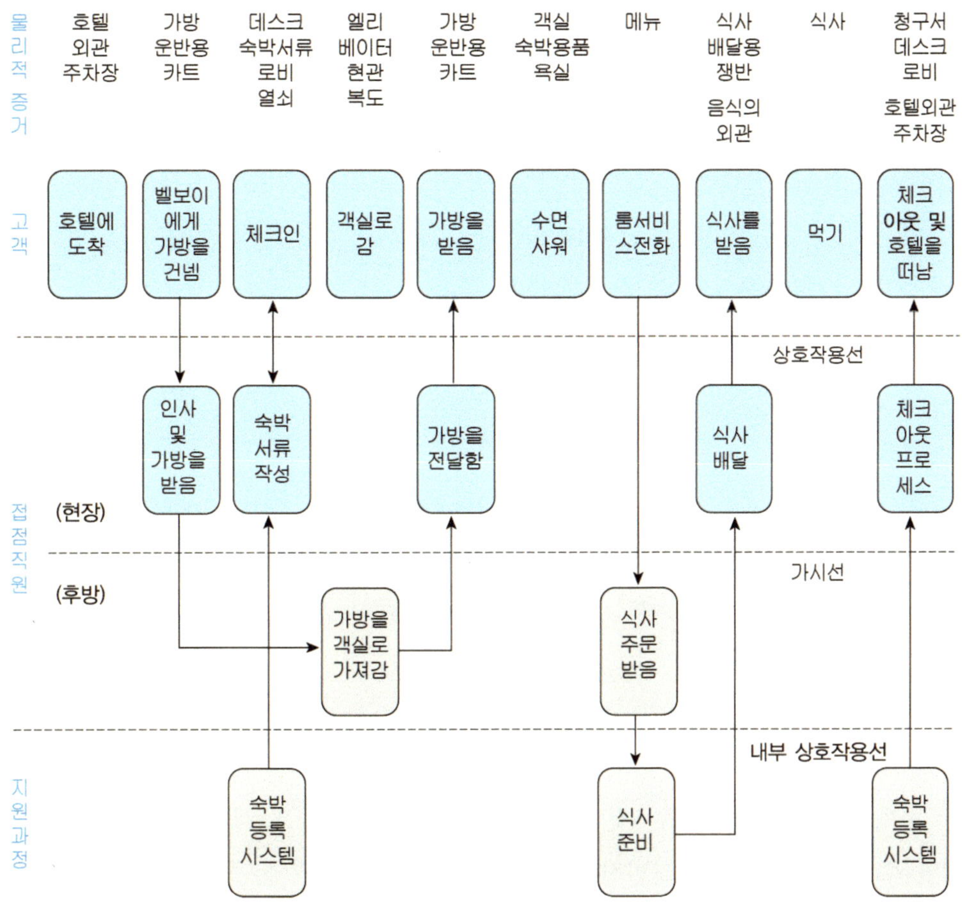

[그림 10-1] **호텔서비스 청사진**

2. 커피전문점의 청사진

Espresso & Coffee Shop의 청사진에서 서비스 프로세스가 이루어지는 흐름을 한눈에 파악할 수 있다. [그림 10-2]에서 보듯이 고객 접촉이 많은 전면부와 고객 접촉이 드문 후면부의 구별이 명확하다. '가시선'이 양쪽의 기능적 영역을 나누고 있으며 각 구역에서 공정이 이루어진다.

새로운 서비스를 개발할 때 설계자는 누가 그 업무를 할 것이며 어떤 공정이 소비자가 보는 곳에서 혹은 소비자가 보지 못하는 곳에서 이루어질 것인지 그리고 언제 어떤 순서로 공정이 이루어질 것인지, 왜 그 공정이 그런 순서로 가시적 영역 내에서 이루어져야 하는지를 반드시 고려해야 한다. 예를 들어, 커피전문점은 커피 원두를 보이지 않는 곳에서 미리 갈아놓을 수도 있지만, 고객이 보는 곳에서 원두 가는 모습을 보여줌으로써 음료의 신선함을 강조하고 감각적인 경험을 창출할 수 있다.

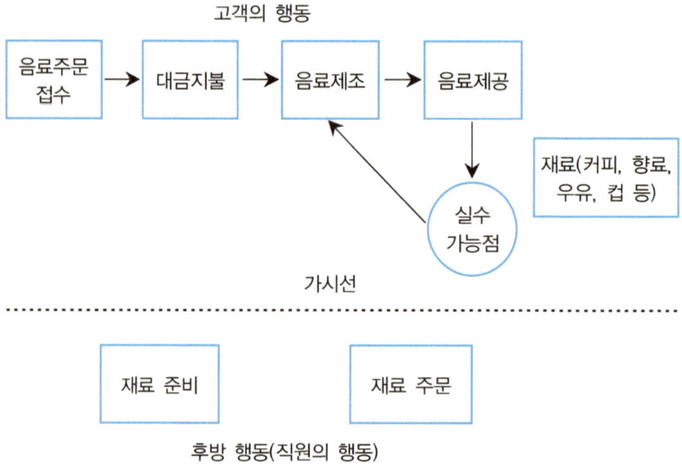

[그림 10-2] **커피전문점을 위한 서비스 청사진**

두 번째로, 설계자들은 표준 및 최대 업무시간, 재료, 특정 단계의 정확한 세부사항을 결정할 수 있다. 설계자는 커피전문점에서 직원들이 고객의 돈을 받는 과정과 잔돈을 준비하는 과정을 정확히 지시한다. 물론 카드를 사용하는 과정도 마찬가지이다. 도표는 각 공정에 필요한 재료와 누구에게 구매와 주문에 대한 책임이 있는가를 나타낸다. 에스프레소 체인점은 커피, 향료, 컵, 뚜껑 등을 공정에 필요한 재료로 사용한다. 이 커피전문점에서는 또한 머그컵, 커피메이커, 책자, CD를 함께 팔기도 하지만 이런 품목들은 음료 준비설계와는 다른 설계요소에 속한다.

세 번째로, 설계자들은 잠재적인 문제점들을 검토하고 실수를 방지하거나 만회하기 위한 전략을 구상할 수 있다. 이러한 실수 방지 전략, 혹은 포카요케(Poka-yoke, 실수를 피한다는 뜻)는 설계에서 불가결한 요소이다. 포카요케는 일반적으로 경고, 물리적 · 시각적 접촉방법들이며, 여기에는 실행되어야 할 업무, 고객 접대, 서비스의 유형적 혹은 환경적인 요소들이 포함된다.

커피전문점의 청사진에서는 음료 제공 과정의 실수 가능성을 명시하였다. 구매자는 주문했던 것과 다른 음료를 받을 수 있다. 이를 방지하기 위한 포카요케 설계요소는 다음과 같다. 직원은 고객이 주문할 때 음료 목록을 종이컵에 표시하며, 주문이 끝나면 고객이 말한 것을 반복해서 들려준다(예를 들어, "아이스 아메리카노" "무카페인, 우유 첨가, 카페라떼 큰 컵"). 내용이 맞는지 고객이 확인한다. 음료가 준비되면 직원은 다시 완성된 목록의 순서를 반복해서 확인한다.

▲ 커피숍 로고

제4절 _ MOT관리

진실의 순간(MOT : Moment Of Truth) 관리란, 기업의 경영에서는 고객과 제일선에서 일하는 사원이 만나는 지점이 가장 중요하고 그 순간에 고객이 만족하는가에 기업경영의 모든 것이 달려 있다는 생각을 기반으로 하는 경영철학이다. 그러므로 고객의 만족을 위하여 전 사원에게 의식혁명을 일으키고 고객과의 여러 가지 접점에서 서비스 향상을 꾀함과 동시에 비즈니스맨을 위하여 특별클래스의 신설, 철저한 시간 관리 등을 적극적으로 행하는 것이다.

진실의 순간은 기업의 측면에서는 가장 중요한 결정적 순간이며 어느 한 군데의 서비스가 실패한다면 전체 고객만족에 커다란 흠이 되므로 결국 서비스상품의 결함이 되는

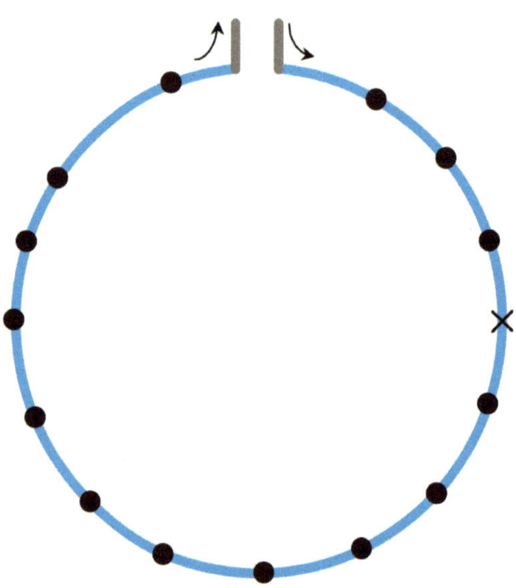

- 항공사에 예약전화
- 예약변경 또는 취소
- 예약완료
- 공항 발권카운터에서 좌석배정
- 수하물 체크
- 비행기에 탑승 시 인사
- 신문이나 잡지 배부
- 좌석 착석
- 음료서비스
- 음식서비스
- 취침 · 휴식을 위한 서빙
- 비행기에서 내릴 때 인사
- 수하물 창구까지 이동서비스 등

[그림 10-3] MOT관리의 예

것이다. 이는 항공사뿐만 아니라 외식업체, 호텔 등에서도 적용 가능하며, 세계 일류기업에서 도입되어 활용되고 있다. 원래 SAS 얀 칼슨이 주장한 MOT 서클은 [그림 10-3]에서 보는 바와 같다. 그리고 이것을 응용한 호텔MOT는 후술하는 12장에서 보기로 한다.

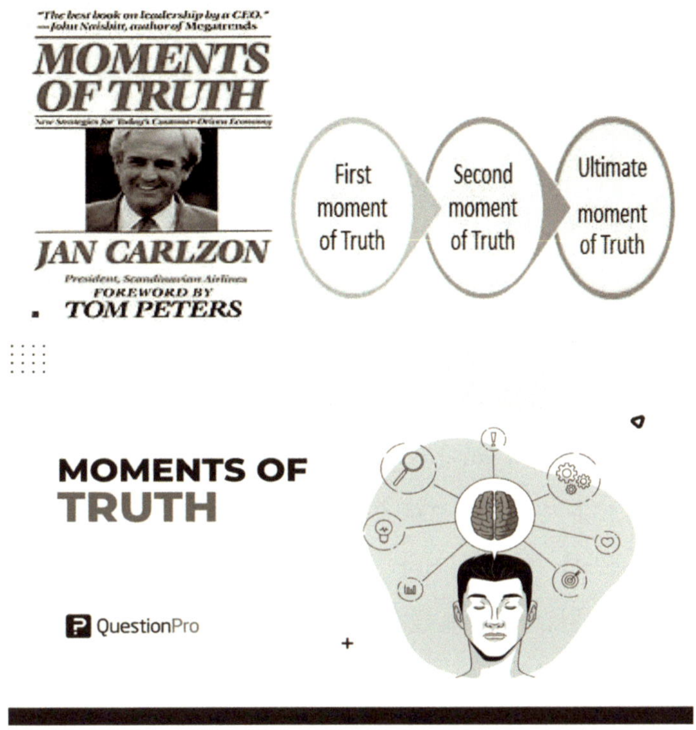

▲ 얀 칼슨

제5절 _ 서비스 프로세스 재설계

1. 서비스 프로세스 재설계의 이유

시간이 흐름에 따라 서비스 프로세스는 기술의 발전, 소비자 욕구, 부가서비스 특성, 신제품 제공 등의 변화 등으로 진부해질 수 있다. 이 경우에 서비스 프로세스는 재설계되어야 한다. 재설계에는 크게 두 가지 이유가 있다.

첫째는 외부환경의 변화이다. 이로 인해 서비스의 어떤 활동이 필요하지 않게 될 수도 있다. 특히 셀프서비스나 자동화 등으로 인력이 감축되거나 사람이 필요하지 않게 된다. 따라서 서비스 프로세스를 재설계하거나 새로운 브랜드 프로세스를 창출할 필요가 있다.

둘째는 기업 내부의 원인에 의해 발생한다. 서비스 프로세스의 진부화 현상은 내부 프로세스, 규율과 규범, 비공식적 표준에 대한 약화 현상 등 내부 원인에 기초한다. 프로세스가 원활하게 작동하지 않고 재설계가 필요함을 알려주는 몇 가지 징후들이 있다. 점점 많은 정보 교환이 필요하거나, 유용하지 않은 데이터가 쌓이거나, 가치를 부가하는 활동에서 높은 수준의 확인 혹은 통제 활동이 필요하거나, 예외의 증가, 불편하고 불필요한 절차에 대한 고객 불만의 증가 등이 나타나면 바로 재설계에 착수해야 한다.

2. 서비스품질과 생산성 향상을 위한 재설계

서비스 프로젝트 관리자는 서비스 프로세스 재설계를 시도해 서비스품질과 생산성을 동시에 향상할 수 있는 기회를 찾아야 한다. 먼저 서비스 청사진을 체크하는 것은 그러한 기회를 확인하고 업무수행 방법을 재설계하기 위한 중요한 단계이다. 서비스 재설계를 위한 노력은 서비스 실패의 감소, 서비스 프로세스의 시작부터 완료까지의 사이클 타임의 감소, 생산성 향상, 고객만족의 증대 등 네 가지 핵심 목표를 달성하는 데 초점을 두며 동시에 그 목표들을 달성해야 한다. 서비스 프로세스 재설계는 재구조화, 재배열, 서비스 프로세스의 대체를 포함한다.

〈표 10-1〉은 서비스 프로세스 재설계 방안을 요약한 것이다. 여기에는 재설계 5단계에 따른 기업 혜택, 고객 혜택, 한계점이 정리되어 있다. 우선 핵심 이해관계자와 서비스 관리자의 청사진 확인하기, 의미 없는 서비스 단계의 제거, 셀프서비스로의 전환 등을 고려해야 한다. 그리고 다음 단계로 서비스를 고객에게 직접 전달하기, 일괄 서비스로 제공하기, 물리적 측면의 재설계 등으로 이어진다.

〈표 10-1〉 **서비스 프로세스 재설계의 방안**

	기업 혜택	고객 혜택	한계점
가치창출에 기여하지 않는 단계 제거	효율성 증가 생산성 증가 고객별 서비스 제공	효율성과 속도 증가 고객으로부터 기업으로 업무 전가 고객별 서비스	원활한 실행을 위해 고객과 직원의 교육 필요
셀프서비스로 전환	비용 감소 생산성 감소 기술에 대한 평판	서비스 속도 증가 접근성 향상 비용 감소 통제력 증가	고객 역할 수행을 위한 준비 필요 관계 형성을 위한 대면 기회 부족 피드백 부재
서비스를 고객에게 직접 전달	위치적 한계 극복 고객 기반 확장	편의성 증가 접근성 증가	물류 부담 비용 증대 신뢰도 필요
일괄 서비스	고객 유지 고객당 서비스 이용 증대	편의성 증가 고객별 서비스	고객에 대한 광범위한 이해 필요 비경제적으로 인지될 수 있음
물리적 측면의 재설계	직원 만족 증가 생산성 증가	편의성 증가 기능의 향상 흥미 유발	모방이 쉬움 많은 비용 소요 고객의 기대 상승

제6절 _ 서비스 프로세스의 공동생산자

1. 서비스 공동생산자

서비스 프로세스 재설계는 생산성과 효율성을 위해서 서비스 전달에 고객이 더욱 관여하기를 기대한다. 청사진은 고객의 역할을 구체화하고 고객과 서비스직원 간 접촉의 범위를 명확하게 확인할 수 있게 한다.

1) 고객 참여 수준

고객 참여는 서비스 생산 및 전달과정에서 고객에 의해 제공되는 정신적, 물리적 정서적 행동과 지원을 의미한다. 고객 참여는 다음의 세 가지 수준으로 구분할 수 있다.

- **낮은 참여 수준**: 낮은 참여 수준에서 서비스상품은 표준화되어 있다. 고객은 돈을 지급하거나 서비스를 즐기는 역할을 할 뿐이다. 영화 감상 또는 버스 탑승, 일상적 청소나 유지 및 보수와 같이 소유물에 대한 처리에서 고객은 서비스 프로세스에 거의 관여하지 않는다.
- **중간 참여 수준**: 중간 참여 수준에서 고객은 서비스 생산과 소비에서 기업을 도울 필요가 있다. 정보의 제공, 개인적 노력, 물리적 소유를 제공하는 것 등이다. 미용실에서 머리를 다듬을 때 원하는 헤어 스타일을 미용사에게 알려주어야 하고 미용사의 요구에 따라 머리를 움직여줘야 한다. 고객이 회계사에게 세금환급을 맡긴다면, 세금환급 관련 서류와 정보를 주어야 하며 회계사의 질문에 잘 대답할 준비가 되어 있어야 한다.

- **높은 참여 수준**: 높은 참여 수준에서 고객들은 서비스의 공동 생산을 위해 적극적으로 참여한다. 고객이 자신들의 역할을 적절히 수행하지 못하면 서비스성과에 부정적인 영향을 미친다. 결혼 상담이나 교육서비스가 이에 속한다. 고객은 체중감량이나 건강 회복을 위해 의사가 처방한 운동이나 식이요법을 적극적으로 잘 수행해야 한다.

2) 서비스 공동생산자로서의 고객

고객은 서비스를 받는 것만이 아니라 공동생산자(co-producer)의 역할을 한다. 호텔 헬스클럽의 개인 트레이닝, 학교의 교육서비스 등은 서비스 제공이 한 번이나 단기간에 이루어지는 것이 아니고 서비스직원과 고객의 참여 없이는 성과가 이루어질 수 없다. 이는 서비스 프로세스에 고객이 활발하게 참여하는 것을 의미하므로, 그 책임이 기업에만 있다고 할 수는 없다.

고객의 서비스 참여나 공동 생산의 성과는 서비스품질과 생산성에 영향을 미치므로 기업은 과업을 잘 수행하는 데 필요한 기술과 동기를 갖도록 고객을 교육·훈련해야 한다. 또한, 고객이 자신들의 역할을 명확히 이해할 수 있도록 도와야 한다.

2. 고객에 의해 발생하는 서비스 실패 예방

모든 문제의 1/3 정도는 고객에 의해 발생한다고 한다. 고객에 의해 발생하는 실패는 회복이 어렵다. 이는 고객과 기업은 문제 발생 원인에 대해 서로 다른 견해를 갖고 있기 때문이다. 따라서 기업은 고객에 의해 발생하는 서비스 실패를 예방하는 데 노력을 기울여야 한다.

고객 실패 예방을 위한 좋은 방법에는 3단계 접근법이 있다.

첫째, 가장 일반적인 실패점에 대한 정보를 체계적으로 수집하라.

둘째, 실패의 원인을 확인하라. 때로는 직원의 설명이 진짜 원인이 아닐 수 있다. 그러한 원인은 고객의 관점에서 조사되어야 한다.

셋째, 확인된 서비스 실패를 예방하기 위한 전략을 수립하라. 거기에는 프로세스 재설계, 기술의 활용, 소비자의 행동 관리, 고객 시민 활동의 독려, 서비스 환경 개선 등 다섯 가지 전략을 적절히 혼합해 사용해야 한다.

3. 서비스 프로세스를 방해하는 불량고객 관리

1) 불량고객이란?

서비스나 상품을 속이거나 잘못 이용하는 고객을 불량고객(jaycustomer, dysfuntional customer) 또는 블랙 컨슈머(black consumer)라 한다. 이러한 불량고객은 기업에 득보다는 해가 되는 경우가 많다. 기업이 관대한 서비스 정책을 갖고 있거나 보증을 제시할 때 일부 고객이 기업의 호의를 악용할 가능성은 항상 존재한다. 그리고 불평하는 고객이 항상 옳은 것은 아니며 정당하지 않을 수도 있다. 그중 일부 불평은 다른 고객 불평의 원인이 될 수 있다.

불량고객은 직원, 다른 고객, 그리고 기업에 나쁜 영향을 미칠 수 있다. 직원에게 정신적, 정서적, 행동적, 물리적 피해를 줄 수 있으며 다른 고객이 받는 서비스를 망칠 수 있고 이들 불량행동을 보고 다른 고객들이 모방할 수 있다. 고객의 불량행동은 기업에 직간접적으로 비용을 유발할 수 있는데, 직접적 비용으로는 실질적 피해 복구 비용과 보험료, 피해당한 고객의 배상 등이 있고, 간접적 비용은 직원 업무 증가와 스트레스, 이직의 증가, 이에 따른 신규 직원 채용 등이 있다.

2) 불량고객의 유형

불량고객은 기업과 다른 고객에게 해가 되므로 불량행동을 통제하거나 방지하고 엄격한 대처를 하거나 사전에 불량고객을 끌어들이지 않도록 해야 한다.

불량고객의 유형을 살펴보는 것은 유형별로 해결책을 모색하는 데 출발점이 된다.

(1) 사기꾼형(swindler)

서비스 정책이나 서비스 보증을 악용하여 기업을 속이는 사람을 말한다. 보험 위조나 위장 구매도 이러한 행태이다. 100% 만족하지 않으면 환불이 가능하다는 보증제도가 있다는 것을 알고 호텔 객실에서 자동차 소리로 한숨도 못 잤다고 해서 환불을 요구하는 고객도 사기꾼형이다. 서비스가 느리다, 너무 빠르다, 너무 뜨겁다, 너무 차갑다, 너무 밝다, 너무 어둡다, 너무 인간미가 없다, 너무 공공연하다, 너무 개인적이다 등등 갖가지 이유를 대며 불평하고 환불이나 보상을 요구하기도 한다.

(2) 도둑형(thief)

상품과 서비스에 대한 대가를 지불하지 않는 사람들이다. 가게나 마트에 좀도둑이 가장 흔하며 어떤 사람은 도벽이 있어서, 어떤 사람은 빈곤해서 도둑질한다. 훔친 신용카드 사용, 불법 다운로드, 무임승차, 무단복제, 무전취식 등은 도둑형 고객의 행동이다. 도난 방지나 도둑 잡기 또는 형사입건을 위해 필요한 첫 단계는 절도행위 방법을 파악하는 것이다. 그러나 비용 지불을 잠시 잊은 정직한 고객도 있다는 것을 기업은 반드시 고려해야 한다.

(3) 규칙위반형(rule breaker)

이는 정해진 규칙이나 법규를 위반하는 사람들이다. 서비스가 제공되기 위해서는 단계별로 직원과 고객이 따라야 하는 규칙이 필요하다. 항공여행을 할 때 지켜야 하는 안전 규칙이나, 공공기관이 건강과 안전을 목적으로 만든 규칙 등이 있다. 스키장에서 위험하게 조심성 없이 스키 타는 사람은 본인은 물론 다른 사람과 부딪쳐 사고 위험이 크다. 스키리조트 측은 이에 순찰대원을 고용해 단속하는 역할을 한다.

가장 좋은 방법은 사전 교육과 위험에 대한 경고이다. 규칙을 정할 때 주의해야 할 점은 그 서비스를 이용하는 고객들의 안전과 즐거움을 지켜줄 수 있어야 한다는 사실이다. 규칙이 너무 많으면 고객의 주의를 끌지 못하고, 규칙이 적을수록 그 중요성이 강조된다는 것을 명심해야 할 것이다.

(4) 호전형(belligerent)

어느 곳에서든 화가 나서 고함을 지르고 욕을 하고 악담을 하는 사람들이 이 형태에 속한다. 상점, 공항, 호텔, 식당에서는 배달 지연, 긴 대기시간, 갑작스러운 단말기나 기계 고장, 서비스직원의 실수 등이 종종 일어나기도 한다. 이 경우 일부 사람들은 미친 듯이 날뛰거나 심지어 신체적인 공격까지도 일삼는다.

현장직원들은 이러한 어려운 상황을 해결하기 위해 여러 가지 기술을 습득해야 한다. 상황극이나 역할극을 통해 직원의 대응 방법을 훈련할 수 있다. 공공장소에서는 해당 고객을 재빨리 다른 고객과 격리하고 현장직원이 해결하기 어려운 경우는 바로 상위 관리자가 투입되어 해결해야 한다. 고객이 신체적으로 공격하면 경비원이나 경찰을 불러야 한다.

(5) 불화형(family feuders)

다른 고객들이나 동행한 일행들과 싸우거나 심지어 함께 온 가족들과 싸우는 사람들이다. 운동경기 중에 관객들 간에 싸움이 일어나고 식당에서 뛰어다니는 아이들 때문에 손님 간에 다툼이 발생하기도 한다. 직원의 개입이 사태를 진정시킬 수 있고 이를 더욱 악화시킬 수도 있다. 상황별로 자세한 분석과 함께 신중하게 대응책을 개발할 필요가 있다. 경우에 따라 서비스 관리자는 즉각적으로 판단해서 빠르게 대처해야 한다.

(6) 파괴형(vandal)

어떤 고객은 시설이나 장비에 대해 물리적인 손상을 입히기도 한다. ATM기에 청량음료 쏟기, 카펫 · 테이블보 · 침대보에 담배로 구멍 내기, 가구나 수화기 망가뜨리기, 컵 깨뜨리기, 천 찢기, 내외부 벽에 흠집 내기, 타인 자동차에 흠집 내기, 사용한 기기나 장비 고장 내기 등 이러한 사례는 끝이 없다.

최선의 대처방법은 예방이다. 안전조치를 하고 밝은 조명장치, 잘 파손되지 않는 표면제, 보호막을 씌운 장비, 튼튼한 가구 등은 파괴 행동을 막는 방법이다. 고객에게 올바른 시설 사용 방법을 안내하고 경고문을 부착하는 것도 좋은 방법이다. 그리고 손상을 입힌 설비에 대해 고객이 보상하도록 동의서를 작성하거나 예치금을 맡기도록 하는 등 경제적인 부담을 지우는 방법이 있다.

(7) 신용불량형(deadbeat)

서비스 이용금액에 대한 대금 지급을 연기하는 사람들이다. 파괴형 고객과 마찬가지로 사전 예방 활동이 사후 대처보다 낫다. 이에 따라 선지급을 요구하는 기업 수가 점차 많아지고 있다. 호텔들이 예약고객에게 신용카드 번호를 요구하거나 인터넷 쇼핑몰에서 상품을 주문한 고객에게 사전 지급을 요구하거나 신용카드 번호를 요구하는 경우가 그 예이다. 차선책으로는 서비스 완료 시 고객에게 즉시 계산서를 주는 것이다. 우편이나 메일로 청구서를 보내야 할 경우는 제공된 서비스가 아직 생생하게 기억에 남아 있을 때 최대한 빨리 보내는 것이 좋다.

▲ 불량고객

제7절 _ 셀프서비스

고객 참여의 궁극적인 형태는 고객이 서비스 활동을 직접 하기도 하고 기업이 제공한 시스템이나 장치를 이용하는 것이다. 셀프서비스 기술(SST: self-service technology)은 직원의 직접적인 관여나 상호작용 없이 전적으로 고객에 의해 생산되는 서비스이다. 서비스는 기업이 전적으로 생산하는 서비스부터 고객에 의해 생산되는 서비스까지 연속선을 이루는데 SST는 고객 참여의 정도에서 최고점인 서비스이다.

1. 새로운 SST의 확산

고객은 직원의 관여 없이 서비스를 직접 생산하도록 하는 다양한 SST에 직면해 있다. SST는 호텔 자동 체크아웃, 은행 자동화 서비스, 슈퍼마켓 자동 스캐닝, 셀프 주유소, 폰

〈표 10-2〉 SST 목록

• ATM	• 대형마트에서 셀프스캐닝(self-scanning)
• 주유기에서 계산	• 온라인 뱅킹
• 공항 체크인	• 온라인 자동차 등록
• 호텔 체크인과 체크아웃	• 온라인 경매
• 자동화된 렌터카 대여	• 주택과 자동차 온라인 구매
• 자동화된 법적 클레임 등록	• 자동화된 투자거래
• 온라인 자동차 면허시험	• 온라인 보험
• 자동화된 베팅기(betting)	• 화물 추적
• 전자 혈압측정기	• 인터넷 쇼핑
• 다양한 자판기(vending)	• 상호작용적인 목소리 응답 전화시스템
• 세금 준비 소프트웨어	• 온라인 교육과 훈련 등

뱅킹과 같은 자동 전화 시스템, 셀프서비스 기차표 발권 등을 포함한다. 〈표 10-2〉는 SST 목록의 예를 나열하고 있다.

정보기반 서비스는 SST를 사용해서 더 쉽게 제공될 수 있다. 정보서비스는 정보 획득, 순서배열과 예약, 결제와 같은 부가서비스 이외에도 은행 업무, 연구, 오락, 교육 부문과 같은 핵심 서비스의 전달도 포함한다. 심지어 전통적으로 면대면으로 서비스 전달이 이루어졌던 상담과 판매 프로세스도 전자 추천 에이전트를 통해 셀프서비스로 전환되고 있다.

2. 고객의 SST 수용 여부

1) 성공하는 경우

SST의 시도는 아직 진행 중이다. ATM, 온라인 예약과 주문, 공항 체크인 등이 제공하는 여러 가지 편익, 예를 들면 사용 용이성, 접근 가능성, 편의성 등의 편익은 고객이 이를 소중히 여겼기 때문에 성공한 결과이다. 물론 앞의 SST 목록에 많은 리스트가 있다. 최근에는 이보다 더 많은 SST를 볼 수 있다.

호텔기업은 고객의 신뢰를 높이고 셀프서비스 기술이 추가된 서비스 프로세스에 사전 테스트를 시행하고 셀프서비스 기술의 장점을 홍보하며, 고객이 새로운 기술을 직접 사용하거나 학습할 기회를 제공하면 고객들의 혼란과 반감을 줄일 수 있다. SST 도입 후 꾸준히 모니터링해 불만사항을 개선하고 프로세스를 알맞게 수정한다면 SST의 안착에 도움이 될 것이다.

2) 실패하는 경우

셀프서비스를 싫어하는 고객은 나름대로 이유가 있다. 첫째, 고객의 기술 준비도를 고려할 필요가 있다. 셀프서비스 사이트를 접속하기 위해 아이디, 비밀번호, 심지어는 생년월일 등을 입력해야 하는데, 가끔 비밀번호를 잊기도 하고 사이트 이용이나 결제 방식이 복잡하거나 어려울 수 있다. 고객이 이용하기 편리하게 사용 방법에 대한 학습

기회나 홍보를 통해 커뮤니케이션하는 노력이 필요하다.

둘째, 다른 대안을 제공하지 않은 상태에서 SST를 강제로 사용하고 있다고 느낄 때 고객들은 부정적으로 반응할 수 있다. 일부 대형마트에서 소수의 계산대를 열어놓고 고객들을 셀프 계산대로 가도록 안내방송을 하지만, 적절한 인센티브 없이 고객을 SST로 내모는 것에 반감을 느끼는 고객들도 있다.

셋째, 아직 복잡한 상호작용을 수행할 만한 기술력을 갖추지 못해 오작동이 있을 수 있다. 순차적인 키보드 입력으로 해결되지 않거나 한 번 잘못으로 맨 처음부터 입력해야 하는 번거로움은 SST 사용에 장애가 될 수 있다.

그러나 SST의 급속한 진전은 대세이다. 향후 인공지능 기술이 비약적으로 발전한다면 실생활에서 로봇 서비스를 더 안정적이고 광범위하고 편리하게 활용할 수 있게 될 것이다.

CHAPTER

11

호텔의 직원관리

호텔 마케팅의 7번째 마케팅 믹스는 참가자(participants)이다. 앞에서 언급하였듯이 참가자는 판매거래에 관여하는 모든 사람을 말한다. 참가에는 판매자, 구매자, 기타 고객들이 관여하는데, 이것을 서비스 거래에 관여하는 직원과 고객으로 크게 나눌 수 있다. 제11장에서는 직원관리를 우선 보기로 한다.

판매자와 구매자의 밀접한 상호작용과 우선 호텔직원의 적극적인 참가가 숙박 경험의 형성에 도움을 주기 때문에 이 '참가'요소는 호텔산업에서 매우 중요하다.

판매거래 과정에서 참가자의 태도와 행동은 고객의 경험을 고양할 수도 있고 파괴할 수도 있다. 직원에게 무례한 대우를 받거나 냉담한 서비스를 받는 고객은 숙박이 즐겁지 않을 것이고, 아마도 그 호텔에 두 번 다시 예약하지 않을 것이다. 그래서 호텔기업은 직원의 행동을 잘 관리해야 한다.

훈련프로그램을 수료하게 하는 것과 직원에게 제복을 착용하도록 하는 것은 직원을 관리하는 두 가지 방법이다. 많은 기업에서는 업무 수행이 우수한 사원에게 자유여행이나 상여금 등을 제공한다. 인센티브를 제공하는 목적은 직원이 그 기업에 좋은 감정을 갖고 업무를 더욱 잘 수행하게 하는 데 있다. 특히 호텔사업에서는 반복적 구매가 이루어지기 때문에 직원의 적극적인 참가는 마케팅 믹스에 지극히 중요한 부분이라 할 수 있다.

제1절 _ 서비스직원의 결정적 역할

1. 서비스 마케팅 삼각형

서비스 마케팅은 고객과 약속하고 그것을 잘 지켜가는 과정이다. 서비스 삼각형(service triangle) 혹은 서비스 마케팅 삼각형으로 알려진 전략적 틀은 [그림 11-1]에 잘 나타나 있다. 서비스 마케팅 삼각형은 서비스를 개발·촉진하고 제공하기 위해 작용하는 세 개의 그룹을 연결해서 설명하고 있다. 각 꼭짓점에는 기업, 직원, 고객이 있다. 기업은 서비스 직원을 통해 약속을 수행하는데 이를 내부마케팅(internal marketing)이라고 한다. 그와 동시에 기업은 고객과의 커뮤니케이션을 통해 약속을 전달하는데 이를 외부마케팅(external marketing)이라고 한다. 그리고 직원들은 고객과의 상호작용을 통해 약속을 지켜나가는데 이를 상호작용 마케팅(interactive marketing)이라고 한다.

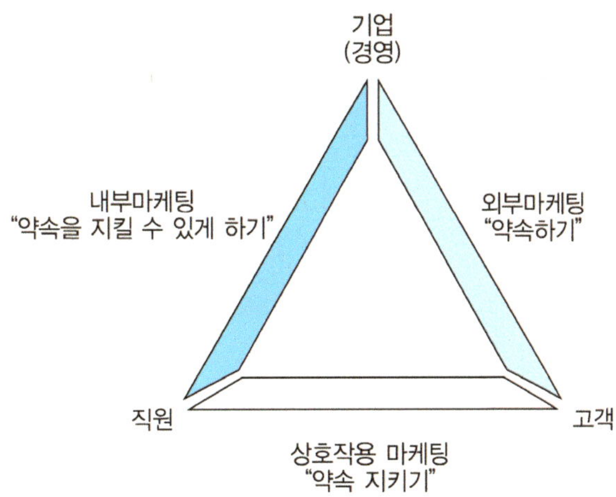

[그림 11-1] 서비스 마케팅 삼각형

삼각형의 세 측면 모두가 전체를 만드는 데 핵심적 역할을 하며 삼각형의 각 면은 균형을 갖추어야 한다. 즉 외부마케팅을 통해 기업이 약속한 것 등을 고객에게 제공해야 한다. 그리고 조직 내의 지원 활동이 현장직원이 기대하는 바와 일치해야 한다. 서비스 마케팅 삼각형의 균형을 유지하는 전략 가운데 특히 내부마케팅과 관련된 전략이 그 기본이 되어야 한다.

2. 직원만족, 고객만족, 수익성 간의 관계

만족한 직원이 고객을 만족시키고 만족한 고객이 다시 직원의 직무 만족을 강화한다. 서비스직원의 좋은 기분이 고객에게 자연스럽게 전달되기 때문이다. 또 반대로 서비스직원이 행복하지 않다면 고객만족은 달성되기 어렵다. 서비스직원 자신이 불만에 차 있으면 고객을 충분히 만족시킬 수 없다. 따라서 호텔기업은 고객보다 현장직원을 우선해서 만족시키도록 노력해야 한다.

직원만족과 고객만족을 연결하는 기본적인 논리와 수익성이 연결되는 과정은 [그림 11-2]와 같다. 이것을 서비스 이익사슬(service profit chain)이라고 부른다. 직원이 만족하면 직원의 생산성이 올라가고 외부적으로는 서비스 가치가 올라간다. 직원 만족은 결국 고객만족을 올리고 동시에 고객 애호도가 올라간다. 고객 애호도나 고객 충성도가 올라가면 반복이용 및 재구매가 자주 일어나게 되면서 기업의 수익은 증가하고 따라서 수익성도 높아지는 선순환 구조가 이루어진다.

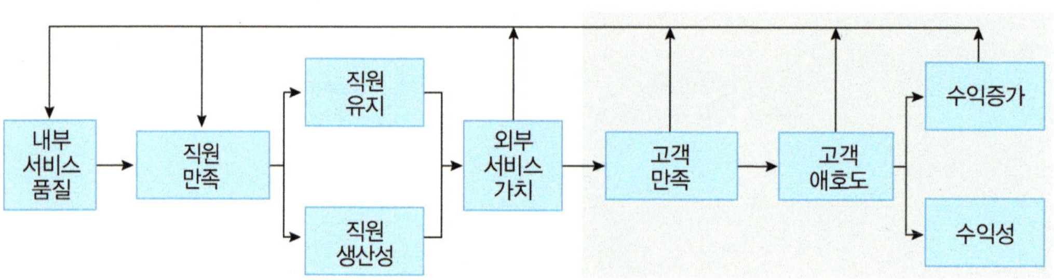

[그림 11-2] 직원만족, 고객만족, 수익성 간의 관계

3. 감정노동과 접점직원의 역할

호텔 서비스 현장에서 고객들과 직접 대면해서 서비스를 제공하는 사람들을 접점직원(contact personnel)이나 현장직원 또는 경계 연결자(boundary spanner)라고 한다. 이들 접점직원은 외부고객 및 환경을 조직의 내부운영과 연결한다.

그러면 접점직원은 누구인가? 모든 사람, 즉 직무나 직책과 관계없이 접점에서 일하는 사람이면 누구나 접점직원이 될 수 있다. 프런트직원, 웨이터, 웨이트리스, 그리고 패스트푸드점, 텔레마케팅 회사, 소매점 등에서 접점에 있는 직원들이다. 항공사 승무원, 백화점 점원, 배달 라이더, 택배 직원도 접점직원이다. 좋은 보수에 교육을 잘 받은 전문가들도 접점직원인데 예를 들어 의사, 변호사, 회계사, 컨설턴트, 건축설계사, 교사들이다.

그들의 기술과 급여의 수준이 어떻든 접점직원은 스트레스를 많이 받는다. 이러한 직책은 정신적 · 신체적 기술과 더불어 엄청난 수준의 감정적 노동을 요구하며, 개인 간, 조직 간 갈등을 조정하는 능력이 필요하며 직무수행에 품질과 생산성 간의 상쇄를 해결할 수 있는 능력이 요구된다.

1) 감정노동

감정노동(emotional labour)은 양질의 서비스를 제공하는 데 필요한 육체적 · 정신적 노동 이상의 노동을 말한다. 서비스직원들은 그들의 감정을 서비스를 위해 요구되는 감정적 표현과 수준으로 맞추어야 한다. 이 경우 고객에게 미소를 짓고 눈을 마주치고 진실한 관심을 보이고 낯선 사람과 친절하게 대화하는 것을 포함한다. 고객을 향한 친근감, 공손함, 공감, 응답성 등은 서비스 책임을 떠맡고 있는 접점직원들에게 엄청난 양의 감정노동을 요구한다. 접점직원은 기분 나쁜 날이거나 감정 상하는 일이 있더라도 고객은 이들에게 호텔의 얼굴을 기대한다. 그러므로 감정노동이 효과적으로 수행

[그림 11-3] 감정노동에 임하는 텔레마케터

되려면 사람들에 대한 느낌을 잘 활용해야 한다.

2) 갈등의 원천

사람을 대하는 업무를 하는 접점직원의 일과는 고되다. 종종 개인 간 및 조직 간 갈등에 직면하게 된다. 좌절감이나 혼란함이 해결되지 않은 채로 남아 있으면 스트레스, 직무 불만족, 고객 응대 능력의 감소, 심지어 신경쇠약까지 일으킬 수 있다. 이러한 갈등과 스트레스의 원인을 잘 파악하고 관리하는 방법을 찾아내지 못하면 직원은 담당 업무에서 오래 견디지 못할 것이다. 다음에서 갈등의 원인과 관리방안에 대해 살펴보기로 한다.

(1) 개인-역할 갈등

접점직원들은 주어진 임무가 자신의 성격이나 지향성 혹은 가치관과 맞지 않을 때 갈등을 느낀다. 마케팅에서 "고객은 왕이다", "고객은 항상 옳다"라는 표어에 따라 일해야 하는데, 그것이 자신들의 느낌이나 신념을 억제해야 하는 경우, 역할 갈등을 느낀다. 때때로 역할로서 해야 할 일과 직원의 자아 이미지나 자존심 간에 갈등이 존재할 수 있다.

(2) 조직-고객 갈등

접점직원이 느끼는 갈등의 원인 가운데 가장 흔한 것은 조직의 서비스 방침과 고객의 요구조건이 잘 안 맞을 때이다. 호텔에서 진상 손님을 대할 때 직원은 갈등을 느낀다. 백화점에서 빅세일 중에 판매된 상품은 환불·교환해 주지 않는 방침이 있다고 하자. 그것을 모르고 구매한 고객이 재방문해 교환해 달라고 막무가내로 떼를 쓰면 판매직원은 큰 갈등을 느끼게 된다. 이러한 갈등을 예방하려면 고객에게 회사의 방침이나 서비스 조건을 미리 알려줘야 한다.

(3) 고객 간 갈등

현장직원은 상대하는 고객들 간에 양립할 수 없는 기대나 요구를 받았을 때 갈등이 발생한다. 차례로 고객에게 서비스하는 경우(예: 창구직원이나 티켓 판매원 등)나 다수 고객을 동시에 상대하는 경우(예: 교사나 교수, 연예인 등)에 흔히 발생한다. 한 사람의 서비스 제공자가 다수 고객의 욕구를 충족시키기는 어렵다.

또 고객 간의 갈등은 금연 구역에서 흡연, 새치기, 공공장소나 복도에서의 통화, 식당에서 불쾌한 행동 등에서 초래된다. 다른 고객에게서 그런 짓을 제지해 달라고 요구받은 직원은 양측 고객 모두를 만족시킬 수 없게 되고, 그것은 불쾌하고 스트레스를 주는 업무가 되기 쉽다.

▲ 감정노동/스트레스

제2절 _ 내부마케팅의 개념과 목적

1. 내부마케팅의 중요성

내부마케팅(internal marketing)은 내부지향적(내부, 조직 내)인 마케팅활동이다. 종래의 발상에서 마케팅이란 기업에 의한 외부고객의 표적시장 활동을 의미하는 것만으로 생각해 왔다. 마케팅 조사를 비롯하여 마케팅 믹스에 의한 포지셔닝 전략은 모두 외부고객에 초점을 맞추어 계획되었다. 마케팅의 중심적 개념인 소비자지향이란 실제로 외부고객지향(customer-oriented)이었다.

이에 반하여 내부지향적인 내부마케팅에서 말하는 소비자지향은 내부고객지향(internal-oriented)이며 마케팅 조사 및 전략은 내부의 고객(특히 호텔직원, 접점직원)을 대상으로 하고 있고 그들 내부고객을 동기부여하기 위하여 계획 · 실시된다.

기업 내부의 직원에 대한 동기부여는 경영학에서 전혀 새로운 개념이 아니다. 이전부터 인사 및 노무관리, 조직론 및 생산계획관리 등 여러 방면에서 직무전환, 자기관리 그룹, 경력관리 등에 걸쳐 직원의 동기부여이론이 다수 소개되었다. 그러나 그러한 이론들은 그 배경이 제조업의 생산과정에서의 비용삭감 및 효율성 향상에 기초를 두고 있고, 대부분 생산관리적 관점에 따라 전개되어 왔기 때문에 그러한 의미에서 진정한 고객의식으로부터 발생한 동기부여책이라 할 수는 없었다는 게 한계이다.

종래의 조직용어에 대신하여 내부마케팅이라는 용어를 사용하는 이유는 최종고객의 욕구를 충족시키는 호텔기업의 능력은 현장 접객요원의 욕구를 만족시키는 경영자 측의 대응능력에 크게 의존하는 현실에 기초를 둔 것이다. 내부마케팅은 내부고객이라는, 종래의 동기부여이론에 결핍되어 있는 연구방법의 도입을 의미하고 이른바 마케팅론과 조직론의 접점(接點)을 언급하는 것이다.

2. 내부마케팅의 개념

호텔기업의 현장직원은 표적시장으로서 외부고객 시장보다 우선해서 기업전략을 실시하지 않으면 안 되는 시장이다. 즉 고객에게 영향을 미치는 현장직원의 욕구를 만족시킴으로써 호텔기업은 외부고객의 욕구를 만족시키는 기업 능력의 향상을 꾀할 수 있다. 혜택 및 효용의 다발로서 서비스상품의 판매계획은 호텔기업의 직원과 상품제공의 현장직원, 접객요원의 협동 활동에 의해 실행된다. 최고경영층 및 간부직원은 현장 접객요원을 제1차적 고객으로 인식하고 그들에게 포지셔닝 전략을 우선해서 실시하지 않으면 안 된다.

내부마케팅을 정의하면 내부고객인 현장직원에게 내부제품(internal products)으로서의 직무(jobs)를 제공하고 그 내부제품을 내부고객의 욕구에 적절히 합치하도록 계획하는 것이다. 내부마케팅에는 경영자와 현장직원 사이에 또는 현장직원 상호 간에 양호한 커뮤니케이션이 확립될 필요성과 호텔기업의 의사전달 과정에서 현장직원의 자유로운 참가결정의 필요성이 강조된다. 그것은 유능한 인간의 채용 및 관리, 그들이 최고의 직무를 수행할 수 있게 하는 등의 의미를 내포하며 외부고객과 대면접촉을 갖는 내부고객에게 마케팅이론과 실천을 응용하려는 것이다.

3. 내부마케팅의 목적

내부마케팅의 목적은 현장직원에게 충분히 동기를 부여하고 고객지향적인 접객요원으로 개발하는 데 있다. 이러한 목적을 달성하기 위해 인사, 영업 또는 총무 등 여러 부문을 마케팅 부문이 고객지향으로 조정하는 역할을 실시하지 않으면 안 된다. 내부마케팅이 효과적으로 실시되기 위해서는 현장직원 간에 고객지향 또는 판매지향이 형성되도록 기업의 내부환경을 구축하지 않으면 안 된다.

호텔기업에서는 다수의 현장직원이 각각의 고객과 대면해서 서비스를 생산, 판매하고 있다. 그러므로 호텔기업의 경영자는 자신의 견해와 기업의 마케팅 비전을 최종소비자에게 판매하기 이전에 현장에서 일하는 접객직원에게 판매할 필요가 있다. 이러한 의미에서 호텔기업은 두 종류의 고객이 있는 셈이 된다. 하나는 일반적인 의미에서의 고객,

즉 외부고객이며, 다른 하나는 기업의 직원 특히 접객요원, 즉 내부고객 또는 사내고객이다.

호텔기업은 외부고객에게는 상품을 판매하고 내부고객인 현장직원에게는 그 직무를 판매한다. 경영자가 계획하는 서비스전략 및 세일즈 포인트를 현장직원이 충분히 이해하지 못하고 경영자의 생각에 자진하여 협력하려 하지 않는다면 최종소비자인 외부고객에게 최고 서비스의 제공을 기대하기는 어렵다. 마케팅의 원점은 소비자지향이라고 알려져 있다. 그러나 경영자가 아무리 고객지향적 전략을 계획한다고 해도 현장직원이 이에 동조하지 않는다면 그 전략은 실패로 끝날 것이다.

4. 서비스문화의 확립

내부마케팅 프로그램은 서비스문화(service culture)를 그 기초로 하고 있다. 기업문화가 고객에 대한 서비스를 지원하지 않는다면 서비스마케팅 프로그램은 실패할 수밖에 없는 운명에 놓이게 된다. 한때 『The Australian』의 기사에 의하면 4개의 호텔기업이 200만 달러를 고객서비스 프로그램에 투자하였는데, 거의 아무런 효과도 거두지 못하였다고 보도하였다. 이는 서비스 프로그램 실패 사례의 하나이다. 서비스를 중시하는 기업문화가 정착되지 않았기 때문이다.

내부마케팅 프로그램에는 경영자들의 강력한 대처가 필요하다. 내부마케팅 프로그램에 대한 주요 장애는 중간관리직이다. 경영자는 비용을 관리하고 이익을 늘리기 위한 훈련을 받고 있다. 그래서 보수시스템은 일반적으로 어느 일정한 비용 수준을 유지하는데 그 기초를 두고 있다.

예를 들어, 교육훈련(비용 관리 대비 이익 증대 훈련)을 마치고 돌아온 프런트 직원이 호텔에서 아무런 만족감도 느낄 수 없다고 말하는 어떤 고객의 감정을 풀어주기 위하여 헬스클럽 무료 입장권을 수배하느라 잠시 자리를 비웠다고 하자. 이러한 교육을 받지 않은 프런트 담당지배인은 이 프런트 직원의 행동은 비생산적이고 무료입장 서비스는 낭비라고 볼 수도 있다. 교육 훈련을 받은 자와 받지 않은 자의 차이가 여기서 나타나고, 이것들이 결국 한 기업의 서비스문화를 만드는 것이다.

경영자와 총지배인은 서비스문화를 개발하지 않으면 안 된다. 그것은 정책, 절차, 보수체계, 행동을 통하여 고객서비스를 뒷받침하는 문화이다. 조직문화는 공유된 가치와 그 조직의 행동에 대한 규칙을 제공하는 조직이념을 조직구성원에게 부여하는 규범 형태이다.

모든 조직에는 문화가 있다. 일부 기업에서는 매우 미미할 수 있지만, 적절히 관리된 기업에서는 그 조직 내에 있는 누구나 그 문화를 잘 받아들이고 있다. 강력한 문화는 다음 두 가지 방법을 통하여 조직을 지원할 것이다. 첫째 그것은 행동을 리드한다. 직원은 어떻게 행동할 것인가 그리고 그들에게 무엇이 기대되고 있는가를 알고 있다. 둘째 강한 문화는 직원에게 목적의식을 부여하고 그 기업에 호감을 느끼도록 한다. 직원은 회사가 무엇을 성취하려 하는가, 그리고 목표를 달성하기 위해 어떻게 지원하면 되는가를 알고 있어야 한다.

문화는 하나의 조직을 결속시키는 접착제와 같은 역할을 한다. 조직이 강력한 문화를 가질 때, 그 조직과 직원은 일체가 되어 행동한다. 약한 문화를 가진 회사가 반드시 약한 서비스문화를 가진다고 말할 수는 없다. 그러나 강한 서비스문화는 직원에게 고객지향으로 행동하게 방향을 제시한다. 그리고 그것은 고객지향의 조직을 구축하는 첫걸음이 된다.

고객지향의 조직을 구축하려면 시간과 예산이 필요한데, 경영자에게 지원여부를 반드시 확약받아야 한다. 고객지향 시스템으로 바꿔나가기 위해서는 직원에게 권한을 위임하는 것뿐만 아니라 고용, 훈련, 보수체계, 고객의 고충 처리에 관한 개선이 필요하다. 경영자는 고객 및 접객직원과 대화시간을 갖지 않으면 안 된다. 이러한 변화에 깊이 관여하고 있어야 한다.

서비스문화는 최고경영자의 메모에서 생겨나는 것이 아니고, 몇 번이고 반복되는 경영자의 행동을 통하여 형성되는 것이다. 예를 들면 투숙객을 영접하거나, 아침의 체크아웃과 오후의 체크인을 하는 동안에 숙박객의 반응이나 만족도에 대하여 질문하는 데 시간을 쓰는 호텔지배인은 고객을 소중하게 생각한다는 것을 몸소 보여주는 하나의 사례이다.

하얏트, 맥도날드, 허츠 등 일부 기업에서 경영자는 접객담당직원이 근무하는 바로 옆자리에서 업무를 보는 시간을 많이 가지려고 한다. 이러한 행동은 경영관리자가 현장

업무와 연결하려는 것과 함께 직원 및 고객을 소중하게 생각하고 있다는 것을 직원에게 직접 보여주는 것이 된다.

따라서 경영관리자의 지지 없이 개발되는 내부마케팅 프로그램은 비생산적이다. 이 프로그램이 눈에 보이는 형태로 기업의 경영관리자로부터 지지를 받지 못한다면 기업조직은 직원에게 고객지향적 태도를 기대하기 어려울 것이다.

5. 현장직원의 역할

호텔기업의 내부고객인 현장직원이 경영관리상 한층 중요한 의미가 있다는 것이 인식되어야 한다. 이러한 의미에서 현장직원이 어떠한 역할을 행하고 있는가를 파악하는 것이 중요하다. 서비스교환에서 외부고객의 만족은 서비스 거래현장에서 고객과의 인간적 접촉하는 현장직원의 태도와 행동, 즉 서비스 성과(service performance)에 의존하는 바가 크다. 고객만족을 얻는 데 충분한 성과를 내기 위해 현장직원이 행하는 것이 내부마케팅이고 이것은 결국 외부마케팅의 성공적 요체가 된다. 그러한 의미에서 현장직원이 수행하는 역할은 이하에서 보는 것과 같이 여러 가지가 있다.

① 현장직원은 기본적인 서비스를 고객에게 제공하는 서비스 제공자의 역할을 담당한다. 그뿐만 아니라 현장직원은 고객의 욕구에 대한 최적의 선택사항을 인식하고 고객이 반복해서 구매행동을 일으키도록 기여하며, 또한 고객이 거기에서 얻는 만족의 내용을 다른 고객에게 전하도록 하는 역할을 담당한다.

② 현장직원은 품질관리자의 역할을 담당한다. 호텔기업에서는 생산과정과 소비과정이 동시에 발생하므로 고객의 반응에 따라 즉각적으로 생산과정을 변경해야만 한다. 여기서 현장직원은 자신의 자유 재량과 능력이 가능한 범위에서 서비스 제공방법을 수정하여 고객의 욕구에 합치하도록 서비스품질의 수준을 변화시킨다.

③ 현장직원은 PR맨의 역할을 행한다. PR이라는 것은 기업의 의도를 상대방에게 정확히 전하여 양호한 관계를 유지하는 것이다. 말하자면 자사의 생각, 현재의 서비스상품, 기업의 이미지 등을 끊임없이 고객에게 전달해 이해시키고 구매 또는 재구매로 이끄는 것이 그들의 역할이다.

④ 현장직원은 의사결정자의 역할을 담당한다. 의사결정이란 복수 안에서 하나의 안을 선택하는 행위이다. 이것은 선택안을 자신이 직접 만들어내거나 고객이 제안한 선택안 가운데서 하나를 선정하도록 권유하는 것을 의미한다. 호텔서비스를 제공하는 데 발생하는 모든 문제에 대해서 최고경영자나 부장의 결정을 기다리면 타이밍이 늦어서 고객의 불만을 사거나 고객을 잃어버리는 경우가 종종 발생한다. 서비스가 행해지고 있는 현장에 그 결정을 위임하지 않으면 직무가 원활히 수행되기 어려우므로 현장직원이 어느 정도 의사결정을 내리지 않으면 안 되는 것이다.

⑤ 현장직원은 교육자 또는 설득자의 역할을 담당한다. 새로운 서비스나 새로운 메뉴가 등장할 때에는 고객을 교육하지 않으면 안 된다. 여기에서 교육이란 고객에게 새로운 태도를 심어주는 것이며 설득이란 고객이 지금까지 취하고 있던 태도를 새롭게 고치고 이해시키기 위한 행위이다. 이처럼 현장직원은 고객의 기존의 태도를 변화시키기 위하여 고객을 설득하는 역할을 하여야 한다.

⑥ 현장직원은 정보전달자의 역할을 담당한다. 그들은 고객에게 정보를 제공함과 동시에 고객으로부터 정보를 수집하는 행위를 한다. 서비스상품에 관한 유익한 정보를 고객에게 제공하는 것이 우선으로 중요하지만, 고객으로부터 얻어낸 정보도 호텔기업의 발전에 없어서는 안 되는 중요한 요소이다.

⑦ 현장직원은 이익관리자의 역할을 담당한다. 유능한 현장직원은 오로지 주문만을 받는 수동적인 일에 국한하지 않고 자사의 이익을 이해하고 수익이 많은 서비스상품을 판매하는 데 관심을 쏟아 그것을 통제하고 관리한다. 소규모 사업에서는 훌륭한 서비스를 월등히 제공하는 현장직원이 단골 고객을 만들어 총매상에 크게 기여하는 경우가 많다.

이상에서 기술한 역할들은 그중 하나의 역할만이 별개로 또는 시기적으로 분리되어 발생하는 것이 아니고 여러 가지 역할이 혼합되어 발생하거나 몇 개의 역할이 동시에 행하여지는 경우가 일반적이라고 할 수 있다.

제3절 _ 내부마케팅의 전략과 전술

내부마케팅은 서비스상품 판매의 효율적 수행을 목적으로 사내고객에게 직무를 판매하는 것인데, 내부마케팅에서는 전략과 전술이 분리된다. 외부마케팅(external marketing)에서 그 전략 및 전술은 최고경영자나 중간계층의 간부진에 의해 입안·관리되고 있다. 그러나 현장의 인적관리나 접객직원의 기능을 중시하는 일이 무엇보다 중요한 호텔기업에서는 자체적으로 기본적인 마케팅계획 및 관리와 이것을 현장에서 상세히 운용하는 전술 단계 간의 조직상 분업화가 명확해야 한다.

내부마케팅의 전략으로는 시장조사, 시장세분화, 광고 등 종래의 마케팅 활동을 운용하는 것뿐만 아니라, 근무시간 변동제, 복지후생 선택제 및 경력계획 등 여러 가지가 있다.

1. 시장조사와 시장세분화 전략

외부마케팅에서는 외부시장의 고객에 대해 시장조사를 하는 데 반하여 내부마케팅에서는 내부시장의 직원을 대상으로 직무나 정책, 기타 노동조건에 관한 만족도 조사를 하고 관련 정보를 분석하여 내부시장에 대한 개선책을 고려한다. 이러한 조사를 통하여 각 현장직원의 개성이나 욕구, 직무수행상의 제안 등에 적합한 전략을 수립한다.

한편, 시장세분화 전략을 통하여 외부고객에 대한 상세한 대책이 계획됨과 동시에 내부마케팅에서도 활용된다. 그것은 내부시장에서도 현장직원의 개인적 희망 및 개인의 라이프 스타일과 라이프 스테이지(life stage)에 의해 직무환경에 대한 욕구가 다양하기 때문이다.

내부시장의 시장세분화(segmentation) 전략으로는 다음에서 언급하는 근무시간 변동제와 복지후생 선택제 방식이 유용하다.

2. 근무시간 변동제와 복지후생 선택제

근무시간 변동제(flexible time system)는 출퇴근 시간에 대해 현장직원에게 선택의 폭을 제공하는 제도이다. 예를 들면 현장직원 전원이 회사에 출근해야 하는 시간대(core time)와 현장직원 각 개인이 자유롭게 선택할 수 있는 시간대(flexible time)를 설정하여 현장직원에게 자주적으로 시간관리를 할 수 있게 하는 제도이다.

복지후생 선택제(cafeteria benefit system)는 호텔기업이 제공하는 복지후생 계획 가운데서 각 현장직원의 희망대로 그 몇 개를 선택할 수 있도록 하는 제도이다.

이 두 가지 방식은 현장직원을 동질적인 욕구를 갖는 집단으로 보는 게 아니라 세분화를 이용하여 대응해야 하는 내부시장으로 파악해야 한다는 발상에 기초를 둔 제도이다. 이는 호텔기업과 현장직원 양쪽 모두에게 이익을 가져다준다. 우선 기업의 이익으로는 현장직원의 업무에 대한 생산성 증대, 시간 엄수 문제의 해결, 직무 시간에 개인적 용무의 감소, 상습적 결근과 전직의 감소 그리고 단위당 노동 코스트의 절약 등이다. 현장직원 측의 이익으로는 가족 활동을 위한 시간의 증대, 업무에 대한 만족도 증가 등 개인생활 안정과 충실을 통한 물심양면의 여유 있는 생활을 하게 되는 점이다.

3. 목표관리와 커뮤니케이션 전략

현장직원이 목표설정 및 계획화 과정에 참가하는 목표관리(MBO : Management By Objective)는 달성 욕구가 강한 현장직원을 한층 자극할 수 있다. 현장직원의 관련 목표로는 일정한 기간에 특정한 서비스의 매상이나 코스트의 수치에서부터 신규고객의 개척목표, 욕구개발 단계의 고객수 목표 등 세부사항에 관한 구체적 내용에 이르기까지 다양하다. 특히 현장의 서비스전략 입안에서 현장직원이 적극적으로 참여하고, 현장에서도 주도적으로 서비스 전술을 실현하며 스스로 자기계발 목표를 설정해야 한다. 그러기 위해서 궁극적으로는 현장직원과 관리자 간에 쌍방향 커뮤니케이션(two-way communication)이 가능해야 한다. 관리자는 개개인 현장직원 또는 현장직원 단체와 충분히 의견을 교환하고 도전의식을 자극하여 달성 가능한 현실적인 목표를 설정하기 위해 협력해야 한다. 동시에 목표의 달성을 객관적으로 평가하는 데 유용하도록 현장직원의 이해를 얻어 성과측정 척도를 결정해야 한다.

한편, 외부를 향한 광고 및 커뮤니케이션 전략도 내부마케팅에서는 현장직원이 직무를 판매하는 중요한 수단이 된다. 이것은 또한 사내보와 혼합되어 현장직원의 동기부여, 교육, 기업의 의사전달을 위한 수단이 될 수 있다. 현장직원은 광고에 대한 제2의 청중이기도 하기 때문이다.

4. 성숙도 관리와 경력계획

전술한 현장직원 개인의 희망 및 라이프 스타일에 의한 직무환경에의 욕구가 다양하다는 것과 마찬가지로, 현장직원의 성숙도에 따라 직무에 관한 욕구도 매우 다양하다. 직원의 입사 동기는 개인의 성숙 정도에 따라 단순히 생활 유지 및 안정을 추구하는 저차원의 욕구에서 직무를 통하여 사회적 존재로서의 책임수행, 자기 능력의 발휘, 자아실현 욕구의 달성 등 고차원의 욕구충족에 이르기까지 다양하다고 볼 수 있다.

이러한 의미에서 관리자는 현장직원의 성숙도에 맞추어 고객지향의 방향설정을 구체적으로 표시하지 않으면 안 된다. 즉 비교적 저차원의 성숙도를 지닌 현장직원에게는 고객을 향한 직무수행 매뉴얼의 제시, 일상업무의 엄격한 지시와 체크, 이를 촉진하는 물적 시설 · 장비 및 시스템의 정비가 필요하다. 현장직원의 성숙도가 높아짐에 따라 보다 효과적인 고객만족을 달성하기 위해 현장직원의 업무 만족 의식을 충족시킬 수 있는 리더십을 전개해야 한다.

성숙도 관리를 수행하기 위한 장기적인 관점에서 개인의 경력향상 및 승진계획 등의 경력계획(career plan)을 도입하는 것은 귀중한 인재의 활용을 위해서도 유익한 일이다. 현장을 중시하는 호텔기업에서는 현장직원의 현장관리를 전문적으로 수행할 다수의 인재가 필요하다. 그래서 기업은 현장직원 개인의 장기적 목표설정에 관하여 그들의 자주적 의향과 희망이 달성되도록 노력하고 그에 따라 기업과의 일체감을 강화해 나갈 필요가 있다.

5. 표창제도

기업 내 표창제도, 명예 우대제도 등 각종 동기부여 방안을 도입하여 현장직원의 자존심을 끌어올려 현장 활성화에 영속적으로 반영하기 위한 관리체제의 개혁이 필요하다.

예를 들면, 고객서비스의 측정결과가 직원에게 전달되고 좋은 서비스를 한 직원이 표창을 받거나 하면 그 측정 자체는 직원의 태도에 긍정적인 효과를 가져다준다. 고객지향적인 직원을 원한다면 고객서비스를 하는 우수하게 수행하는 직원을 찾아내어 보상하고 표창하는 것이다.

호텔업계에서 실시하는 거의 모든 포상제도는 인건비나 식음료비를 일정 수준으로 억제하는 등 비용목표를 달성했는가 어떤가를 기준으로 삼고 있다. 또 고객만족을 기준으로 하여 포상하는 기업도 몇 개 있다. 그러나 이 회사들은 예외에 속하고 대부분 회사는 그렇지 않다. 회사가 고객지향적인 직원을 원한다면 고객에게 서비스를 제공하는 직원에게 포상하지 않으면 안 된다. 고객만족의 득점에 따라서 실시하는 포상제도와 상여금은 고객서비스를 기준으로 직원을 포상하는 하나의 방법이다.

6. 비정형 업무와 권한위임

잘 다듬어진 내부마케팅 프로그램은 비정형 업무(non-routine transactions)에 대응할 수 있는 직원을 만들 수 있다. 훈련 프로그램이나 매뉴얼은 고객에 대한 일상적인 업무와 정형 업무에 직원이 대응할 수 있게 한 것이다. 내부마케팅 프로그램은 고객에 대하여 친밀감을 가지고 적극적으로 서비스하는 직원을 지원하는 것이다. 그런데 모든 업무가 정형 업무에만 국한되지는 않는다. 내부마케팅 프로그램 가운데 한 가지 이점은 직원에게 적절한 태도, 지식, 의사소통 능력, 비정형 업무를 처리할 수 있는 권한을 부여하여야 한다는 것이다.

비정형 업무를 처리하는 능력은 일류기업과 일반적인 평범한 기업을 구분하는 척도가 된다. 여기서 비정형 업무란 특수한 일로서 일상업무에서는 직원이 처음으로 경험하는 고객대응을 말한다. 일어날 수 있는 비정형 업무의 종류는 매우 다양하므로 훈련 매뉴얼로 커버할 수는 없다.

따라서 경영자는 고객에 대한 문제를 해결하는 결정권을 직원에게 부여하지 않으면 안 된다. 경영자는 직원의 의사결정 능력을 신뢰함으로써 직원을 고용하고 훈련할 수 있다는 능력에 대한 자신감을 보여주어야 한다.

여기서 내부마케팅을 보다 명확하게 이해하기 위하여 종래의 외부마케팅과 이에 대비한 내용을 정리하면 〈표 11-1〉과 같다.

〈표 11-1〉 **외부마케팅과 내부마케팅의 비교**

구분	외부마케팅	내부마케팅
목표	소비자(외부고객)	직원(내부고객)
제공물	상품	직무(job)
가격	상품의 대가	직무의 대가
유통	도·소매점, 여행사, 인터넷회사	현장직원
광고	광고(외부광고)	광고(외부광고 + 내부광고)
시장전략	세분화 전략, 마케팅 믹스전략 등	근무시간변동제, 복지후생선택제 등
시장조사	시장조사	직원만족도 조사 등

내부고객 관리에 대한 내부마케팅의 전략은 현장에서 자세하고 상세하게 운용되는 전술 단계에서 내부마케팅 활동의 기초가 된다.

전술 단계에서 내부마케팅 활동이 성공하기 위한 전제는 두 가지가 있다. 첫째로 기업 경영자는 현장직원을 호텔기업의 생산자원 및 이익 발생의 마케팅자원으로 생각하고, 현장직원은 자기 역할의 중요성과 영향력에 대해 스스로 자각하는 것이다. 둘째로 기업은 소비자에게 영향을 주는 모든 활동, 즉 새로운 서비스, 보조적 서비스, 광고캠페인, 기타 활동을 사전에 현장직원에게 알리고 판매하지 않으면 안 되는 것이다. 기업이 내부시장에서 성공하지 못한다면 마케팅전략은 최종시장에서 생산·판매라는 목표까지 도달하지 못할 것이다.

내부마케팅의 전술로는 경영층과 현장직원 간의 쌍방향 커뮤니케이션을 원활히 하는 구전 및 광고 등 종래의 마케팅 활동이 한층 강조된다. 현장직원은 고객에게 새로운 정보를 알리기 이전에 새롭게 개발된 서비스상품에 대해 상세히 숙지할 필요가 있다. 또 호텔기업 측은 서비스상품의 성격을 인식하고 이해하여 서비스의 실행방법 등에 대해서 현장직원에게 정확한 정보를 제공하지 않으면 안 된다. 내부마케팅의 전술적 활동으로는 내부의 인적 커뮤니케이션 활동과 광고캠페인 이외에도 4대 매체(TV, 라디오, 신문, 잡지)나 사내보, 업계지, 이메일 등 여러 가지 마케팅 수단을 이용할 수 있다.

제4절 _ 서비스 수준 향상을 위한 조직관리

현장직원이 중심이 되는 기업의 경우, 서비스의 질과 생산성을 보장하기 위한 노력은 다섯 가지 요인, 즉 참가, 측정, 보수, 경영진의 의욕, 인재관리 등을 포함한다. 이 요인들을 살펴보기로 하자.

1. 참가

호텔기업이 서비스 수준을 올리기 위해서는 경영진과 직원 쌍방의 참가가 중요하다. 그 가운데 첫째로 중요한 것은 경영진이 사정에 통달해 있어야 한다. 즉 경영진이 어떤 서비스의 질이 좋고 어떤 것이 나쁜가를 알고 있어야 한다.

둘째로 경영진의 열의에 대한 문제이다. 경영진은 서비스품질의 중요성을 이해하고 전달하지 않으면 안 된다. 단지 서비스의 품질과 생산성에 대한 관리의 중요성을 알고 이를 수행하도록 허가해 주는 정도로는 충분치 않다. 경영진부터 모든 일을 파악하여 회사의 조직풍토를 건전하고 만족에 이르는 화기애애한 상태로 바꾸지 않으면 안 된다.

셋째로 경영진이 명실공히 직접 참가해야 한다는 것이다. 직원 참가를 전사적인 활력의 원동력이라기보다는 하나의 기술로 간주하기 때문에 직원 참가 프로그램의 3분의 1이 실패하고 있다. 실제로 더 나은 서비스를 제공한다고 하는 관리계통에서 경영진이 배제되고 있으므로 직원 중심 방법이 중요사항으로 인식되지 못하는 것이다.

넷째로 그 결과 직원 참가의 문제가 발생한다. 생산공장과 판매장소가 다른 일반기업에서 직무상의 부과나 모든 직원이 관여하고 있는 경우, 이것은 문제가 안 된다. 그러나 서비스를 취급하는 호텔기업에서 직원의 참가는 미묘한 문제이지만 중요하다. 호텔 상품이나 기술변화의 과정에 직원이 참가하는 것은 새로운 환경에서 자신의 역할을 직원이 단순히 받아들이는 것이라 하더라도 서비스를 제공하는 현장직원과 상담함으로써 생산성을 더욱 향상하거나 고객만족을 달성할 수 있을 것이다.

2. 측정

측정을 언급할 때는 주의가 필요하다. 통계적 품질관리의 방법론에서 권위 있는 W. E 데밍은 문제를 측정하는 능력을 개선하여도 문제의 해결에는 크게 도움이 되지 않는다고 경고한 바 있다. 무결점 운동(zero-defects)을 창안한 필립 크로스비는 "하루 10회, 여러 가지 방법으로 측정한다고 하여도 그 무게는 변하지 않는다"라며 보란 듯이 생산성과 질을 측정하여 서비스에 영향을 미치는 예를 많이 볼 수 있지만, 실제로는 거의 아무런 도움도 되지 못한다고 하였다.

무엇을 측정해야 하는가를 결정하는 것은 왜 그것을 측정하지 않으면 안 되는가를 결정하는 것보다 간단하다. 일반적으로 '무엇을'이라는 것은 사업의 사명, 목표, 목적과 직접 관계가 있다. 주관이나 고객만족이라는 요소도 동시에 취급하지 않으면 안 된다. 주의가 필요한 것은 바람직한 결과와 하위 집단이나 개인의 행동에 영향을 주는 정보의 제공이라는 두 가지 측면을 가능케 하는 측정시스템의 창조다.

무엇을 측정해야 하는가를 결정할 때 도움이 되는 간단한 프로세스(과정)가 있다. 즉 진실의 순간(고객이 진실로 만족하는 순간)을 찾아내는 일부터 시작하고 사업 명제의 개념이용으로 진행한다. 이는 조직의 의미를 고객과 회사가 접촉하는 형태에 따라 부여하는 것이다. 사업 명제란 조직이 무엇을 성취할 것인가를 모형화한 것으로, 여기에는 회사가 어떻게 대처하는가에 대하여 일련의 추론을 포함한다.

[그림 11-4]는 서비스기업의 사업 명제를 일반화한 것으로 그 내용은 다음과 같다. 만약 호텔기업이 약속대로 서비스를 기준에 따라 제공하고 서비스가 고객의 기대에 부합하는 것이라면 그때 기업은 사명을 달성하고 직원에게 이익(또는 가치나 혜택)을 가져올 것이다. 이 사업 명제에는 몇 단계의 가정이 포함되어 있다. 우선 고객의 만족과 이익에 대한 가정이다. 다음으로 회사의 서비스 실시와 고객의 만족에 대한 가정이다. 그리고 기업이 제공하는 서비스는 고객이 받아들이겠다고 생각하고 있다는 가정이다.

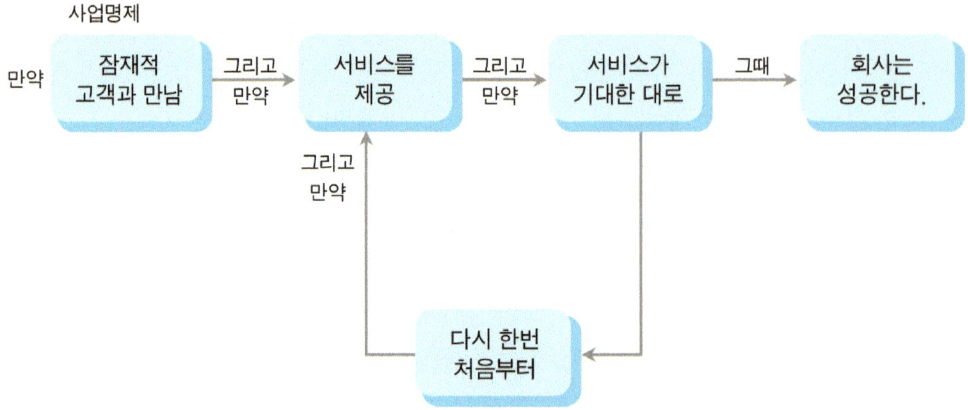

[그림 11-4] **사업명제의 일반화**

직원은 서비스 개선에 관한 풍부한 정보가 있으며 무엇을 측정해야 하는가에 대한 아이디어의 원천이기도 하다. 크로스비는 "무엇을 어떻게 측정하는가를 결정하는 것부터 직원의 참가가 시작된다. 어떻게 측정해야 하는가를 직원들은 잘 알고 있다. 해야 할 것은 측정 수준을 수량화할 때 올바른 방법으로 그것이 명확하게 그들에게 의뢰하는 것이다."라고 하였다. 어떠한 사업인가를 아는 것, 즉 사업 명제, 자사의 사업에서 '진실의 순간'을 결정한다는 것 그리고 훌륭한 서비스를 제공하기 위해 무엇을 측정해야 할 것인가를 직원에게 물어보는 것 등 이러한 모든 것은 서비스관리 프로그램을 성공으로 이끌기 위한 핵심내용인 것이다.

3. 보수

금전적이거나 정신적이거나 보수는 일반적으로 서비스를 개선하거나 최상의 서비스를 제공하기 위하여 불가결한 요소이다. 급료와 업적의 상관관계에 관한 여러 조사가 있지만 완전한 성과급제를 유지하는 것은 점점 어려워지고 있다. 특히 서비스에서는 거의 불가능하다. 그러나 동시에 높은 수준의 서비스 제공을 장려하려면 호텔기업의 경영진은 "나는 무엇을 얻고 있는가?"라는 직원의 질문에 대답하지 않으면 안 된다. 일부 직원 소유회사의 성공은 잘 알려져 있다. 그 결과 때때로 직원지주제에 의한 직원의 참가가 이사회에서 심각하게 논의되고 있기도 하다. 기업에 따라서 보다 실제를 기반으로 하는 프로그램도 검토되고 있다.

금전은 부수적인 보상의 중요한 부분이지만 때때로 간과되기도 한다. 만약 금전이 동기부여가 되지 않는다고 생각한다면, 시험적으로 월말에 봉급을 주지 말고 그다음에 몇 명의 직원이 일하러 오는가를 세어보면 될 것이다.

금전 이외에도 중요한 보상이 있다. 일을 잘 끝마친 경우의 기쁨에서부터 타인에게 인정받는 것까지 정신적인 만족감은 커다란 보상이 될 수 있다.

4. 경영진의 의욕

경영진의 의욕이란 '서비스관리의 노력'을 하나의 프로그램으로 만드는 것뿐만 아니라 습관화하기 위해 경영진이 행하는 것이다. 의욕이 있는 조직구성원들은 대부분 동기부여 프로그램에서 특정한 개선목표를 향하여 일정 기간(예를 들면 90일간)에 걸쳐서 일하고 움직이며 노력을 기울일 것이다. 미국에서는 이 현상을 이해하고 이용하여 높은 수익을 올리는 기업이 많다. 그러나 서비스 개선 프로그램이 통일된 것이 아니라 조각조각이라면 단일 목표의 코스를 벗어나 프로그램 실행 이전의 수준으로 되돌아가 버릴지도 모른다. 서비스 개선 노력이 하나의 프로그램에 지나지 않는다거나 그 개선 노력에 계속 의욕을 느끼는가를 결정하는 차이가 바로 그 기업의 최고경영자에게 달려있다.

서비스가 잘 진행되고 있는 조직에서는 서비스의 질에 대한 경영진의 의욕이 때때로 최고경영층에서 구체적으로 나타난다. 메리어트 인터내셔널 회장인 빌 메리어트(Bill Marriott)가 워싱턴 메리어트호텔 주방을 어슬렁거리면서 디너용 접시가 깨끗하게 보관되고 있는지 체크하는 것은 직원들이 생각하는 이상으로 세심한 서비스 품질에 대한 메리어트호텔의 의욕을 보여주는 예이다. 그럼으로써 메리어트호텔에 투숙하는 고객이 체험하는 품질에 대해서도 메리어트가 큰 관심을 보인다는 것을 방증한다.

5. 인재관리

1) 우수한 인재의 확보

경영자는 직원을 채용하고 유지하기 위해 마케팅 원리를 활용해야 한다. 경영자는 고객의 욕구를 조사하는 것과 마찬가지로 직원의 욕구에 관해서도 연구 · 조사하지 않으면 안 된다. 모든 직원은 같을 수가 없다. 일부 직원은 수입을 보충하기 위해 일을 찾고 있고, 일부 직원은 유일하게 수입원이 될 일을 찾고 있다.

직원을 위한 마케팅 믹스란 업무, 급여, 복지후생, 입지, 통근, 주차장, 근무시간, 위신, 승진기회 등과 같은 무형의 보수 등의 대우를 말한다. 고객이 상품을 구매할 때 서로 다른 속성을 추구하는 것과 마찬가지로 직원도 각기 다른 이익을 추구한다.

직원 전직에 관련된 비용은 이미 30년 전에 1인당 평균 2,100달러로 추정하였다. 즉 어느 호텔이 100%의 전직률로 200명의 직원이 전직하게 되면 40만 달러 이상의 비용이 들어가게 된다. 현재는 틀림없이 그 이상의 비용이 들어간다. 따라서 전직률을 줄이면 몇 백만 달러가 절약된다. 라퀸타 모터인은 경영관리층에서 과로 증후군(burn-out)에 대해 연구하였는데, 연간 36%에서 21%까지 이 문제를 감소시켰다. 이 기업은 이러한 문제를 감소시키는 데 중요한 4가지 사항을 반드시 거치도록 하였다.

(1) 선발(selection)

라퀸타는 직원 선발 기준이 엄격하고 2인 1조로 채용하는 방침을 유지하고 있다. 채용을 희망하는 2인조는 몇 번이고 거듭되는 면접을 통과해야만 한다.

(2) 신입사원 지도(orientation)

선발된 2인조는 13주간의 연수과정과 지배인 대리로서 현장연수를 이수해야 한다.

(3) 안정성(stability)

2인조 팀은 1개 호텔에서 2년간의 근무를 마치고 나서야 근무지 이동을 요구할 수 있다. 라퀸타는 빈번한 이동이 높은 전직률과 연결된다는 것을 발견하였다.

(4) 현장실습(training)

라퀸타의 인재개발부에서는 "팀의 일원이 되기를 희망하는 사람을 선발하여 유지하지 않으면 안 된다"고 한다. 라퀸타는 직원을 대상으로 하는 현재의 현장실습을 신뢰하고 있다.

한편, 레스토랑 업계에서는 과로 증후군에 관한 연구를 통하여 다음과 같은 결론을 도출하였다.

① 호델의 식음료부문 지배인보다 체인 레스토랑 지배인이 과로 증후군으로 고통받고 있다.
② 총지배인보다 부총지배인 쪽이 일하기 쉽다.
③ 부총지배인보다 총지배인이 몰개성화로 빠져들기 쉽다.
④ 기혼자보다 미혼자가 과로 증후군이 많았다.
⑤ 남성보다 여성이 과로 증후군에 빠질 가능성이 높다.
⑥ 총지배인과의 원만한 의사소통은 부총지배인의 과로 증후군을 줄인다.

즉 과로 증후군은 다른 집단과 레스토랑 간에 공통성이 없다는 것을 보여주고 있다. 현장실습 프로그램과 직원 동기 프로그램은 상이한 직원집단의 욕구에 맞추어서 명확하게 작성되지 않으면 안 된다. 하나의 마케팅전략이 모든 세분시장을 유인할 수 없는 것처럼 직원에 대한 유일한 접근은 마찬가지로 실패할 것이다.

2) 채용과정

직원 전직률이 100% 이상이라는 것은 미국 호텔업계에서는 공통적인 현상이다. 전직률이 높은 조직은 서비스문화를 구축할 수 없다. 직원의 전직이 잦은 기업에서는 채용희망자가 값싼 임금으로 일할 것인가 어떤가, 빈 스케줄을 메울 수 있는가 어떤가에 따라 채용을 결정하므로 경영자는 채용에 대해서는 아무 일도 하지 않는 경향이 있다. 즉 오로지 아무나 채우는 데 급급할 것이다.

친절하고 예의 바른 서비스를 직원에게 요구하려면, 친절하고 예의 바른 사람을 고용하지 않으면 안 된다. 흔히 우량기업의 경영자들은 친밀함을 갖도록 사람들을 훈련하는 게 쉽지 않은 일임을 잘 알고 있다. 직원들에게 업무수행에 필요한 전문적인 기술을 제공하는 것은 가능하지만, 친밀함을 갖게 한다든가 세심한 주의를 기울이게 훈련하는 것은 매우 어렵다. 이러한 충고에 따라 훌륭한 서비스를 제공하는 호텔기업은 처음부터 친절하고 예의 바른 사람을 고용하려고 애쓰고 있다.

호텔 마케팅의 이해

CHAPTER

12

호텔의 고객관리

제1절 고객만족경영

제2절 고객유지와 관계마케팅

호텔 마케팅의 7번째 마케팅 믹스는 참가자(participants)이다. 이미 언급하였듯이 참가자는 크게 서비스 거래에 관여하는 직원과 고객으로 나눌 수 있다. 앞 장에서는 직원관리에 대해 언급하였으므로, 여기서는 고객관리에 대해 알아보기로 한다.

판매자와 구매자의 밀접한 상호작용과 구매자의 참가가 숙박경험의 형성에 도움을 주기 때문에 이 '참가' 요소는 호텔산업에서 매우 중요하다. 숙박경험의 질(quality)은 체류하는 동안 구매자의 행동과 행위에 따라 만족도와 재구매 여부가 달라진다. 판매거래에 대한 구매자의 인식은 때때로 제품과 서비스를 다시 구매할 것인가의 여부를 결정한다. 특히 호텔사업에서는 반복적 구매가 이루어지기 때문에 참가는 마케팅 믹스에 지극히 중요한 부분이라 할 수 있다.

▲ 고객관리

제1절 _ 고객만족경영

1. 고객만족경영의 시초

1980년대 초는 세계적인 경기후퇴가 항공산업을 맹렬히 강타하여 어떠한 회사라도 그 존속이 염려스러운 시기였다. 스칸디나비아항공(SAS)은 1981년에 800만 달러의 적자를 내 심각한 불경기에 빠져 있었다. 스칸디나비아항공의 대주주들은 이러한 사태를 염려하였고 이사회는 젊은 얀 칼슨을 사장으로 승진 · 임명하였다. 당시 39세였던 칼슨은 그때까지 자회사의 경영자 중 한 사람이었으며, 마케팅에 대하여 강력한 방침을 갖고 있었다. 이것은 그 후 스칸디나비아항공의 방향전환 싸움에서 강력한 무기가 되었다.

많은 항공사가 탈진상태에서 경비삭감 노력에 힘을 기울이고 있을 때 칼슨은 그와 정반대 방향을 선택하였다. 그는 위기에 빠진 SAS항공사의 분위기를 반전시키기 위하여 모험을 시도하였다. 그의 전략은 고객을 대하는 회사의 자세에 대변혁을 초래하였다. 진실의 순간(MOT : Moment Of Truth)이라 일컬어지는 서비스혁신을 단행하여, 고객과 접촉(encounter)하는 순간에 최선을 다하는 고객만족 전략을 실행하였다.

그 결과 스칸디나비아항공은 1년 사이에 800만 달러의 적자에서 20억 달러의 매상과 7,100만 달러의 이익을 거두는 극적인 성공을 거두었다. 스칸디나비아항공은 올해의 항공사(Airline of the Year)에 뽑혔고 유럽에서 가장 시간을 잘 지키는 항공회사로 인정을 받게 되었다. 이 항공사는 표적시장을 비즈니스맨으로 정하고 비즈니스맨을 위한 항공사로 널리 알려지도록 노력하여 그러한 평가를 얻은 것이다. 스칸디나비아항공은 다른 항공사들이 같은 해에 적자를 내는 상황에서 극히 짧은 기간에 이와 같은 성과를 올린 것이었다.

2. 진실의 순간관리

진실의 순간(MOT : Moment Of Truth)관리란 기업의 경영에서는 고객과 제일선에서 일하는 사원과 만나는 지점이 가장 중요하고 그 순간에 고객이 만족하는가에 기업경영의 모든 것이 달려 있다는 생각을 기반으로 하는 경영철학이다. 진실의 순간이란 고객과 직원의 마주치는 순간에서 맨 처음 15초를 의미하는데, 이는 고객이 서비스를 이용하는 동안 여러 번 일어난다는 것이다. 그래서 기업은 이러한 매 15초를 중요하게 생각하고 고객의 만족을 끌어내야 한다는 것이다.

그러므로 고객의 만족을 위하여 전 사원의 의식혁명을 일으키고 고객과의 여러 가지 접점에서 서비스 향상을 꾀함과 동시에 비즈니스맨을 위하여 특별클래스의 신설, 시간관리의 철저(이착륙 등) 등을 적극적으로 행하는 것이다.

따라서 SAS항공은 일거에 인기가 높아지고 기업재건에 성공하게 되었다. 타 항공사는 직원이나 경비를 삭감하는 방법을 채택하였지만, 스칸디나비아항공은 전혀 다른 방법으로 고객만족경영에 성공하게 된 것이다. 영국항공도 이를 참고하여 진실의 순간관리를 응용한 결과, 세계적인 항공사로 떠올랐다. 이러한 성공이 미국에 전해졌고 미국에서도 이러한 고객만족경영을 도입하여 그후 커다란 성과를 얻었다.

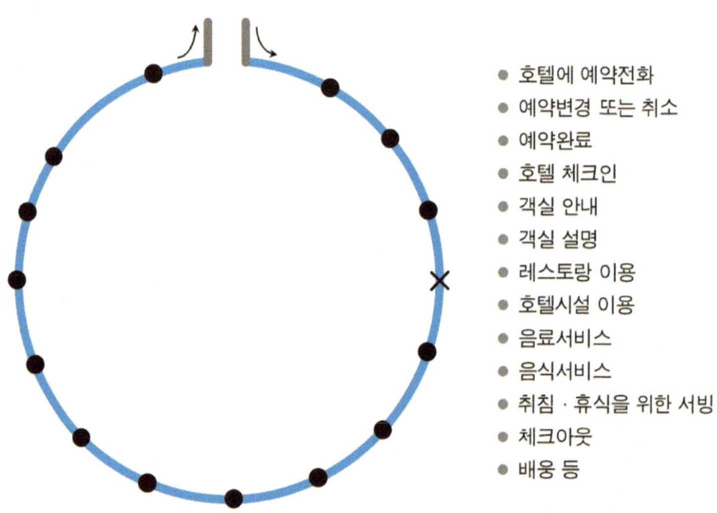

[그림 12-1] **호텔 MOT관리**

[그림 12-1]은 SAS항공사의 MOT관리를 호텔산업에 적용한 예이다. 여기서 포인트 하나하나가 진실의 순간이며 그중 어느 하나가 실패한다면 호텔 전체의 고객만족에 흠이 가게 되며 그것은 곧 서비스상품의 결함이 되는 것이다.

3. 고객만족경영의 개념

마케팅의 핵심은 자사의 제품 및 서비스를 경쟁상대보다 얼마나 고객의 눈에 잘 띄게 할 것인가, 즉 차별화를 꾀하는 것이다. 이러한 차별화는 기업구성원 각자의 부단한 노력이 있어야 성과를 얻게 된다.

고객만족경영(CSM : Customer Satisfaction Management)은 기업이 단순히 상품을 판매하는 게 아니라 고객의 욕구를 총체적으로 충족시키는 데 목적을 두어야 한다는 경영원리이다. 엄격히 말한다면 종래의 고객만족은 기업경영을 영위하기 위하여 겉으로 제창한 표어이고, 지금 표방하는 고객만족은 '경영의 궁극적 목적'이라고 할 수 있다. 즉 경영기법이 아니라 경영의 진리라고 할 수 있다. 고객만족이라는 것은 고객 자신이 결정하는 것으로서 기업이 만들거나 강요하는 것이 아니다.

풍요로운 시대가 도래함에 따라 시장이 성숙하여 상품은 포화상태가 되고 경쟁은 더욱 치열해지고 있다. 이와 함께 지금까지 기업 측에 있던 시장의 주도권이 구매자인 고객에게로 이행하고 고객이 판매자를 선택하는 시대가 되었다. 그러므로 기업이 제공하는 제품 및 서비스가 고객의 만족을 얻지 못하면 판매되지 않게 되므로 최대의 관심사는 고객(customer)의 만족(satisfaction)이 되는 것이다. 고객에게 만족을 줄 수 있는 제품 및 서비스를 제공하는 기업은 고객에게 선택되고 살아남을 수가 있다. 즉 고객에게 만족을 판매하는 것이 기업의 최고목적이 되고 살아남을 수 있는 절대적인 조건이 되고 있는 것이다.

미국의 하얏트호텔 체인의 프릿카 사장은 벨 보이로 변장하여 호텔에 대한 고객의 반응을 알아보는 등의 행위로 자사평가의 행동을 취한다고 한다. 경영자가 스스로 고객에게 접촉하여 고객의 동향을 피부로 느끼고 그것을 고객만족경영에 활용하려는 것이다. 이러한 것만을 보더라도 호텔기업이 고객만족경영에 얼마나 힘을 기울이고 있는가를 이해할 수 있을 것이다.

4. 고객만족경영을 위한 조직전환

고객만족경영은 세계적으로 크게 주목받아 왔다. 기업이 영속적으로 운영되기 위해서 이익의 확보는 지상명령이지만, 그것보다는 고객의 만족 추구에서 기업경영이 출발하여 그 결과로써 이익을 확보한다는 것이 그 주안점이다.

따라서 지금까지의 경영에 관한 생각은 크게 달라진다. 즉 경영의 혁명이라 할 수 있다. 이와 함께 기업의 조직도 당연히 바뀐다. 기업이익을 우선하던 기업조직은 최고경영자가 정점에 있는 피라미드형이지만, 고객만족을 우선하는 기업조직에서는 종래와는 전혀 다른 형태, 즉 역피라미드형이 된다.

[그림 12-2]에서 보는 바와 같이 역피라미드형 조직도에서는 가장 중요한 것이 고객만족이므로 고객 우선이 중심이 된다. 다음으로 중요한 것은 고객만족을 실현하기 위하여 제일선에서 고객과 직접 접촉하는 직원이다. 이러한 제일선에서 분투하는 직원을 후원 및 지원하는 것이 현장관리자, 중간관리자, 최고관리자로 이들은 현장직원 아래로 표시된다.

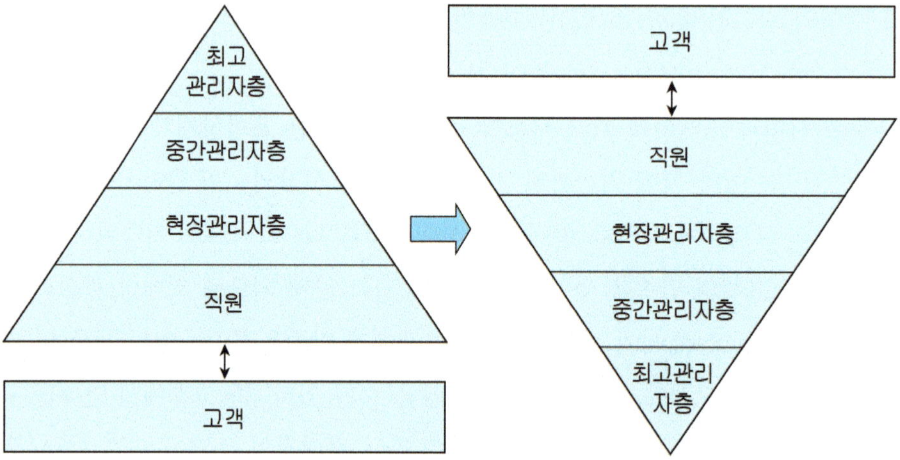

[그림 12-2] **역피라미드형 조직전환**

기업조직이 역피라미드가 된다고 해서 결코 관리자층의 권위가 실추되는 것을 의미하는 것은 아니다. 관리자의 역할이 달라진다는 것은, 즉 종래와 같이 조직전략의 설정 및 의사결정을 내리는 것에는 변함이 없고, 거기서 고객의 만족을 실현하기 위하여 제일선에서 활약하는 직원을 지원한다고 하는 새로운 역할이 추가되는 것이다.

5. 고객만족경영의 효과

고객만족경영을 통하여 기업이 얻을 수 있는 이익은 다양하다. 재무적으로 기업에 주는 효과 이외에도 단기간에는 나타나지 않는 다양한 효과들이 많이 있는데 대표적으로 재구매 고객의 창출, 비용의 절감, 최대의 광고효과 등을 볼 수 있다.

1) 재구매 고객의 창출

시장에 경쟁자가 포화상태인 상황에서 새로운 고객을 끌어들인다는 것은 그리 쉬운 일이 아니다. 가능하다고 해도 이를 위해 비용이 많이 든다. 우리가 알고 있듯이 일반적으로 전체 고객 중 단골 고객 20%가 전체 매출의 80%를 좌우한다는 말을 되새겨야 할 필요가 있는 것이다. 즉 기존 고객이 재구매하여 반복구매가 이루어져야 기업의 이익 극대화가 가능하다는 것이다. 따라서 충성도 높은 고객을 형성하는 것은 기업의 영구적인 이윤을 보장하는 것이다. 그러므로 우리의 제품이나 서비스를 구매하는 고객들의 만족을 극대화함으로써 우리 기업의 영원한 팬(fan)으로 만들 수 있다.

2) 비용의 절감

기업은 제품이나 서비스 구매 후 만족도가 높은 고객을 설득하기 위해서 초기만큼 비용과 시간을 할애하지 않아도 된다. 설득을 위한 비용을 A/S와 같은 실질적인 서비스 비용으로 사용할 수 있기 때문이다. 기존 고객을 유지하기 위한 비용은 새로운 고객을 창출할 때 드는 비용의 1/5 정도면 충분하다. 그리고 만족도가 높은 고객들은 단골 고객으로서 기업에 다양한 고객정보를 적극적으로 제시해 주므로 고객 욕구와 기대를 확인하기 위한 활동의 비용이 절감된다.

3) 최대의 광고효과

만족도가 높은 고객은 충성 고객으로서 걸어 다니는 광고판, 즉 자사의 세일즈맨이라 할 수 있다. 구전(word of mouth)은 어느 대중매체를 통하여 광고하는 것보다 막강한 효과를 창출한다. 신규고객은 광고를 통해 기업의 제품과 서비스에 대한 정보를 많이 얻기는 하지만 실질적으로 그 정보에 대한 신뢰도는 높지 않다. 하지만 그 제품이나 서비스를 사용한 경험이 있는 주변 사람들의 좋은 평가는 신규고객에게 중요한 평가 기준이 된다. 따라서 충성도 높은 고객은 본인이 의도하지 않아도 그들의 평가를 통하여 기업이 새로운 고객을 창출하는 데 많은 도움을 준다.

6. 고객만족경영의 성공요건

1) 직원 만족

기업의 목표가 최고의 고객만족 실현이라 할지라도 실제로 업무를 추진하는 직원이 고객만족을 위한 업무를 제대로 추진하지 못한다면 고객만족경영의 성공은 보장할 수 없다. 수많은 직원의 노력으로 소비자들로부터 얻은 신뢰를 불성실한 직원 한두 명의 실수로 인하여 한순간에 잃을 수도 있다. 따라서 외부 구매 고객의 만족 이전에 내부고객인 직원들의 만족이 선행되어야 한다. 다시 말해서 고객이 기업에 소중한 만큼 고객에게 서비스를 제공하는 직원 역시 소중하다는 것이다.

고객만족의 중요한 요소인 서비스의 품질은 직원의 손에 달려 있으며, 직원의 만족에서 시작된다. 아무리 표준화된 서비스를 제공한다 해도 서비스 제공자의 심리상태가 불안정하다면 고객이 진심으로 느끼는 서비스 가치를 실현하기는 어렵다. 기업의 최고경영자부터 실무자까지 전 직원이 현재 직무에 만족하지 못한다면 참된 서비스를 제공할 수 없으며 고객만족을 이루어낼 수 없다.

2) 혁신

'혁신'이라 하면 일반적으로 제품의 기술적인 부분으로 한정하여 생각하는 경향이 있어서 프로세스의 재구성으로 적은 투자를 통한 생산성과 품질의 향상을 주로 얘기한다. 그러나 고객만족을 위한 혁신은 더욱 포괄적으로 이루어져야 한다.

고객만족을 위해서는 상품, 프로세스, 인적 자원 모두가 고객지향적으로 혁신되어야 하며, 단지 상품의 품질이 우수하다거나 직원이 친절한 것만으로는 고객을 만족시킬 수 없다. 따라서 고객만족을 위해서는 기업이 생산·판매하는 제품에 고객 욕구가 충분히 반영되어 기대에 부응할 수 있도록 품질이 우수하고 가격도 적절해야 하며, 기업 전체 업무의 프로세스는 기업조직 중심이 아니라 고객가치 실현이 가능하도록 고객지향적으로 이루어져야 한다. 그리고 모든 직원의 마음가짐은 고객만족 실천 노력에 집중해야만 한다.

3) 고객의 욕구 파악

기업은 고객이 최고품질의 제품과 서비스를 원한다는 전제하에 상품을 구상한다. 그러나 언제, 어디서나 동일 품질의 제품과 서비스를 원하는 것은 아니다. 고객들의 욕구는 여러 가지 요인으로 인하여 변화한다. 경제가 발전하여 생활 수준이 향상되면서 고객의 소비기준은 양에서 질로 변화하였다. 따라서 모든 면에서 질적인 만족을 추구하는 경향성이 짙어졌으며, 발전된 제품과 서비스를 경험한 고객들이 늘어나면서 고객의 욕구 수준은 점차 높아졌고 이를 당연히 여기게 되었다.

이를 위해서 기업은 최고의 상품을 개발하고 품질을 향상하기 위해 노력하고 있다. 그러나 이런 노력만으로는 고객의 욕구 수준에 도달할 수 없으므로 기업 내 모든 프로세스는 고객만족을 위한 방향으로 향하고 있어야 하며, 그래야만 고객의 높은 수준에 도달할 수 있게 된다.

고객의 욕구 수준에 도달했거나 초과한 상품과 서비스는 다른 기업과 차별화된 경쟁력을 확보하게 됨으로써 고객만족을 가능케 한다. 따라서 기업은 변화하는 고객 욕구를 늘 주시해야만 한다. 고객이 원하는 것은 단순한 기술 향상이 아니라 제품과 서비스에 담긴 가치이기 때문에 과거처럼 품질 좋은 제품만으로는 고객을 충족시킬 수 없다는 것을 인식해야 한다. 오늘날 변화하는 고객 욕구에 대응하지 못하는 기업은 생존 자체가 불가능해질 수 있다.

4) 접점을 통한 고객감동

고객의 만족감을 높이기 위해서는 구매한 제품의 품질도 중요하지만, 기업과 고객이 만나는 순간에 고객이 기업에 대하여 어떻게 느꼈는지가 중요하다. 고객이 기업과 만나는 순간에 영향을 주는 요인으로는 크게 하드웨어와 소프트웨어, 사람 등 세 가지로 나누어 말할 수 있다.

하드웨어적인 부분은 상품이나 시설로서, 제품 그 자체와 어떤 공간을 제공하는지에 따라 접점의 순간에 고객만족은 달라지는데, 매장을 안락하고 쾌적하게 꾸미고 고객들이 이용하는 데 어려움이 없도록 하는 것들이다.

소프트웨어적인 부분은 서비스나 시설을 이용하는 데 제공되는 속도와 정확성 등을 말한다. 아무리 훌륭한 시설에서 최고의 서비스를 제공한다고 해도 그 서비스의 수준이 적절치 못하고 게다가 마냥 기다려야 한다면 고객들은 불만족하게 될 것이다.

인간적인 요소는 고객과 지속적인 인간관계를 유지하는 것을 말한다. 하드웨어와 소프트웨어가 아무리 훌륭하다 해도 사람의 진심에서 우러나오는 고객지향적 가치가 없다면 진정한 고객 감동은 나올 수가 없다.

위의 세 가지는 하나 또는 두 개만으로는 고객과의 접점에서 큰 효과를 발휘할 수 없다. 이 세 가지가 총체적으로 고객 욕구에 도달할 때 진정한 고객만족이 이루어진다고 할 수 있다.

▲ CS

제2절 _ 고객유지와 관계마케팅

1. 고객불평 · 불만의 비중

미국의 TARP(기술원조계획회사)사가 카터 대통령 집권기에 소비자문제국에서 의뢰한 소비자 불평 · 불만에 대해 일련의 상세한 조사를 실시하였다. 이것은 서비스에 대한 실증경제학으로서 큰 의의가 있다.

TARP사의 연구결과는 다음과 같은 주요 항목으로 간추릴 수 있다.

① 불만을 느낀 고객의 평균 96%는 그 기업에 어떠한 연락도 취하지 않았다. 클레임을 하러 온 고객 가운데 실제로 지장을 받고 있는 자는 평균 26명이고 그중 6명은 심각한 상태에 있다. 즉 100명 중 4명만이 직접 회사에 문제를 제기하는 것이다. 이것은 빙산의 일각이다.

② 납득할 만한 해결책을 찾지 못한 경우에도 클레임을 한 사람이 반대의 경우보다 기업과 다시 거래하는 경향이 있다.

③ 클레임을 한 고객 가운데 54~75%는 문제가 해결되면 그 기업과 다시 거래한다. 여기서 고객이 문제가 신속하게 해결되었다고 느꼈다면 재거래율은 95%까지 올라간다.

④ 어느 기업에 불만을 품은 고객은 그 불만을 평균 10명에게 말한다. 또 그 기업에서 해결의 실마리를 찾지 못한 고객의 13%는 그 사실을 20명 이상에게 자세히 말한다.

⑤ 회사 측에 클레임을 말하여 만족할 만하게 해결된 고객은 자신이 받은 서비스의 상태를 평균 5명에게 이야기한다.

이 조사에서 나타난 소비자의 행동패턴은 소매관계에 한정되지 않고 산업 전체의 판매에서도 동일한 양상을 보였다. 아이보리 비누, 크레스트 치약, 팸퍼스 일회용 기저귀, 타이드 세제 등을 판매하는 세계 최대 소비재 기업인 P&G사는 소비자로부터 연간 75만 건 이상의 전화나 편지에 답변하고 있다. 이러한 클레임 중에는 제품 및 광고에 대한 것부터 이 회사가 광고주로 되어 있는 TV의 애정 연속극의 줄거리에 대한 것까지 광범위한 내용이 포함되었다. 하물며 호텔 상품이야 더 말할 나위도 없다.

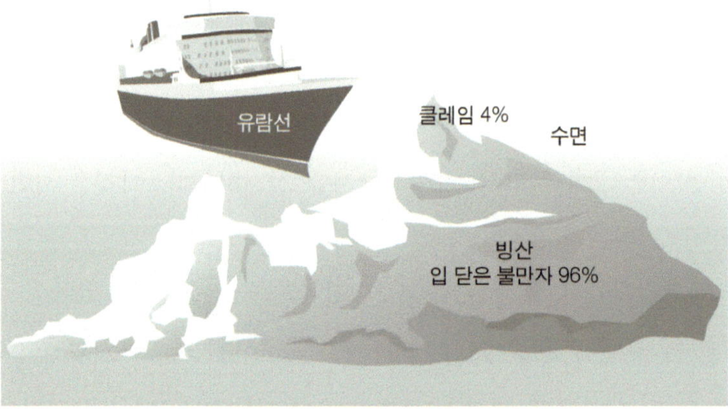

[그림 12-3] **빙산의 일각**

만족한 고객이 많아지면 구멍은 작아지고 불만족한 고객이 많아지면 새는 구멍은 더 커진다.

[그림 12-4] **새는 물통**

2. 고객유지

오늘날 기업은 공급업자 측의 협력자와 더 한층 긴밀한 관계를 유지하는 것 이상으로 최종고객과의 관계를 더욱 확고하게 만들고, 기업충성심을 끌어내기 위하여 활동하지 않으면 안 된다. 과거 대다수 회사는 고객을 의식하지 않았다. 다른 공급업자도 품질과 서비스가 모두 열악했거나 시장이 급속히 성장한 탓도 있어서, 기업이 고객을 충분히 만족시키는 문제로 고민하는 경우는 거의 없었다.

어느 회사가 일주일 동안 100명의 고객을 잃어도 100명의 신규고객을 획득한다면 매출액은 큰 변동이 없다. 이렇듯 '새는 물통(Leaky Buckets)' 이론을 기초로 운영하는 기업은, 고객이 없어져도 항상 다른 고객이 존재한다고 확신한다. 그러나 고객의 출입이 빈번한 기업은 신규고객을 획득하지 않고 기존고객 100명을 모두 유지하는 것보다 많은 비용이 필요하다. 다른 하나의 문제는 불만을 품은 고객이 나쁜 평판을 유포한다는 것이다. 이는 매주 신규고객 100명을 획득하는 것을 더욱 어렵게 만든다. 인근 레스토랑과 같이 지역에 의존하는 비즈니스에서는 당분간 충분한 고객을 확보하지 못할 것이다.

3. 고객상실에 따른 비용

회사는 고객상실 비용(고객유실률)에 주목하여 그 비율을 줄일 방책을 강구하지 않으면 안 된다. 첫째로 회사는 고객유지율을 정의하고 측정할 것, 둘째로 고객유실의 원인을 파악하여 그것의 경감이나 제거를 결정하지 않으면 안 된다.

1) 고객유지율과 고객평생가치

해당 지역에서 전출하는 고객과 폐업하는 비즈니스 고객에 대해서는 거의 아무 일도 할 수 없다. 그러나 열악한 서비스, 맛없는 요리, 지나치게 비싼 가격 때문에 떠나는 고객에 대해서는 많은 방책을 생각해 낼 수 있다. 회사는 떠난 고객의 여러 가지 이유(비율)에 대해 빈도분포표를 작성하여 그로 인한 손실이 얼마인지 추정할 수 있다.

개인고객을 염두에 두면 이는 고객의 평생가치와 동일하다. 리츠칼튼호텔은 단골 고객의 평생가치를 10만 달러로 본다. 레스토랑 고객 한 사람에게는 수천 달러의 비즈니스 가치가 있고, 소매여행사의 고객은 평생 5만 달러의 가치를 가져올 수 있다.

평생가치는 다음과 같이 산출할 수 있다. 어느 세분시장에서 한 사람이 연간 평균적으로 얼마만큼의 가치를 가져다주는가를 측정하고 그것에 해당 세분시장에 속하는 한 사람의 평균 거래수명을 곱한다. 평균 거래수명은 조사나 고객기록으로 계산할 수 있다. 개인 비즈니스 고객은 이사한다든가 다른 곳으로 전근하거나 회사를 옮기거나 불만을 갖는다든가 하여 평균 거래수명은 4년 정도일 것이다.

레스토랑 고객의 평균 거래수명은 단기체재형의 공동사회에서는 겨우 3년 정도일 것이다. 고객기록시스템을 유지하고 있는 호텔체인은 개개의 호텔에 대한 고객의 평균 가치뿐만 아니라 체인 전체에 대한 평생가치를 추정할 수 있다. 고객거래수명은 입지와 시장세분화에 따라 다르고 각각의 업종에는 특유의 것이 있다.

2) 고객유실률 감소 및 제거

회사는 고객유실률을 줄이는 데 얼마가 들 것인가를 계산할 필요가 있다. 들어가는 비용이 잃어버리는 이익보다 적으면 회사는 고객유실률을 감소하기 위하여 투자해야 할 것이다. 오늘날의 모든 우량기업은 고객유지를 위해 많은 노력을 기울이고 있다.

최근 호텔 및 외식시장은 대부분 성숙시장에 도달해 있으므로 거의 모든 분야에서 신규고객이 다수 유입되는 경우는 거의 없다. 경쟁은 치열해지고 신규고객을 유인하는 비용도 상승하고 있다. 이러한 시장에서 신규고객을 유인하는 비용은 기존의 고객을 만족시켜서 유지하는 비용의 5배가 들어갈 것이다.

공격적 마케팅은 수비적 마케팅보다 일반적으로 비용이 더 들어간다. 공격적 마케팅은 경쟁사에서 만족하고 있는 고객을 빼앗아 오는 데 노력과 투자가 많이 필요하기 때문이다.

유감스럽게도 고전적 마케팅이론과 실천은 기존 고객을 유지하기보다는 신규고객을 유치하는 데 중점을 두고 구축된 것이다. 거기서 강조되어 온 것은 관계개선보다 거래를 확대하는 쪽이었다. 판매 후의 활동보다 판매 전 활동과 판매 시의 활동에 초점을 맞추고 검토해 왔다.

그러나 오늘날에 와서는 현재의 고객을 유지하는 쪽의 중요성을 인식하는 기업이 늘고 있다. 어느 보고서에 따르면 고객유실률을 5% 줄이기만 해도 25~85%의 이익을 늘릴 수 있다고 한다.

이렇게 마케팅활동은 매출액과 신규고객을 획득하게 될 마케팅 믹스를 작성하는 데 초점을 맞추고 있으나, 방어하는 기업이 최고로 중요하게 생각하는 것은 고객유지에 있다. 그리고 고객을 유지하기 위한 최선의 접근은 고객의 충성심을 높일 수 있는 최고의 고객만족을 제공하는 것이다.

4. 고객의 고충처리

고객의 고충처리(resolving customer complaints)는 고객유지에 매우 중요한 과제 가운데 하나이다. 중대한 고충이 있는 91%의 고객은 다시는 구매하지 않으나, 그 고충이 신속히 해결되면 고충을 가진 고객 중 82%는 재구매한다는 것이 TARP사의 조사에서 밝혀졌다. 고충처리는 고객유실률을 91%에서 18%로 감소시킨다. 치밀한 고충처리의 경우 고객유실률을 5% 이하로 감소시킨다.

고충처리에서는 2가지 중요한 전제조건이 있다. 첫째, 고충처리할 때에는 가능한 한 신속하게 처리해야 한다는 것, 다시 말해 처리에 시간이 걸릴수록 고객유실률은 높아진다. 둘째는 고객의 고충을 찾아내는 것이다.

고충처리에서 다른 하나의 중대 사항은 대다수 고객이 고충을 털어놓지 않는다는 것이다. 경영자에게 고충을 처리할 기회를 주지 않는다는 것이다. 따라서 경영자는 고객으로부터 고충을 끌어낼 방법을 개발하지 않으면 안 된다.

이 방법에는 고객이 품고 있는 문제를 전화로 접수하는 고객용 핫라인(hot line)이나 코멘트 카드 등이 있다. 경영자는 고객 불만과 문제를 찾아낼 수 있도록 직원을 훈련할 수 있다. 서비스 보증은 고객의 고충을 끌어내는 하나의 방법이다.

고객 대부분은 고충을 말하지 않는다. 따라서 경영자는 고객이 문제를 제기하는 것을 환영해야 한다. 고충을 말하는 고객은 경영자에게 문제를 해결할 기회를 주는 것이기 때문이다. 서신을 통한 고충은 서신이든지 e메일이든 전화든 즉시 응대해야 한다. 만약 서신이나 e메일로 하는 경우 고객이 고충을 알려준 데 대해 감사의 뜻을 표명하고 아울러 그것을 방지하기 위하여 어떠한 조치가 취해지는지를 알리는 등 해결책을 그 고객에게 제시해야 한다.

고충처리 시 더욱 효과적인 수단은 전화를 이용하는 것이다. 오늘날에는 서신을 보내기보다 전화를 거는 쪽이 여러 가지로 이점이 있다. 전화는 고객과의 개인적인 접촉을 가능하게 하고 고객에게 무슨 일이 일어났는지를 정확히 파악할 수 있다. 고객 문제에 아무런 감정표현도 없이 의례적으로 보내는 편지나 e메일은 최악이다.

숙박업 고객의 평생가치는 10만 달러 이상이다. 고충처리는 나쁜 구전을 호의적인 구전으로 바꿀 수도 있다. 고충처리는 '새는 물통'의 구멍을 막는 간단한 방법 중 하나이다. 이는 고객유실을 방지하는 효과적인 수단이다.

5. 고객관계관리

서비스 경쟁이 치열해지면서 호텔업계와 외식업계에서는 고객에 대한 정보를 체계적으로 정리해 정보원으로 삼아야 할 필요성이 제기되었다. 이러한 필요에서 현장 접객활동, 영업활동, 마케팅, 인사관리 등 고객관리와 관련된 업무들을 하나로 통합한 것이 고객관계관리(CRM : Customer Relationship Management)이다. 이것은 특히 고객의 각종 신상정보와 취향, 기호까지도 하나의 데이터베이스로 통합 · 관리함으로써 기존처럼 불특정 다수가 아닌 특정 계층 및 고객을 위한 차별화된 마케팅이 가능한 시스템이다. 이 시스템의 도입으로 고객에 대해 꼼꼼하고 세심한 서비스를 제공할 수 있고 고객DB(데이터베이스)를 각 업장이 공유하기 때문에 고객들은 어떤 직원에게든지 동일한 내용의 서비스를 받을 수 있게 되었다.

6. 관계마케팅

관계마케팅(Relationship Marketing)은 고객 및 다른 이해관계자와 긴밀한 관계를 구축하고 유지 · 강화할 것을 요구한다. 마케팅은 개개의 거래에서 하나하나 축적된 가치 관계와 마케팅 네트워크를 중요시하는 방향으로 변모하였다. 관계마케팅은 더욱 장기지향적(toward long term)이다. 관계마케팅은 고객에게 서비스를 제공하기 위하여 기업의 모든 부분이 하나의 팀을 구성하여 마케팅을 함께 추진할 것을 요구한다. 이는 경제적 · 사회적 · 기술적 · 법적으로 여러 가지 차원에서 관계 구축이 필요하다. 이와 같은 맥락에서 고객관계를 자료화하는 것이 앞에서 언급한 고객관계관리(CRM)이다.

고객과 기업의 관계는 다음의 5가지 차원으로 구분할 수 있다.

(1) **기본적**(basic) : 기업의 판매원은 상품을 판매하지만, 그 후 어떤 후속행위(follow up)도 실행하지 않는다.

(2) **대응적**(reactive) : 판매원은 상품을 판매하고 고객에게 질문이 있으면 언제든지 연락하도록 일러둔다.

(3) **설명적**(accountable) : 판매원은 예약을 접수하면 고객에게 즉시 전화를 걸어 확인하고 질문에 응답한다. 행사 기간 중과 그 후에 판매원은 고객으로부터 상품의 개선점과 특히 실망한 점에 관한 정보를 찾는다. 기업은 이 정보를 참고하여 상품을 개선할 수 있다.

(4) **선취적**(proactive) : 개선할 점과 장래의 행사에 대한 창조적인 충고를 얻기 위하여 기업의 영업부 직원과 그 밖의 직원은 고객에게 수시로 전화를 건다.

(5) **협동적**(partnership) : 더 나은 가치를 제공하는 방법을 발견하기 위하여 회사는 계속해서 고객들과 함께 협력해 나간다.

기업의 관계마케팅 확립순서는 다음과 같다.

① 관계관리에서 유익해 보이는 중요고객을 파악한다. 최대 또는 최고의 고객을 선택하여 관계관리(relationship management)의 대상으로 한다. 현저한 증가를 나타내거나 새로운 분야로 개척한 고객은 대상자로 추가한다.

② 각각의 중요고객에게는 1명의 관계관리자(relationship manager)를 배정한다. 현재 그 고객에게 서비스하는 영업부 직원은 관계관리 훈련을 받거나 높은 능력을 갖춘 다른 직원으로 교체해야 한다. 관계관리자는 고객과 긴밀하거나 소구할 수 있는 특징이 있어야 한다.

③ 관계관리자를 위한 명확한 직무 내용을 작성한다. 관계상황 기록 · 목적 · 책임 · 평가기준에 대하여 설명하는 일, 관계관리자를 모든 단골 고객 대응에 집중시키는 일, 관계관리자 1명에게 수 명의 단골 고객관계만을 관리하게 하는 일 등이다.

④ 관계관리자에게 고객관계의 연차계획과 장기계획을 책정하게 한다. 이러한 계획 가운데는 목적 · 전략 · 특별시책 · 필요자원 등이 포함되어야 한다.

⑤ 관계관리자를 감독하는 총괄 관리자를 1명 임명해야 한다. 이 관리자는 직무내용, 평가기준을 작성하고 관계관리자의 효율을 향상할 수 있도록 자원을 지원한다.

끝으로 관계마케팅에 있어 실제로 나쁜 고객이 몇 명 정도 있기 마련이다. 그러므로 회사는 고객관계를 선택적으로 전개해야 한다. 어느 고객이 선택할 가치가 있는가를 발견해 내지 않으면 안 된다. 회사로서는 다른 고객보다도 그 고객의 욕구를 효과적으로 충족시킬 수 있기 때문이다.

CHAPTER

13

서비스 실패와 회복

제1절_ 서비스 실패

서비스 실패(service failure)는 일반적으로 서비스 불만족을 일컫는 것으로 고객이 기대한 것에 비해 낮은 성과를 말한다. 즉 서비스 전달의 하나 혹은 둘 이상의 특정한 면이 고객의 기대를 충족시키지 못한 것에 대한 고객의 지각이다.

모든 종류의 서비스 실패는 고객에게 부정적 감정을 일으키는데 실제로 서비스에서 문제를 경험한 고객의 45%만이 직원에게 불만을 표현하고 그중에 1~5%만이 관리자 또는 본사에 불평하며, 50%의 고객이 서비스 문제를 경험하지만 불평하지 않는다고 한다. 이것은 그야말로 '빙산의 일각'이라고 할 수 있다.

1. 고객 불평의 원인

서비스 제공이 언제나 올바르게 이루어지지 않을 수도 있다. 그리고 고객이 언제나 서비스에 만족하는 것은 아니다. 불만 고객을 효과적으로 관리하기 위해서는 고객 불평의 원인을 파악할 필요가 있다.

① **보상받기**: 고객들은 환불, 보상 및 서비스 재이용과 같이 경제적 손실을 만회하기 위해 불평을 제기한다.

② **감정 다스리기**: 일부 고객은 서비스 실패로 인한 자존심 손상 및 화난 감정을 다스리기 위해 불평한다.

③ **서비스 개선**: 일부 고객은 서비스 실패가 다시 발생하지 않도록 서비스가 개선되기를 바라는 마음에서 불평을 제기한다.

④ **이타주의**: 일부 고객은 다른 고객들이 자신이 겪은 문제를 똑같이 되풀이하지 않게끔 문제를 제기한다.

2. 서비스 실패에 대한 고객의 반응

서비스에 불만족한 고객은 다양한 반응을 보인다.

첫째, 공식적인 조치로는 회사에 불평하거나, 제삼자에게 불평을 늘어놓거나, 한국소비자원, 시민단체와 같은 기구를 통해서 공식적인 조치를 하거나, 경찰서 등에 신고하거나 법적으로 소송을 제기하기도 한다.

둘째, 사적인 조치로는 앞으로 그 회사를 이용하지 않고 다른 회사로 이탈하거나, 주위 사람들에게 그 회사에 대해 부정적 구전을 퍼트릴 수 있다.

셋째는 무대응으로, 아무런 조치를 하지 않고 대응하지 않을 수도 있다.

이러한 고객의 반응은 한 가지만 선택해서 행동할 수도 있고 여러 방법을 다양하게 조합해서 행동할 수도 있다.

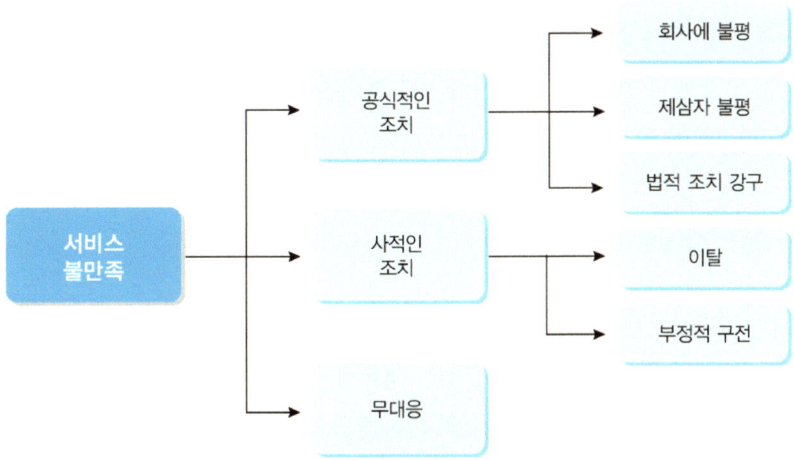

[그림 13-1] **서비스 실패에 대한 고객의 다양한 반응**

3. 고객 불평의 유형

서비스 실패에 반응하는 방법과 관련하여 불평하는 사람들을 수동적 불평자, 표현 불평자, 화내는 불평자, 행동 불평자 등의 4가지로 분류할 수 있다.

1) 수동적 불평자(passives)

이 유형은 소극적으로 불평하는 사람들로, 어떤 조치를 할 가능성은 가장 적다. 이들은 제공자에게 어떤 말도 하지 않을 것이고 다른 사람들에게 부정적 구전을 하려 하지도 않으며, 제삼자에게 불평하지도 않는다. 즉 불평의 효율성에 대해 의구심을 가지며, 이들의 개인적 가치 및 규범으로 인해 불평하지 않을 수도 있다.

2) 표현 불평자(voicers)

이 유형의 고객들은 서비스 제공자에게 적극적으로 불평하고자 한다. 이러한 고객들은 서비스 제공자로서는 최고의 친구로 여겨질 수 있다. 이들이 적극적으로 불평하여 기업 측에 두 번째 기회를 주기 때문이다. 불평이 사회적 편익을 제공한다고 믿고 있어 불평을 말하는 데 주저하지 않는다. 이들은 서비스 제공자에게 불평한 결과가 긍정적일 것으로 믿고, 구전의 확산 및 다른 사람에게 불평하는 것이 덜 긍정적이라고 생각한다. 다른 업체로의 전환 의도도 낮다.

3) 화내는 불평자(irate)

화내면서 불평하는 이 유형의 소비자들은 친구나 친척들에게 부정적 구전을 전하고 다른 업체로 전환할 의도가 높다. 서비스 제공자에게 불평하는 성향은 평균 수준이고 이들은 제삼자에게는 불평하려 하지 않지만 불평해 보아야 들어주지 않는다는 소외의식이 있다. 이들은 서비스 제공자에게 두 번째 기회를 주지 않고 대신 친구나 친척들에게 구전을 확산시키면서 경쟁자에게로 전환한다. 인터넷상에서 자신의 경험을 다른 이들과 공유하기 위해 블로그를 만들어 다른 유형의 고객보다 더 많이 불만을 표현하기도 한다.

4) 행동 불평자(activists)

이 유형은 모든 차원에서 평균 이상의 불평성향을 지닌다. 이들은 서비스 제공자에게 불평하고 다른 사람에게 말하며 제삼자에게도 불평을 말한다. 이들은 모든 불평의 결과가 긍정적인 의미가 있다고 여긴다. 이들의 개인적 규범과 불평은 일치한다.

4. 고객 불평의 악순환

기업은 고객 불평에 어떻게 대응해야 하는가? 이는 고객 불평의 악순환을 이해함으로써 그 대응방안을 마련할 수 있다. 어느 부서에 고객 불평이 다수 접수된다고 하자. 관리자는 고객 불평이 많은 부서에 대해 나쁜 업무평가를 하며, 그 부서의 인적·물적 지원을 줄이고자 한다. 그러면 자원의 부족으로 고객서비스는 더욱 악화하고 고객의 불만은 더욱 커질 것이다. 이런 고객 불평의 악순환은 [그림 13-2]와 같이 나타낼 수 있다.

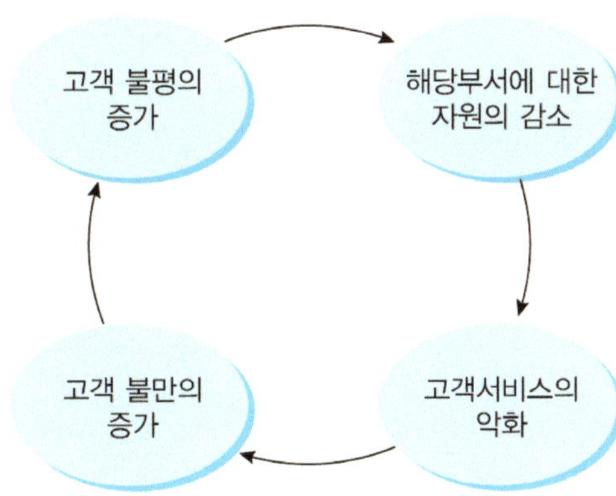

[그림 13-2] **고객 불평의 악순환**

5. 고객 불평에 대한 장애를 줄이는 전략

관리자는 불만족한 고객이 있다면 어떻게 서비스 실패에 대해 쉽게 불평하도록 만들까? 가장 좋은 방법은 그들이 왜 불평하지 않는지를 파악하는 것이다. 불만족 고객은 〈표 13-1〉에서 보는 바와 같이 불편함, 애매한 결말, 불쾌함과 같은 장애 요인을 가지며,

기업은 이를 줄이는 전략에 노력을 기울여야 한다. 많은 기업이 무료 전화 이용, 웹사이트에 피드백 연결방법 제공, 개별 접점에 고객이 쉽게 이용할 수 있도록 고객 의견 카드 제공 등과 같은 불평 수집 절차를 이용한다.

〈표 13-1〉 **고객 불평에 대한 장애를 줄이는 전략**

불만족 고객의 불평 토로 장애 요인	고객 불평 장애 요인을 줄이기 위한 전략
불편함 • 정확한 불평 수단을 찾기 어려움 • 불평 시 추가적 노력 필요	**피드백을 주기 쉽고 편하게 하라** • 고객과 커뮤니케이션을 하는 경우, 언제나 직통 전화번호, 이메일, 우편주소 공지
애매모호한 결말 • 기업이 문제를 검토하는 활동이 진행되는지에 대한 불확실성	**피드백을 진지하게 받아들였다는 것을 확실히 하라** • 적절한 장소에 서비스 회복 절차를 갖추고 고객에게 알림 • 고객 피드백에 근거한 서비스 개선점을 부각함
불쾌함 • 무시당하는 것에 대한 두려움 • 말다툼, 당황	**피드백 경험을 긍정적으로 만들어라** • 고객의 피드백에 감사 • 접점직원이 고객과 싸우지 않도록 훈련함 • 익명성 허용

▲ 불평–장애

제2절_서비스 회복

1. 서비스 회복의 의의

서비스 회복(service recovery)은 서비스 실패로 인한 문제를 해결하는 기업의 체계적인 노력을 말한다. 효과적인 서비스 회복을 위해서는 문제를 해결하기 위한 절차와 화가 난 고객을 잘 응대할 수 있는 기술이 필요하다. 고객이 불평을 제기했을 때 만족스러울 정도로 잘 해결되면 그 기업의 서비스를 다시 구매하거나 이용하는 고객 충성도는 높아지게 된다. 이것을 '서비스 회복의 역설'이라고 한다.

서비스는 이질성이 높고 인적 접촉이 많으므로 각 MOT마다 실패할 가능성이 크다. 그런데 실패한 서비스라 하더라도 회복조치를 잘하면 오히려 고객들이 더욱 만족하고 충성 고객이 될 수 있는 시발점이 된다.

2. 서비스 회복의 효과

고객 문제의 효과적인 해결은 고객만족, 애호도, 구전(word of mouth) 커뮤니케이션, 수익 등에 큰 영향을 미친다. 즉 서비스 실패를 경험했으나 기업의 서비스 회복 노력으로 만족한 고객은 문제가 해결되지 않은 고객들보다 훨씬 애호도가 높다. [그림 13-3] '불만족한 고객의 재구매 의도'를 연구한 TARP의 자료에서 보면 불평한 후 문제가 만족스럽게 해결된 고객의 43%는 동일 서비스 제공자에게 다시 서비스를 구매한 것으로 나타났다.

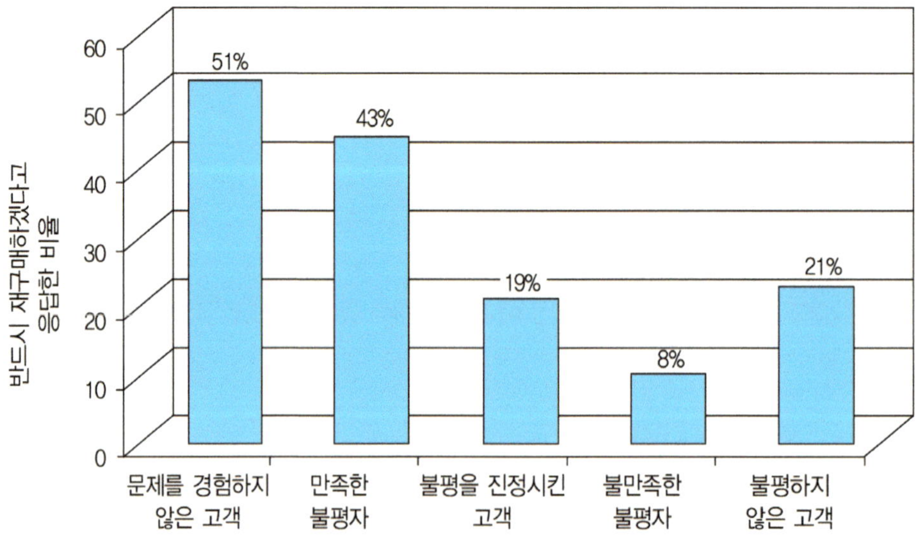

자료: TARP Worldwide Inc., Service Industry Data, 2007.

[그림 13-3] **불만족한 고객의 재구매 의도**

3. 서비스 회복 패러독스

처음에는 실망했지만 좋은 서비스 회복을 받은 고객이 훨씬 더 만족하여 결과적으로 애호 고객이 되는 것을 서비스 회복 패러독스(service recovery paradox) 또는 회복 역설이라고 한다. 처음에 불만족한 서비스를 경험했지만 훌륭한 서비스 회복을 경험한 고객이 문제가 전혀 없는 고객보다 더 만족하고 재구매할 가능성이 올라갈 수 있다. 즉 고객이 서비스 실패를 경험하지 않았을 때보다 서비스 실패를 경험한 후에 더 만족하는 경우가 생긴다는 것이다.

그러나 대다수 고객은 문제를 경험했을 때 불평을 쉽게 이야기하지 않는다. 성공적 회복은 기업이 문제를 알아차리고 잘 해결했을 때만 가능하다. 그리고 실수를 바로잡을 때는 처음보다 더 비용이 많이 든다. 서비스를 더 빨리 특별히 해야 하기 때문이다.

또한, 서비스 회복의 결과로 고객만족이 증가했다 할지라도 재구매와 지각된 기업 이미지는 증가하지 않는다. 즉 고객은 결국 기업을 높게 평가할 필요성을 못 느낀다는 것이다.

서비스 회복의 패러독스는 다음의 경우에 일어날 가능성이 크다.

- 고객이 실패를 대수롭지 않게 생각할 때
- 이전에 서비스 실패를 경험하지 못한 고객에게 실패했을 때
- 서비스 실패가 고객의 부주의로 인해 발생했을 때
- 고객이 실패의 원인에 대해 기업의 책임이 적다고 느낄 때

이처럼 회복 패러독스가 적용되는 경우에 대해 다양한 의견이 있지만 '처음에 제대로 하기(doing it right the first time)'가 결국에는 가장 안전한 최선의 전략이다.

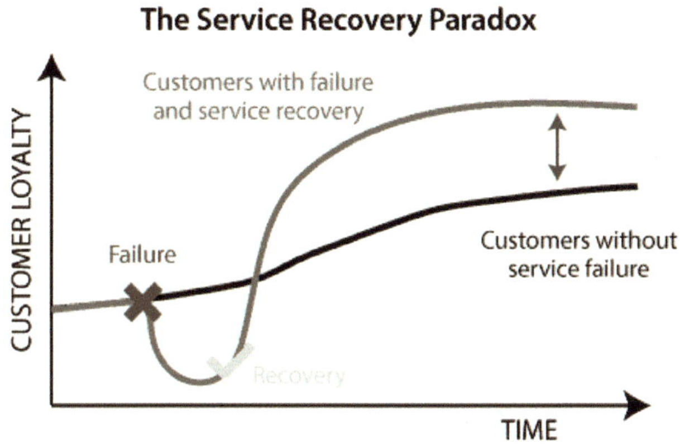

▲ 서비스 회복 패러독스

제3절 _ 효과적인 서비스 회복 시스템

서비스 회복이 중요하지만 어떻게 효과적으로 서비스를 회복해야 하는가? 효과적인 서비스 회복 제공을 위해 4가지 원칙을 보기로 한다. 즉 고객이 피드백을 쉽게 하고, 효과적인 서비스 회복을 위한 시스템을 구축하고, 적정한 보상 수준을 결정하고, 고객 피드백에서 서비스 개선방안을 모색해야 한다. 효과적인 서비스 회복 시스템의 구성요소는 [그림 13-4]에서 보는 바와 같다.

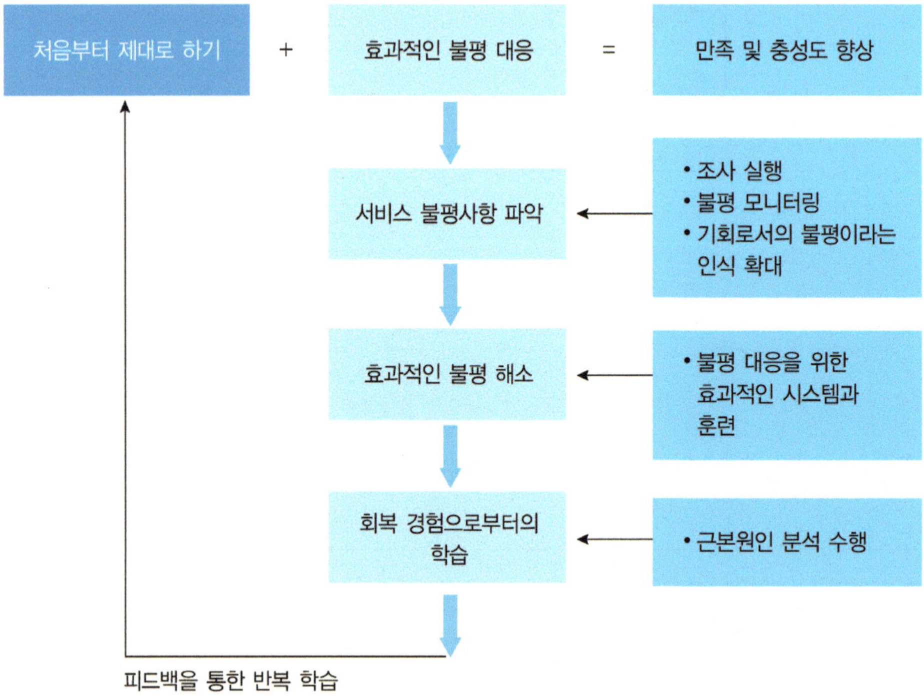

[그림 13-4] 효과적인 서비스 회복 시스템의 구성요소

1. 고객의 피드백 용이

관리자는 어떻게 불만족한 고객이 서비스 실패에 대해 불평하도록 할까? 가장 좋은 방법은 그들이 왜 불평하지 않는지를 파악하는 것이다. 많은 기업이 수신자 부담 전용 전화 이용, 웹사이트 피드백 연결방법 제공, 개별 접점 지점에 고객이 쉽게 이용할 수 있도록 고객 의견 카드 제공 등과 같은 불평수집 절차를 이용한다.

2. 효과적인 서비스 회복 시스템 구축

서비스 실패 회복은 적극성, 계획, 분명한 가이드라인이 필요하다. 효과적인 서비스 회복 절차는 아래와 같다.

1) 적극적인 서비스 회복 절차

고객이 불평하기 전에 서비스 회복은 준비되어 있고 적극적이어야 한다. 서비스직원은 고객의 불만족 신호를 느낄 수 있어야 한다. 예를 들어, 호텔 식당 웨이터가 고객의 식사 상황을 감지해서 고객이 불만족한 상태로 식당을 나가버리고 다시 오지 않는 결과를 낳지 않도록 서비스 회복의 기회를 찾아야 한다.

2) 계획된 서비스 회복 절차

서비스 실패에 관한 회복계획이 미리 개발되어야 한다. 특히 정기적으로 발생하고 시스템 안에서 설계될 수 있는 것에는 회복계획이 더욱 필요하다. 초과예약으로 인해 호텔에 투숙하지 못하거나 항공기에 탑승하지 못하는 경우 현장이나 고객센터는 서비스 회복 상황 대응에 대한 지침을 준비해 두어야 한다.

3) 훈련된 서비스 회복 절차

서비스 실패를 예상하지 못한 경우 고객이나 직원은 적절히 대처하기 어렵다. 비일상적인 서비스 실패와 지정된 회복 절차에 대한 효과적인 교육은 접점인력의 기술 습득과 동시에 그들에게 자신감을 심어줘 근로 의욕을 끌어올릴 수 있다.

4) 권한 위임된 서비스 회복 절차

현장직원이 불평 고객을 만족시키기 위해서는 상황 판단과 커뮤니케이션 기술을 활용할 수 있는 권한이 있어야 한다. 직원들은 서비스 문제를 즉각 해결하고 고객의 선의를 회복하기 위해 의사결정을 하고 비용을 지출할 수 있어야 한다. 호텔에서 불평 고객에게 사우나 쿠폰이나 식사권을 제공하여 만족도를 높이기도 하고, 온라인 공개 불평이 보편적인 오늘날에는 직원이 트위터나 카카오톡 등 온라인으로 즉각 대응할 수 있도록 권한 위임이 되어 있어야 한다.

3. 적정한 보상

서비스 실패가 발생했을 때 기업은 얼마나 많은 보상을 해야 하는가? 서비스 회복을 효과적으로 하려면 무조건 '많은' 보상보다는 '알맞은' 보상을 함으로써 서비스 실패를 만회하는 것이 중요하다.

첫째, 기업의 포지셔닝은 어떠한가? 고객에게 우수한 서비스기업으로서 포지셔닝이 잘 되어 있는가 아닌가에 따라 고객이 서비스 실패에 대한 기대치가 각각 다르므로 그에 알맞은 보상이 필요하다.

둘째, 서비스 실패가 얼마나 심각한가? 고객은 서비스 실패의 중요도에 따라 보상을 기대하기 때문에, 서비스 실패의 심각성, 손실의 크기에 따라 보상해야 한다.

셋째, 영향력 있는 고객은 누구인가? 장기고객과 서비스 구매를 위해 많은 지출을 하는 고객은 많은 보상을 기대하고, 1회성 고객은 일반적으로 적게 보상해도 되지만, 공정하게 할 필요가 있다. 첫 번째 구매한 고객을 공정하게 대우하면 반복 구매자가 될 가능성은 얼마든지 있다.

4. 고객 피드백에서 서비스 개선 강구

1) 효과적인 고객 피드백 시스템

경쟁이 치열해지는 호텔시장 상황에서 최고의 경쟁우위는 기업이 경쟁자보다 빠르게 학습하고 변화하는 것이다. 고객주도적 학습과 서비스 개선이 이루어지기 위해서는 고객 피드백시스템(CFS : customer feedback system)을 활용하는데, 그 목표는 세 가지 핵심범주로 분류된다.

첫째는 서비스품질과 성과에 대한 평가 및 벤치마킹이다. "우리는 고객을 어떻게 만족시킬 것인가?"라는 질문에 대답하는 것이 목표이다. 동종 산업의 기업을 벤치마킹하는 것이 전부는 아니다. Southwest 항공은 여객기 운항시간 단축을 위해 Fomula One Pit-Stop을 벤치마킹하였고, Pizza Hut은 FedEx의 정시 소포 배달을 벤치마킹하였으며, Ikea는 군대의 탁월한 조율과 병참 관리를 연구하였다.

둘째는 고객주도적 학습과 향상이다. "무엇이 우리 고객을 만족 또는 불만족하게 하는가?", "우리가 유지해야 하는 장점은 무엇이고 단점은 무엇인가?" 이 목표달성에는 프로세스와 상품에 대한 상세한 정보가 필요하고 이 정보를 활용해 품질 개선의 방향과 수익 향상 방안을 파악할 수 있다.

셋째는 고객지향적 서비스문화의 창조이다. 즉 조직이 고객 욕구, 고객만족에 집중하도록 하는 것과 조직 전체적으로 서비스품질을 중시하는 문화가 형성되도록 하는 것이다. 일류 호텔들은 이러한 서비스문화가 잘 형성되어 있다.

2) 고객 피드백 수집 도구의 조합적 활용

정보 획득과 학습을 위해 기업은 어떠한 수단을 이용할 수 있을까? 기업은 고객의 소리를 들어야 한다. 〈표 13-2〉는 전형적으로 사용되는 피드백 도구와 다양한 요구사항에 대한 충족 정도를 개략적으로 나타내고 있다. 서비스 마케터는 개별도구마다 나름대로 장점과 약점이 있다는 것을 인지하고 필요한 정보를 전달하는 다양한 고객피드백 수집 도구를 조합해야 한다.

〈표 13-2〉 **고객 피드백 수집 도구의 강점과 약점**

수집도구	측정 수준(단계)							
	기업	프로세스	특정 거래	실행 가능성	대표성/신뢰성	서비스 회복에 대한 시사점	직접 학습	비용 효과성
전체적인 시장 조사(경쟁자 포함)	●	○	○	○	●	○	○	○
전반적인 만족에 대한 연간 조사	●	◑	○	○	●	○	○	○
거래조사	●	●	◑	◑	●	○	○	○
서비스 피드백 카드	◑	●	●	◑	◑	●	◑	●
미스터리 쇼핑	○	◑	●	●	○	○	◑	○
자발적인 피드백(예 : 불평)	○	◑	●	●	○	●	◑	●
표적 집단 토의	○	◑	●	●	○	◑	●	◑
서비스 리뷰	○	◑	●	●	○	●	●	◑

주 : 범례) ● 필요조건의 완전한 충족, ◑ 적당히 충족, ○ 거의 충족시키지 않음

(1) 전체적인 시장조사, 연간조사, 거래조사

일반적으로 전체적 시장조사(total market survey)와 연간조사(annual survey)는 모든 중요한 고객서비스 프로세스와 상품에 대한 만족을 측정한다. 측정 수준은 기업의 전반적인 사항에 대한 총체적인 만족의 포괄지수 또는 지표를 얻는 것을 목표로 삼는다.

거래조사(transactional survey)는 일반적으로 고객이 특정 거래를 완료한 후에 수행된다. 만약 시간이 허락된다면 고객에게 해당 프로세스에 대한 깊이 있는 정보를 수집할 수 있다. 이때 피드백을 통해 해당 프로세스에서 고객이 만족하거나 불만족한 이유를 알 수 있으며 고객만족을 향상할 방법을 보여준다.

(2) 서비스 피드백 카드

고객에게 피드백 카드(또는 온라인 팝업 형태, 이메일, SMS)를 제공하는 것은 강력하고 저렴한 방법이다. 피드백 카드는 중요한 서비스 프로세스가 완료된 후 고객 피드백센터로 우편, e메일이나 기타 다양한 방법을 통해 보내도록 한다.

(3) 미스터리 쇼핑(mystery shopping)

서비스기업들은 고객 접점직원이 바람직한 행동을 하고 있는지를 확인하는 방법으로 자주 이 방법을 활용한다. 일반적으로 위장고객의 전화나 방문 횟수가 적기 때문에 개별적인 조사의 신뢰성과 대표성은 낮다. 그러나 만약 특정 직원이 계속해서 높은 수준 또는 낮은 수준의 서비스를 제공한다면, 관리자는 미스터리 쇼핑(직원이나 타인이 고객을 가장하고 서비스접점의 서비스 수준을 평가하는 방법)을 활용해서 해당 직원을 충분히 관찰하고 판단할 수 있다.

(4) 자발적인 고객 피드백

고객의 불평이나 칭찬과 제안은 품질을 지속적으로 파악하고 서비스 설계와 전달에 필요한 개선점을 도출하는 데 활용할 수 있다. 불평과 칭찬은 고객을 불만족하게 하는 것, 기쁘게 하는 것을 파악할 수 있게 도와주는 풍부한 원천이다. 자발적 고객 피드백은 피드백 카드와 마찬가지로 전반적인 고객만족도를 측정할 수 있는 신뢰할 만한 수단은 아니지만, 개선아이디어로 활용될 수 있다.

(5) 표적 집단 토의 및 서비스 리뷰

이 두 가지는 잠재적 서비스 개선과 아이디어에 중대한 통찰력을 제공한다. 일반적으로 표적 집단 토의에서 활용되는 그룹은 핵심고객층 또는 그들의 욕구를 이해하는 사용자 그룹으로 구성된다. 서비스 리뷰는 주로 연 1회 실시하고 기업의 가장 중요한 B2B 고객과 심층 면대면 인터뷰로 진행된다.

3) 고객 피드백의 분석 · 보고 · 공유

보고 시스템은 지속적인 향상과 학습을 위해 고객 피드백과 피드백 분석내용을 접점직원, 프로세스 소유자, 지점이나 각 부서의 관리자와 최고 경영진에게 전달해야 한다.

고객 접점에서의 피드백 시스템은 불평과 칭찬에 즉각 반응해야 한다. 서비스관리와 팀의 학습을 위해 필요한 정보를 제공하는 세 가지 성과 보고 방법으로는 월간 서비스 성과 업데이트, 분기 서비스 성과 리뷰, 연간 서비스 성과 보고가 있다.

5. 서비스 회복과 공정성 관리

서비스 실패가 발생하면 고객들은 공정한 방식으로 문제가 해결되기를 바란다. 서비스 회복과정에서 고객은 [그림 13-5]에서 나타난 바와 같이 세 가지 차원의 공정성을 경험하게 된다고 한다. 절차공정성은 불평처리의 정책과 규칙 및 적시성에, 결과공정성은 고객이 불평을 통해 받는 결과에, 상호작용 공정성은 불평처리 과정에서 받는 대인관계에 각각 초점을 맞춘다.

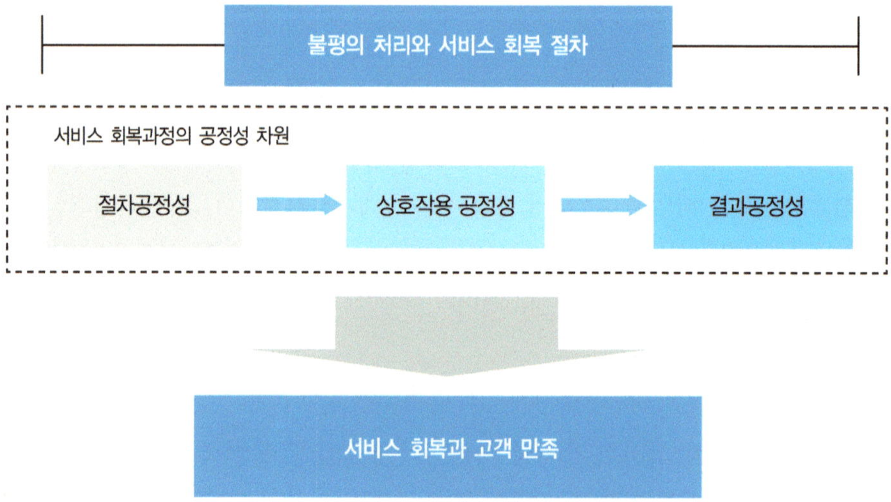

[그림 13-5] **서비스 회복과정에서 공정성 차원**

첫째, 절차공정성

서비스 회복과정에서 나타난 기업의 정책, 규정 등이 공정한가 하는 개념이다. 고객은 기업이 절차적인 측면에서 편리하고 신속한 응답을 해주기를 기대한다. 동시에 기업 측이 고객들의 불편과 수고를 책임 있게 이해해 줄 것을 기대한다.

둘째, 상호작용 공정성

서비스직원이 고객에게 보여주는 행동과 태도에 관한 공정성 개념이다. 서비스 실패에 대한 상세한 설명과 문제의 원인이 무엇인지 잘 파악하고 문제를 어떻게 해결할지 친절하게 설명한다면 고객은 공정한 대우를 받았다고 느낄 것이다. 직원의 정직하고 예의 바른 태도가 필요하다.

셋째, 결과공정성

서비스 실패로 인해 고객이 감수한 경제적 손실과 심리적 불편에 대해 실제로 고객이 보상을 공정하게 받았는가 하는 개념이다. 이는 실패에 대한 직접적 보상, 고객이 소비한 시간, 노력, 에너지 등을 공정하게 보상받는 것을 의미한다.

▲ 공정성

제4절 _ 서비스 보증

1. 서비스 보증의 이해

보증은 고객을 진정시키면서 동시에 문제를 해결할 수 있는 특별한 유형의 회복상식이다. 보증은 기업이 제공하기로 한 서비스상품을 약속한 대로 제공하겠다는 서약 또는 확신이다. 만약 이것이 지켜지지 않는다면 기업은 어떤 형태로든 배상을 하겠다는 의미이다.

유형제품의 경우, 고객은 기업이 약속한 대로 제품을 제공할 것을 보증받고 그렇지 못한 경우는 교환이나 환불에 대한 보장을 받는다. 서비스의 경우, 일반적으로 수행된 것을 되돌리거나 원상태로 돌릴 수 없다. 그러나 점차 서비스를 보증할 방법을 발견하고 그게 상당한 편익이 있다는 것을 알게 되어 서비스 보증에 대한 회의적 시각은 사라지고 있다. 서비스 보증의 범위와 사례는 〈표 13-3〉에서 보는 바와 같다.

〈표 13-3〉 **서비스 보증의 범위와 사례**

용어	보증 범위	사례
단일 속성 수준의 구체적 보증	해당 서비스의 하나의 핵심 속성이 보증의 대상이다.	"세 종류의 인기 있는 유명한 피자 모두가 오전 12시~오후 2시 사이에 주문하면 10분 안에 제공될 것을 보증합니다. 피자가 늦는다면, 고객님의 다음 번 주문은 무료입니다."
다속성 수준의 구체적 보증	해당 서비스의 소수의 중요한 속성이 보증의 대상이다.	Minneapolis Marriott의 보증: '우리의 품질서약' • 친절하고 빠른 입실 • 모든 것이 잘 작동되는 깨끗하고 편안한 객실 • 친절하고 빠른 퇴실 당신 생각에 우리가 이 서약을 지키지 않는다면, 현금 20달러를 드리겠습니다. 어떤 질문도 없습니다. 그것은 당신의 판단입니다.

완전 만족 보증	해당 서비스의 모든 면이 보증의 대상이며 예외란 없다.	랜즈 앤드(Lands' End)의 보증: "우리에게 구입한 어떤 상품에 대해서, 당신이 사용하는 동안 언제라도 당신을 완전히 만족시키지 못한다면 반환하세요. 그러면 우리는 당신이 구매한 총액을 환불해 드릴 것입니다. 우리는 약속합니다. 어떤 제품이든지. 언제든지. 언제나. 하지만 이것을 완전히 명확하게 하기위해 우리는 보증기간 동안만 보증합니다."
결합된 보증	보증의 완전한 만족이란 약속에 의해 해당 서비스의 모든 면이 보증의 대상이 된다. 불확실성을 줄이기 위해 중요한 속성에 대한 명백한 최소 성과기준이 보증에 포함된다.	Datapro Information Service 사의 보증: "보고서를 시간 안에 발송하는 것, 고품질 표준, 다음의 내용을 보증합니다. 우리가 이 보증에 따라 서비스 전달을 실패하거나, 우리 업무의 어떤 면에서건 불만족스러운 부분이 있다면, 당신은 당신이 공정하다고 생각하는 금액만큼 최종 계산에서 공제할 수 있습니다.

2. 서비스 보증의 특징

어떤 보증의 유형이든 상관없이, 더 효과적인 보증이 있는데 그 특징은 다음과 같다.

① 서비스 보증은 무조건적이어야 한다. 즉 조건이 있어서는 안 된다. 어떤 보증은 많은 종류의 제약, 입증의 필요, 한계 등을 지니기 때문에 법조문과 유사해 보일 수 있다. 단서가 있는 보증은 일반적으로 효과적이지 못하다.

② 서비스 보증은 의미가 있어야 한다. 명백한 것이나 당연한 것을 고객들에게 보증하는 것은 의미 없다. 예컨대 생수 배달 회사는 약속한 날짜에 생수를 배달해 줄 것을 보증했고 그렇지 못하면 다음에 생수를 무료로 배달해 주기로 약속한다. 이 업계에서 예정 날짜에 정확하게 배달하는 것은 다른 경쟁자들도 충족시켜 줄 수 있는 기대이다. 따라서 고객들에게 이러한 보증은 의미가 없다.

③ 서비스 보증은 고객과 직원 모두가 이해하기 쉬워야 한다. 보증에 제한과 조건이 많으면 고객과 직원 누구도 무엇이 보증되는 것인지 정확하게 알지 못한다. 베니건스는 점심시간에 15분 이내에 빨리 식사를 제공하는 서비스를 광고하면서, "빠른 점심 아니면 공짜로(It's fast or it's free)"라고 고객에게 약속하고 고객에게 15분 이내

에 음식을 제공할 것을 현장직원에게 교육하고 있다.

④ 서비스 보증은 청구하기 쉬워야 한다. 보증을 입증하고자 고객에게 상세한 편지를 쓰게 하거나 서비스 실패를 입증할 문서를 요구하는 것은 시간 낭비이고 보증을 가치 없게 만드는 함정이다. 특히 서비스 금액이 상대적으로 적은 경우는 더욱 그렇다.

3. 서비스 보증의 유형

1) 무조건적 만족보증(unconditional satisfaction guarantees)

무조건적 만족보증은 문제가 결과이든 과정이든 고객 선호와 관계가 있어야 하며 어떤 제한이나 조건이 있어서는 안 된다. 다국적 컨설팅 전문회사 베인앤컴퍼니(Bain & Company)는 고객들에게 무조건적 만족보증을 약속하고 있다. 만약 고객이 행복하지 않다면 고객은 서비스에 비용을 지불하지 않아도 된다. 햄프턴인호텔(Hampton Inn Hotel)의 100% 환불 조건에 대한 보증은 무조건적 만족보증의 대표적인 예이다.

2) 서비스 속성 보증(service attribute guarantees)

서비스 속성 보증은 기업이 고객에게 중요한 서비스의 특정 부분에 대해서 보증을 제공하는 것을 말한다. 영국항공은 일등석에 새로운 의자를 설치하면서 "편안함을 약속드립니다. 그렇지 않을 경우, 당신은 25,000마일의 무료 마일리지 서비스를 받을 수 있습니다"라고 광고했다. 맥도날드는 "따뜻한 음식, 빠르고 친절한 배달, 차내 주문에 대한 정확한 재확인 절차 등을 우리는 제대로 수행하고 하며, 그렇지 않을 경우, 다음 식사를 무료로 제공할 것입니다." 페덱스는 "정해진 시간까지 화물배달을 보증합니다." 이러한 사례에서 기업은 고객에게 중요한 것으로 생각하는 서비스의 속성에 대해 보증을 약속한다.

4. 서비스 보증의 편익

서비스기업의 보증은 마케팅 도구일 뿐만 아니라 조직 전체에 품질을 정의하고 개선하고 유지하기 위한 수단이다. 효과적인 서비스 보증이 기업에 주는 편익은 매우 많다.

(1) 좋은 보증은 기업이 고객에게 초점을 맞추게 한다.

좋은 보증 또는 의미 있는 보증을 개발하기 위해서는 고객이 기대하고 가치 있게 여기는 것이 무엇인지 알아야 한다. 즉 고객이 생각하는 만족에 초점을 맞추어야 한다.

(2) 효과적인 보증은 기업에 명백한 기준을 제시한다.

보증을 통해 기업이 직원들에게 요구하는 기준을 명백히 정할 수 있다. 예를 들면 피자헛의 보증은 다음과 같다. “만약 고객님이 우리 피자에 만족하지 못한다면 알려주십시오. 우리는 문제를 해결해 드리거나 환불해 드릴 것입니다.” 이 말은 직원들에게 고객이 불평할 때 어떻게 대처해야 하는지를 정확히 알도록 한다.

(3) 좋은 보증은 고객의 피드백을 유도한다.

보증은 고객이 불평하도록 인센티브를 제공한다. 그래서 좀 더 대표성 있는 피드백을 기업에 제공할 수 있다. 보증은 고객에게 불평할 수 있는 권리를 가지고 있음을 알려주는 것이다.

(4) 보증이 필요할 때가 바로 회복기회이다.

고객이 서비스 실패 후 즉각 해결되는 경험을 했다면 불만족은 조절될 수 있거나 적어도 증가하지는 않는다. 빠른 서비스 회복 노력은 고객을 만족시키고 충성도를 유지하게 한다.

(5) 보증으로 발생한 정보는 추적 가능하며 개선되고 강화될 수 있다.

보증은 고객의 의견을 수집할 수 있는 구조화된 메커니즘을 제공하고 그래서 경청 간격을 좁힐 수 있다. 고객과 서비스 운영시스템 사이의 피드백은 보증을 통해 강화될 수 있다.

(6) 보증은 고객의 위험을 감소시키고 신뢰를 구축한다.

고객은 돈, 시간, 노력 등에 대한 불확실성을 감소시킬 정보나 단서를 찾는데, 보증을 통해 그 위험성은 훨씬 낮아진다. 즉 보증은 위험을 줄이고 구매 전 서비스에 대해 긍정적 평가를 가져올 수 있다.

5. 서비스 보증이 적합하지 않은 상황

시장에서 경쟁기업 간에 차이가 거의 없을 때 보증을 도입한 최초의 기업은 초기 진입자 효과를 얻을 수 있으며 경쟁자와 차별화할 수 있다. 만약 다른 경쟁자가 보증을 사용하고 있다면 경쟁자보다 훨씬 강력한 보증을 사용하는 것이 효과적이다.

관리자는 서비스 보증을 도입할지 말지 의사결정을 할 때 기업의 강점과 약점을 주의 깊게 생각해야 한다. 여기서 보증이 적합하지 않은 상황을 기술해 보기로 한다.

첫째, 탁월한 서비스로 확고한 명성을 가진 기업은 보증이 필요치 않을 수도 있다. 사실 서비스 보증의 제공은 이런 기업의 이미지와 맞지 않는다. 오히려 서비스 우수기업에 대해서 고객은 보증 없이 바람직한 서비스를 제공하기를 기대한다.

둘째, 현재 저수준의 서비스를 제공하는 기업은 먼저 현재의 보증 수준 이상으로 서비스품질을 개선해야 한다. 그렇지 않으면 너무 많은 고객이 보증문제를 제기할 것이고 이것은 심각한 보증 비용을 유발하게 할 것이다.

셋째, 날씨와 같은 천재지변 또는 외부적 요인에 의해 서비스품질을 통제하기 어렵다면 보증을 제공하지 않아야 한다.

넷째, 구매나 서비스 이용에 고객이 재정적, 개인적, 생리적 위험요소가 그다지 없다고 생각한다면 보증은 별 가치가 없으며, 단지 보증에 대한 설계, 이행, 관리를 위한 비용만 초래한다.

참고문헌

REFERENCE

강미선 · 김운한(2020), 4차 산업혁명과 마케팅, 커뮤니케이션북스.

김대호(2016), 4차 산업혁명, 서문, 커뮤니케이션북스.

김성혁(2014), 관광산업의 이해, 백산출판사.

김성혁(2016), 호텔관광경영론, 백산출판사.

김성혁 · 황수영(2023), 관광경영관리론, 백산출판사.

김성혁 · 황수영(2023), 서비스마케팅, 백산출판사.

김성혁 · 황수영(2025), 최신MICE산업론, 백산출판사.

김종락(2019), 마켓4.0시대의 온라인 커머스 전략, 무역경영사.

노형봉(2020), 서비스경영, 한경사.

박춘엽 · 박병연 · 오점술(2018), 4차 산업혁명의 핵심전략, 책연.

서구원(2015), 소셜미디어와 SNS 마케팅, 커뮤니케이션북스.

양경렬(2019), 디지털 트랜스포메이션 마케팅, 비전코리아.

정남호 외(2022), 스마트관광도시, 경희대 출판문화원.

정명보 · 김성혁 · 김용일(2010), 호텔 뷔페레스토랑의 물리적 환경이 서비스품질과 고객만족 및 고객 충성도에 미치는 영향, 『관광연구』, 25(3) : 101-120.

조진호 · 박영숙(2024), 최신관광법규론, 백산출판사.

조창환 · 이희준(2019), 디지털 마케팅4.0, 제2판, 청송미디어.

한국경제신문 특별취재팀(2022), 한경무크 트래블 이노베이션, 한국경제신문.

황수영 · 김성혁(2024), 최신 관광마케팅론, 백산출판사.

Ali Ahani, Mehrbakhsh Nilashi, Othman Ibrahimc, Louis Sanzognia, Scott Weaven(2019), Market segmentation and travel choice prediction in Spa hotels through TripAdvisor's online reviews, *International Journal of Hospitality Management* 80. pp.52-77.

Berbeglia, F., G. Berbeglia, and P. V. Hentenryck(2021), "Market segmentation in online platforms," *European Journal of Operational Research*, Vol.295, No.3, pp.1025-1041.

Deng Y., and Q. Gao(2020), "A study on e-commerce customer segmentation management based on improved K-means algorithm," *Information Systems and e-Business Management*, Vol.18, No.4, pp.497-510.

Feng Hu, Rohit H. Trivedi(2020). Mapping hotel brand positioning and competitive landscapes by text-mining user-generated content, *International Journal of Hospitality Management,* Vol.84, 102317.

Kritcha Yawised, Darlin Apasrawirote(2025), The synergy of immersive experiences in tourism marketing: Unveiling insightful components in the 'Metaverse', *Journal of Destination Marketing & Management,* Vol.37.

Lim. SangGon (Edward), and Chihyung "Michael" Ok(2022), A percentage-off discount versus free surcharge: The impact of promotion type on hotel consumers' responses, *Tourism Management* 91. 104504.

Liu Han, Huang Mingying, Zhang Peng(2025), The influence of social media marketing on the quality of hotel services and the behavioral intentions of tourists, *Acta Psychologica* 255. 104881.

Lovelock, C. H.(2010). *Managing Service : Marketing, Operations, and Human Resources.* Englewood Cliffs, NJ : Prentice-Hall, Inc.

Luana Nanu, Imran Rahman, Faizan Ali, David S. Martin(2024), Enhancing the hospitality experience: A systematic review of 22 years of physical environment research, *International Journal of Hospitality Management,* Vol. 119, 103692.

McIntosh, R. W., and Goeldner, C. R.(2014). *Tourism : Principles, Practices, Philosophies.* NY : Wiley.

Mill, R. C., & Morrison, A. M.(2016). *The Tourism Marketing System : An Introductory Text.* NJ : Prentice-Hall, Inc.

Morrison, A. M.(2021). *Hospitality and Travel Marketing*(4e). Delmar : Thomson Learning.

Ngoh, C., and C. Groening(2022), "The effect of COVID-19 on consumers' channel shopping behaviors: A segmentation study," *Journal of Retailing and Consumer Services,* Vol.68, 03065.

Sanjeev Bordoloi., J. A. Fitzsimmons,, Mona J. Fitzsimmons(2023). *Service management: operations, strategy, information technology* (10th ed.)

Soey Sut Ieng Leia, Juan L. Nicolaub, Dan Wangc(2019), The impact of distribution channels on budget hotel performance, *International Journal of Hospitality Management,* Vol.81, pp.141-149.

Tin Doan, Shelagh Mooney, Peter B. Kim(2023), The moments of truth: A qualitative exploration of service interactions between employees with disabilities in the food service industry, and their customers, *International Journal of Hospitality Management,* Vol. 115, 103602.

Tran, G. A., and D. Strutton(2020), "Comparing email and SNS users: Investigating e-servicescape, customer reviews, trust, loyalty and E-WOM," *Journal of Retailing and Consumer Services,* Vol.53, No.March, 101782.

Verboord, M.(2024), "Bundles of trust? Examining the relationships between media repertoires, institutional trust, and social contexts," *Communications,* Vol.49, No.2, pp.243-262.

Vergara Pariona, Rigo.(2024), *Digital marketing in wholesale travel agencies,* Paperback. Our Knowledge Publishing.

Vinodan, A. and Meera, S.(2022), *Case Study on Travel Marketing and Destination Management*. Paperback. Eliva Press.

Wirtz, J., Chew, P., and Lovelock, C.(2015). *Essentials of Services Marketing*. 2nd Edition. Pearson Education South Aisa Pte Ltd.

Xianli Wu, Huchang Liao, Eric W.T. Ngai.(2024), Ranking hotel products by integrating online ratings from multiple platforms, *Information & Management* 61. 103959.

Yang, Bi., Tian Ye, Stephanie Q. Liu, Yujie Zhao.(2024), How consumers process online hotel ratings, *Annals of Tourism Research* 108. 103822.

Zhang Zhao, Shaonan Chang, Ming-Hsiang Chen, Xiaoxiao Fu, Xian Bi.(2024), Reputation or brand: The causes of asymmetric responses to hotel price promotions, *International Journal of Hospitality Management* 120. 103780.

https://doi.org/10.1016/j.jdmm.2025.101019

저자소개

김성혁

일본 게이오대학교(慶應義塾) 상학 박사
한국관광학회 부회장, 편집위원장 역임
대한관광학회 부회장, 한국MICE학회 부회장 역임
문화관광체육부, 서울시, 한국관광공사, 한국공항공사 등 자문 · 심사위원
세종대학교 호텔관광대학 학장, 관광대학원 원장 역임
현) 세종대학교 호텔관광경영학과 명예교수

[저서]
최신 MICE산업론(2025), 백산출판사
최신 관광마케팅론(2024), 백산출판사
관광경영관리론(2023), 백산출판사
서비스마케팅(2023), 백산출판사
기타 저서 및 논문 다수

황수영

세종대학교 호텔관광경영학 박사
호주 Griffith University, International Tourism and Hospitality Mgt 석사
현, 안양대학교 관광경영학과 교수

[저서 및 논문]
최신 MICE산업론(2025), 백산출판사
최신 관광마케팅론(2024), 백산출판사
관광경영관리론(2023), 백산출판사
서비스마케팅(2023), 백산출판사
외식마케팅론 (2013), 백산출판사
「델파이기법을 이용한 '관광산업의 eCRM활동 척도' 개발」, 한국관광학회, 2009
「Effects of Online Purchase e-CRM activities and e-Customer Satisfaction on e-Loyalty during COVID-19: The Mediating Effects of e-Customer Satisfaction」, Global Business and Finance Review, Vol. 27, No.5, 2022 외 다수

호텔 마케팅의 이해

2025년 6월 25일 초판 1쇄 인쇄
2025년 6월 30일 초판 1쇄 발행

지은이 김성혁 · 황수영
펴낸이 진성원
펴낸곳 (주)백산출판사
교 정 박시내
본문디자인 오행복
표지디자인 오정은

등 록 2017년 5월 29일 제406-2017-000058호
주 소 경기도 파주시 회동길 370(백산빌딩 3층)
전 화 02-914-1621(代)
팩 스 031-955-9911
이메일 edit@ibaeksan.kr
홈페이지 www.ibaeksan.kr

ISBN 979-11-7385-038-7 93980
값 27,000원